Segunda Parte De Los Comentarios Reales: Que Tratan Del Orígen De Los Incas, Reyes Que Fueron Del Perú, De Su Idolatría, Leyes Y Gobierno, En Paz Y En Guerra, De Sus Vidas Y Conquistas, Y De Todo Lo Qe Fue Aquel Imperio Y Su República Antes Que Los... - Primary Source Edition

Garcilaso de la Vega

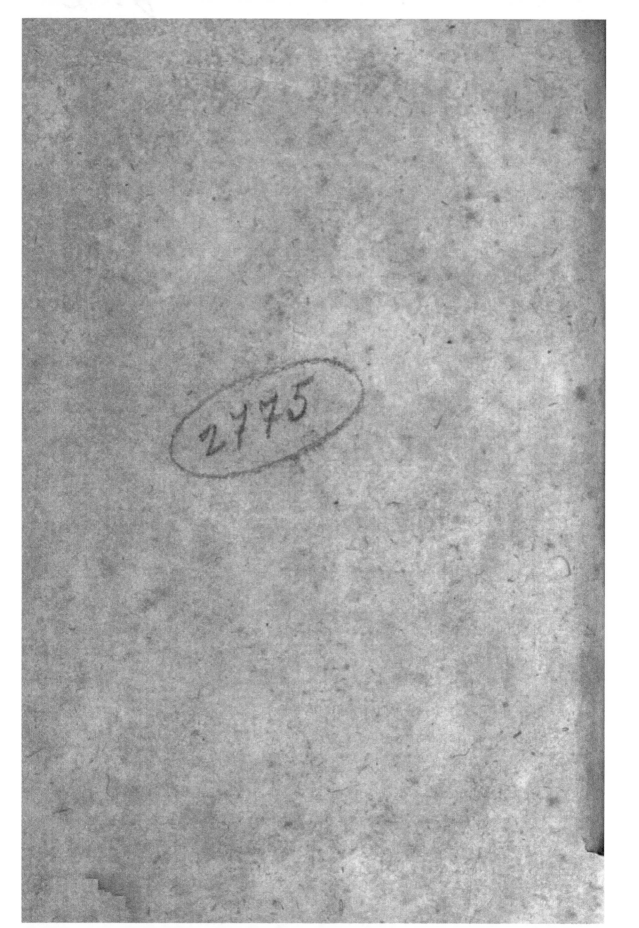

SEGUNDA PARTE

DE LOS

COMENTARIOS REALES,

QUE TRATAN

Del orígen de los Incas, reyes que fueron del Perú, de su idolatría, leyes y gobierno, en paz y en guerra, de sus vidas y conquistas, y de todo lo que fue aquel imperio y su república antes que los españoles pasáran á él.

ESCRITOS

POR EL INCA GARCILASO DE LA VEGA,

natural del Cozco, y capitan de S. M.

NUEVA EDICION.

TOMO V.

MADRID: 1829.

IMPRENTA DE LOS HIJOS DE DOÑA CATALINA PIÑUELA,

calle del Amor de Dios, núm. 14.

TABLA

DE LOS CAPÍTULOS DE ESTE TOMO QUINTO.

LIBRO SEXTO.

LIBRO SÉPTIMO.

LIBRO OCTAVO.

LIBRO SEXTO

DE LA SEGUNDA PARTE DE LOS COMENTARIOS REALES DE LOS INCAS, REYES QUE FUERON DEL PERÚ.

Contiene el castigo de los de Gonzalo Pizarro. El repartimiento que el presidente Gasca hizo de los indios: las mercedes grandes que cupo á unos, y las quejas de otros: la muerte desgraciada de Diego Centeno: la paciencia del presidente Gasca con soldados insolentes: los galeotes que trujeron á España: el segundo repartimiento que el presidente hizo: la muerte del licenciado Cepeda: la entrada del presidente en Panamá: el robo que los Contreras le hicieron del oro y plata de su magestad: la buena fortuna del presidente para restituirse en todo lo perdido: su llegada á España, y su buen fin y buena muerte: un alboroto de los soldados de Francisco Hernandez Giron en el Cozco: la ida del visorey don Antonio de Mendoza al Perú: lo poco que vivió: la rebelion de don Sebastian de Castilla: la muerte del general Pedro de Hinojosa, y la del dicho don Sebastian: el castigo que de los suyos hicieron.
Contiene veinte y nueve capítulos.

CAPITULO PRIMERO.

Nuevas provisiones que el presidente hizo para castigar los tiranos: el escándalo que los indios sintieron de ver españoles azotados: la afliccion del presidente con los pretendientes, y su ausencia de la ciudad para hacer el repartimiento.

Con la muerte y destruicion de Gonzalo Pizarro, y de sus capitanes, y maese de campo, no quedó seguro de levantamientos y alborotos aquel imperio, llamado Perú, antes con mayores escándalos, como los dirá la historia. Para lo cual es de saber, que habida la victoria de la batalla Sacsahuana, el presidente despachó aquel mismo dia dos capitanes, Hernando Mejía de Guzman y Martín de Robles, que fuesen al Cozco con soldados seguros para prender los que de Gonzalo Pizarro se hubiesen huido, y para estorbar que muchos soldados, que de los del rey se habian adelantado, no saqueasen aquella ciudad, ni matasen á nadie en venganza de sus injurias y particulares enemistades, porque con la victoria alcanzada decian los apasionados que tenian libertad para hacer de los enemigos lo que quisiesen. El dia siguiente al castigo y muerte de Gonzalo Pizarro y de los suyos, salió el presidente de aquel sitio famoso por la batalla que en él hubo; y aunque no hay mas de cuatro leguas de camino hasta la ciudad, tardaron dos dias en llegar á ella, donde luego despachó el presidente al capitan Alonso de Mendoza con una buena cuadrilla de gente fiel, para que en los Charcas y en Potocsi, y por el camino, prendiesen los capitanes que Gonzalo Pizarro habia enviado á aquellas partes, que eran Francisco de Espinosa y Diego de Carvajal, el Galan, de los cuales atrás hecimos mencion: asimismo envió al licenciado Polo Hondegardo por gobernador y capitan general á aquellas provincias ya dichas, para que castigase á los que hubiesen favorecido á Gonzalo Pizarro y á los que no hubiesen acudido al servicio de su magestad, á los cuales llamaban los de la Mira, porque en las guerras pasadas habian estado á la mira, que ni habian sido traidores ni leales, por lo cual fueron rigurosamente castigados en las bolsas por haber sido cobardes. Envió juntamente con el licenciado Polo al capitan Gabriel de Rojas, para que en aquellas provincias hiciese oficio de tesorero de su magestad, y recogiese los quintos y tributos de sus rentas reales, y las condenaciones que el gobernador hiciese en los traidores y mirones. De todo lo cual, como lo dice Agustin de Zarate, libro séptimo, capítulo octavo, envió en breve tiempo el licenciado Polo mas de un millon y doscientos mil pesos, tomando á su cargo el oficio de tesorero, porque Gabriel de Rojas, apenas habia llegado á los Charcas, cuando falleció de esta vida. Entre tanto que estas cosas pasaban en aquellas grandes provincias de los Charcas, el presidente estaba en el Cozco, donde le hicieron unas reales fiestas de toros y juegos de cañas muy costosas, porque las libreas fueron todas de terciopelo de diversas colores. Estuvo á ver las fiestas en el corredorcillo de las casas de mi padre, donde yo miré su persona, como atrás dije. Al oidor Andres de Cianca, y al maese de campo Alonso de Alvarado, se les dió la comision del castigo de los tiranos. Ahorcaron muchos soldados famosos de los de Pizarro, descuartizaron otros muchos, y azotaron en veces de cuatro en cuatro, y de seis en seis, mas de cien soldados españoles. Yo los ví todos, que salíamos los muchachos de mi tiempo á ver aquel castigo, que se hacia con grandísimo escándalo de los indios, de ver que con tanta infamia y vituperio tratasen los españoles á los de su misma nacion, porque hasta entonces, aunque habia habido muchos ahorcados, no se habia visto español alguno azotado; y para mayor infamia los llevaban caballeros en los carneros de carga de aquel ganado de los indios, que aunque habia mulas, machos y rocines en que pudieran los azotados pasar su carrera, no quisieron los ministros de la justicia, sino que la corriesen en carneros por mayor afrenta y castigo: condenáronlos á todos á galeras. El presidente hizo en aquel tiempo pregonar el perdon general á culpa y á pena á todos los que se hallaron y acompañaron el estandarte real en la batalla de Sacsahuana, de todo lo que pudiesen haber delinquido durante la rebelion de Gonzalo Pizarro, aunque hubiesen muerto al visorey Blasco Nnñez Vela, y á otros ministros de su magestad; y esto fue en cuanto á lo criminal, reservando el derecho á las partes en cuanto á los bienes y causas civiles, segun se contenia en su comision, como lo dice Agustin de Zarate, libro séptimo, capítulo octavo, porque de lo criminal, decian todos, que Gonzalo pizarro habia pagado por ellos. El presidente en esta sana paz, aunque habia alcanzado victoria y degollado sus enemigos, andaba mas congojado, penado y afligido que en la guerra, porque en ella tuvo muchos que le ayudaron á llevar los cuidados de la milicia; pero en la paz era solo á sufrir las importunidades, demandas y pesadumbres de dos mil y quinientos hombres, que pretendian paga y remuneracion de los servicios hechos, y ninguno de todos ellos, por inútil que hubiese sido, dejaba de imaginar que merecia el mejor repartimiento de indios que habia en todo el Perú. Y los personages que mas habian ayudado al presidente en la guerra, esos eran los que ahora en la paz mas le fatigaban con sus peticiones y demandas; con tanta instancia y molestia, que por escusarse de alguna parte de estas pesadumbres, acordó irse doce leguas de la ciudad al valle que llaman Apurimac, para hacer allí el repartimiento de indios con mas quietud. Llevó consigo al arzobispo de los Reyes don Gerónimo de Loaysa, y á su secretario Pedro Lopez de Cazalla. Dejó mandado que ningun vecino ni soldado, ni otra persona alguna fuese donde él estaba, porque no le estorbasen lo que pretendia hacer. Tambien mandó que ningun vecino de todo el Perú se fuese á su casa hasta que hubiese hecho el repartimiento de los indios ; porque con la presencia dellos imaginaba asegurarse de cualquiera motin que la gente comun pretendiese hacer. Tuvo cuidado y deseo de derramar los soldados por diversas partes del reino, que fuesen á nuevas conquistas á ganar nuevas tierras, como lo habian hecho los que ganaron aquel imperio. Pero derramó pocos, por la mucha priesa que traía de salir de aquellos reinos antes que se levantase algun motin, de tanta gente descontenta como imaginaba que habia de quedar quejosa dellos con razon, y dellos sin ella.

CAPÍTULO II.

El presidente, hecho el repartimiento, se va de callada á la ciudad de los Reyes. Escribe una carta á los que quedaron sin suerte; causa en ellos grandes desesperaciones.

El presidente se ocupó en el repartimiento de la tierra, en el valle de Apurimac, mas de tres meses, donde tuvo muchas peticiones y memoriales de pretensores que alegaban y daban cuenta de sus servicios; de los cuales se hacia poca ó ninguna cuenta, porque ya en su imaginacion y determinacion estaban señalados y nombrados los que habian de gozar de aquella gran paga, que eran todos los hombres principales que se hallaron con el general Pedro de Hinojosa, en Panamá, y en Nombre de Dios, cuando entregaron al presidente la armada de Gonzalo Pizarro, porque entonces se capitularon los repartimientos que habian de dar á cada uno, lo cual se cumplió ahora, como lo dicen los historiadores de aquel tiempo. El presidente, habiendo repartido la tierra, con no mas consulta ni parecer que el suyo, y del arzobispo don Gerónimo de Loaysa, que ambos sabian bien poco de los trabajos y méritos de los soldados pretendientes (como ellos mismos lo decian, quejándose cuando se hallaron en blanco), se fue á la ciudad de los Reyes, dejando órden que el arzobispo y el secretario Pedro Lopez, pasados doce ó quince dias de su partida, volviesen al Cozco y publicasen el repartimiento á los que se les habia hecho merced; y á los desdichados, que no les cupo suerte alguna, escribió una carta muy solemne, significándoles sus buenos deseos, y el propósito que le quedaba para gratificarles en lo que adelante vacase. La carta es la que se sigue, sacada á la letra del libro segundo de la primera parte de la historia del Palentino, capítulo noventa y dos, que con su sobre-escrito dice asi: á los muy magníficos y muy nobles señores los señores caballeros, é hijos-dalgo, servidores de su magestad en el Cozco.

Muy magníficos y muy nobles señores: porque muchas veces la aficion que los hombres á sus cosas propias tienen no les deja tan libremente usar de la razon, como convendria, para dar gracias á quien se deben, y tenerle amor y gratitud, acordé escrebir esta, suplicando á vuestras mercedes la tengan, y le conserven á mi persona. No solo por el crédito que yo con cada uno de vuestras mercedes tengo y he de tener, pero aun por lo que en su servicio he hecho, hago, y haré cuanto viviere en el Perú y fuera de él. É que dejado á parte la consideracion y memoria que se debe á particulares servicios que á algunos de vuestras mercedes he hecho, consideren como aun en lo general ninguna cosa de las que he podido he dejado de hacer en su servicio. Pues como se sabe, ni en el gasto de la guerra que se ha hecho en el Perú (ni aun fuera del) creo se ha visto ni se sabe que en tan poco tiempo, y con tan poca gente, tanto haya gastado. Y todo lo que estaba vaco en la tierra he proveido á vuestras mercedes con la mayor igualdad y justicia que he podido. Desvelándome de noche y de dia en pensar los méritos de cada uno, para á la medida dellos repartir á cada uno lo que mereciese, no por aficion sino por méritos; de tal manera, que ni al que mucho fuese por contentarle, ni se le diese tanto que se defraudase al que menos méritos tuviese de lo que mereciese. Y lo mismo se hará en todo lo que en tanto que estuviere en el Perú vacáre; que será repartirlo solo en vuestras mercedes, los que como buenos vasallos é hijos-dalgo, sirviendo á su rey, lo han mereceido. Y porque mas á solas vuesas mercedes gocen desta tan rica tierra, no solo procuro echar della los que han sido malos, y aun los que han estado á la mira, dejando de hacer lo que vuestras mercedes han hecho, mas he procurado que hasta que vuestras mercedes esten remediados y ricos, ni de España, ni de Tierra-firme, ni de Nicaragua, ni de Guatimala, ni Nueva-España, entren de nuevo en ella otros que puedan estorbar á vuesas mercedes el aprovechamiento de la tierra. Y pues todo lo que digo es verdad, y es todo lo que he podido y puedo hacer en servicio y aprovechamiento de vuesas mercedes, suplícoles, que siguiendo á Dios, se contenten y satisfagan con lo que él se satisface, que es con hacer los hombres lo que en su servicio pueden. Y que conociendo esto el que lleva suerte (aunque no sea tan gruesa como él la deseaba) se contente, considerando que no se pudo hacer mas: y que el que aquello le dió deseó que hubiera para dársela muy mayor; y que así lo hará cuando hubiere oportunidad para ello; y que á quien no le cupiere, crea que fue por haber menos paño de lo que yo quisiera para

podérsela dar. Y que tenga por cierto que todas las veces que vacáre cosa alguna de provecho (en tanto que yo estuviere en el Perú) no se proveerá sino entre vuesas mercedes: é así al que ahora no le cupo le cabrá, placiendo al inmenso Dios. Y pues de todos mis trabajos que por mar y tierra en esta jornada (en el postrer tercio de mis dias he pasado) ninguna otra cosa pretendo ni quiero, sino haber hecho en ella, conforme á la poquedad de mi talento, lo que debo como cristiano á Dios, é á mi rey como vasallo, y á vuesas mercedes como á prójimo y verdadero servidor. Grande agravio me harian sino entendiesen y fuesen gratos al amor y deseo que al crecimiento de cada uno de vuesas mercedes tengo, é á lo que he hecho y haré en su servicio. Pues como he dicho, en nada de lo que he podido ni podré habrá en mí falta. Y porque á causa de ir yo á sentar la audiencia é cosas de la ciudad de Lima, é todo lo demas que aquí podria decir, podrá mejor representar su señoría reverendísima del señor arzobispo, supliqué á su señoría me hiciese merced y favor de ir á esa ciudad, y dar á cada uno de vuesas mercedes lo que le ha cabido, y ofrecerles en mi nombre lo que he dicho, que se haré en lo porvenir. Y por esto no terné aquí mas que decir, de que ruego á nuestro Señor me deje ver á todas vuesas mercedes, con tan gran prosperidad y crecimiento en su santo servicio, cuanto desean y yo deseo, que puede tener por cierto es todo uno. De este asiento de Guainarima á diez y ocho de agosto de mil y quinientos y cuarenta y ocho. Servidor de vuesas mercedes, el licenciado Gasca.
Demás de la carta envió á encargar al padre provincial fray Tomás de San Martin, predicase el dia de la publicacion, y hablando con los pretensores procurase persuadirles que tuviesen por bueno el reparti-

miento hecho. Todo lo cual escribe largamente Diego Hernandez Palentino, y yo lo he abreviado por huir prolijidades.

Cuando supieron en el Cozco que el presidente se habia ido solo y á la sorda, entre muchos capitanes que estaban hablando en conversacion, dijo el capitan Pardave: voto á tal, que pues Madalena de la Cruz se fue en secreto, que nos deja hecha alguna harana. Llamaban harana en el Perú á la trampa ó engaño que cualquiera hacia para no pagar lo que habia perdido al juego. Al presidente, entre otros nombres postizos, le llamaban Madalena de la Cruz, por decirle que era embaidor y encantador, como lo fue aquella buena muger que castigó el santo oficio aquí en Córdoba. Y por no oir estas desvergüenzas y otras que se decian, se salió del Cozco á hacer el repartimiento, y se alejó mas lejos al tiempo de la publicacion, como lo dice el Palentino en el capítulo primero de la segunda parte de su historia por estas palabras: túvose entendido que se ausentó del Cozco por no se hallar presente á la publicacion del repartimiento; que como era sagaz y prudente, y tenia ya esperiencia de los de la tierra, temió la desvergüenza de los soldados, y de oir sus quejas, blasfemias y reniegos. En lo cual cierto no se engañó, porque siendo llegado el arzobispo al Cozco, do se habian juntado casi todos los vecinos y soldados que en el allanamiento se habian hallado: en comenzándose á publicar el repartimiento, dia del señor san Bartolomé, veinte y cuatro de agosto, luego muchos de los vecinos y soldados comenzaron á blasfemar y decir denuestos contra el presidente, y públicamente decian desvergüenzas que asestaban á tiranía y nuevo alzamiento. Entraban en sus consultas y trataban de matar al oidor Andres de Cianca, y tambien al arzobispo, que le juzgaban autor de aquel repartimiento. La causa de su ira y escándalo era decir, que los principales repartimientos y encomiendas de indios se habian dado á los que habian sido secuaces y principales valedores de Gonzalo Pizarro, y á los que habian deservido al rey. Lo mismo y mas encarecido lo dice Francisco Lopez de Gomara en el capitulo ciento y ochenta y ocho por estas palabras.

Salióse pues á Apurima, doce leguas del Cozco, y allí consultó el repartimiento con el arzobispo de los Reyes Loaysa, y con el secretario Pero Lopez, y dió millon y medio de renta y aun mas á diversas personas, y ciento y cincuenta mil castellanos en oro que sacó á los encomenderos. Casó muchas viudas ricas con hombres que habian servido al rey; mejoró á muchos que ya tenian repartimientos, y tal hubo, que llevó cien mil ducados por año, renta de un príncipe, si no se acabára con la vida; mas el emperador no lo da por herencia: quien mas llevó fue Hinojosa.

Fuése Gasca á los Reyes por no oir quejas, reniegos y maldiciones de soldados, y aun de temor, enviando al Cozco al arzobispo á publicar el repartimiento, y á cumplir de palabra con los que sin dineros y vasallos quedaban, prometiéndoles grandes mercedes para despues. No pudo el arzobispo, por bien que les habló, aplacar la saña de los soldados á quien no les cupo parte del repartimiento, ní la de muchos que les cupo poco. Unos se quejaban de Gasca porque no les dió nada: otros porque poco; y otros porque lo habia dado á quien deservia al rey y á confesos, jurando que lo tenian de acusar en consejo de Indias. Y así hubo algunos, como el mariscal Alonso de Alvarado y Melchor Verdugo, que despues escribieron mal dél al fiscal por via de acusacion.

Finalmente platicaron de amotinarse, prendiendo al arzobispo, al oidor Cianca, á Hinojosa, á Centeno y Alvarado, y rogar al presidente Gasca reconociese los repartimientos, y diese parte á todos, dividiendo aquellos grandes repartimientos ó echándoles pensiones, y sino que se los tomarian ellos. Descubrióse luego esto, y Cianca prendió y castigó las cabezas del motin, con que todo se apaciguó. Hasta aquí es de Gomara.

CAPÍTULO III.

Casamientos de viudas con pretendientes. Los repartimientos que se dieron á Pedro de Hinojosa y á sus consortes. La novedad que en ellos mismos causó.

Declarando lo que este autor dice acerca de las viudas, es de saber, que como en las guerras pasadas hubiesen muerto muchos vecinos que tenian indios, y sus mugeres los heredasen, porque ellas no casasen con personas que no hubiesen servido á su magestad, trataron los gobernadores de casarlas de su mano, y así lo hicieron en todo el Perú. Muchas viudas pasaron por ello; á otras muchas se les hizo de mal porque les cupieron maridos mas viejos que los que perdieron. A la muger que fue de Alonso de Toro, maese de campo de Gonzalo Pizarro, que tenia un gran repartimiento de indios, casaron con Pedro Lopez Cazalla, secretario del presidente Gasca. A la muger de Martin de Bustincia, que era hija de Huayna Capac, y los indios eran suyos y no de su marido, casaron con un buen soldado, muy hombre de bien, que se llamaba Diego Hernandez, de quien se decia (mas con mentira que con verdad) que en sus mocedades habia sido sastre. Lo cual sabido por la infanta rehusó el casamiento diciendo: que no era justo casar la hija de Huayna Capac Inca, con un ciracamayo, que quiere decir sastre: y aunque se lo rogó é importunó el obispo del Cozco y el capitan Diego Centeno, con otras personas graves que fueron á hallarse en el desposorio, no aprovechó cosa alguna. Entonces enviaron á llamar á don Cristóbal Paullu, su hermano, de quien atrás hemos hecho mencion; el cual venido que fue apartó la hermana á un rincon de la sala y á solas le dijo: que no le convenia rehusar aquel casamiento, que era hacer odiosos á todos los de su linage real para que los españoles los tuviesen por enemigos mortales y nunca les hiciesen amistad. Ella consintió en lo que le mandaba el hermano, aunque de muy mala gana, y así se pusieron delante del obispo, que quiso hacer su oficio de cura por honrar los desposados; y preguntando con un indio intérprete á la novia si se otorgaba por muger y esposa del susodicho. El intérprete dijo si queria ser muger de aquel hombre; porque en aquella lengua no hay verbo para decir otorgar, ni nombre de esposa; y así no pudo decir mas de lo dicho. La desposada respondió en su lenguage diciendo: ychach munani, ychach manamunani; que quiere decir, quizá quiero, quizá no quiero. Con esto pasó el desposorio adelante, y se celebró en casa de Diego de los Rios, vecino del Cozco, y yo los dejé vivos, que hacian su vida maridable cuando salí del Cozco. Otros casamientos semejantes pasaron en todo aquel imperio, que se hicieron por dar repartimientos de indios á los pretendientes, y pagarles con hacienda agena: aunque entre ellos tambien hubo muchos descontentos; unos porque les cupo poca renta; otros por la fealdad de las mugeres, porque en este mundo no se halla contento que sea entero. El repartimiento de la tierra, como dicen los autores, causó los motines dichos, porque dieron al general Pedro de Hinojosa los indios que Gonzalo Pizarro tenia en los Charcas, los cuales daban cien mil pesos de renta cada año; y con ellos le dieron una mina de plata riquísima, que dentro de pocos meses valió la renta de este caballero mas de doscientos mil pesos. Que no se puede creer la plata que sacaban de aquellas minas de Potocsi, que como atrás hemos dicho valia mas el hierro que la plata. A Gomez de Solís le cupo el repartimiento llamado Tapac-ri, que valia mas de cuarenta mil pesos de renta. A Martin de Robles dieron otro de la misma calidad; y á Diego Centeno, aunque sirvió y pasó los trabajos que se han referido, por no haberse hallado en Panamá á la entrega de la armada, no le dieron cosa alguna mas del repartimiento que se tenia, que se decia Pucuna, ni á otros que sirvieron con él les cupo nada. Estos repartimientos, sin otros de menos cuenta, fueron en la provincia y reino de los Charcas. A Lorenzo de Aldana dieron un repartimiento sobre el que tenia en la ciudad de Arequepa, que ambos valian cincuenta mil pesos. En la ciudad de el Cozco le cupo á don Pedro de Cabrera un repartimiento llamado Cotapampa, que valia mas de cincuenta mil pesos de renta, y á su yerno Hernan Mejía de Guzman le cupo otro en Cuntusuyu, que valia mas de treinta mil pesos de renta. A don Baltasar de Castilla otro repartimiento en Parihuanacocha, que le daba cuarenta mil pesos de renta, todos en oro, porque en aquella provincia se coge mucho oro. A Juan Alonso Palomino mejoraron con otro repartimiento sobre el que tenia, que ambos valian cuarenta mil pesos; y al licenciado Carvajal dieron otro de otra tanta renta, aunque lo gozó poco; porque siendo corregidor del Cozco, murió desgraciadamente de una caida que dió de una ventana por el servicio y amores de una dama; é yo le ví enterrar, y me acuerdo que era dia de San Juan Bautista. A Hernan Bravo de Laguna le cupo otro repartimiento de menor cuantía, que no pasaba de ocho mil pesos, porque no fue de los que entregaron la armada. A los precios que hemos dicho y á otros semejantes, fue todo lo que se dió á los que entregaron la armada en Panamá al presidente. Y él hizo muy bien en pagar tan aventajadamente el servicio que aquellos caballeros hicieron á su magestad y á él: porque aquel hecho le dió ganado el imperio del Perú, estando tan perdido como lo estaba cuando el presidente fue á él. Todo lo cual habrá notado por la historia quien la hubiere leido con atencion. A los demas que dieron indios en todas las otras ciudades del Perú, no fueron con tantas ventajas como las dichas, porque no fue mas que mejorar algunos repartimientos pobres con otros mas ricos, y dar de nuevo otros á los que no los tenian; pero por pobres que eran los repartimientos, valian á ocho, y á nueve y diez mil pesos de renta. De manera que los diez repartimientos que hemos nombrado que dieron en los Charcas, en Arequepa y en el Cozco, valieron cerca de quinientos y cuarenta mil pesos ensayados, que en ducados de Castilla son muy cerca de seiscientos y cincuenta mil ducados. Luego que llegaron al Cozco el arzobispo Loaysa y el secretario Pero Lopez de Cazalla, publicaron el repartimiento hecho, y leyeron la carta del presidente á los desdichados que no les cupo nada, y el padre provincial les predicó persuadiéndoles á tener paciencia; pero la que ellos mostráron fueron reniegos y blasfemias, como los autores lo dicen, particularmente con la carta del presidente. Por otra parte se enfadaron y se admiraron de la abundancia y prodigalidad del repartimiento, y la sobra de la paga á los que no esperaban ninguna: porque es verdad que entre los nombrados, que les cupo á cuarenta y cincuenta mil pesos de renta, habia muchos que acordándose de las muchas hazañas que habian hecho en favor y servicio de Gonzalo Pizarro negando al visorey Blasco Nuñez Vela, prendiéndole y persiguiéndole hasta matarle y cortarle la cabeza y ponerla en la Picota, trayendo á la memoria estas cosas y otras que habian hecho tan desacatadamente contra el visorey y contra la magestad imperial, los mas de los nombrados, y sin ellos otros muchos de los que la historia en otras partes ha nombrado, no solamente no esperaban mercedes, antes temian castigo de muerte, ó por lo menos de destierro de todo el imperio, y se contentaban con que no los echáran del reino; y aunque se habia pregonado el perdon general á culpa y á pena, sospechaban que habia sido para asigurarles y castigarles cuando la tierra estuviese asentada en paz; y así uno dellos, que fue Martin de Robles, cuando le dieron la provision de su repartimiento, y le hicieron relacion de los demas repartimientos que se daban, admirado de tanta demasía de mercedes donde no las esperaban, dijo (con algun desden) á los circunstantes: ea, ea, que tanto bien no es bien. Quiso decir, que no era bien hacer tan grandes mercedes á los que no solamente no las merecian ni esperaban ningunas, sino que antes merecian mucho castigo. Pocos meses despues desto, notificándole una sentencia de la audiencia real, en que le condenaban en mil pesos, que son mil y doscientos ducados, por haberse hallado en la prision del visorey Blasco Nuñez Vela, y haber sido en favor de Gonzalo Pizarro, la cual pena y condenacion se adjudicaba á Diego

Alvarez Cueto, cuñado del dicho visorey, que puso la demanda y acusacion á algunos secuaces de Gonzalo Pizarro, oyendo la sentencia dijo: ¿no me condenan en mas porque prendí al virey? Y respondiéndole el escribano que no era mas la pena, dijo: pues á ese precio échenme otros diez. Quedaron tan ufanos y presuntuosos de aquellas hazañas los que las hicieron, que se preciaban dellas, y se atrevian á decir cosas semejantes, y se las dijeron al mismo presidente en su presencia, como adelante dirémos algunas, mas no todas, porque no son para que queden escritas.

CAPÍTULO IV.

Francisco Hernandez Giron sin razon alguna se muestra muy agraviado del repartimiento que se hizo: dánle comision para que haga entrada y nueva conquista. El castigo de Francisco de Espinosa y Diego de Carvajal.

Deste repartimiento tan rico y abundante de oro y plata, que fue de mas de dos millones y medio, aunque uno de los autores diga que un millon, y otro que un millon y cuarenta y tantos mil pesos, se ofendieron y se quejaron malamente los pretendientes, tanto porque no les hubiese cabido parte alguna, como porque se hubiese dado con tanto esceso á los que no habian conquistado la tierra ni hecho otro algun servicio en ella á su magestad, sino levantado al tirano y seguídole, hasta matar al visorey, y habérselo vendido despues al presidente. El que se mostró mas quejoso, mas en público y con menos razon, fue el capitan Francisco Hernandez Giron, que no habiendo servido en el Perú, sino en pasto, donde (como lo dice el Palentino en el capítulo último de la primera parte de su historia) aun no tenia seiscientos pesos de renta, y habiéndole cabido en el Cozco un repartimiento, llamado Sacsahuana, que habia sido de Gonzalo Pizarro, que valia mas de diez mil pesos de renta, se quejaba muy al descubierto de que no le hubiesen aventajado sobre todos los demas, porque le parecia merecerlo mejor que otro alguno. Con esta pasion andaba quejándose tan al descubierto y con palabras tan escandalosas, que todos las notaban por tiránicas que olian á rebelion. Habló al arzobispo pidiendo licencia para irse donde estaba el presidente, á quejarse de su agravio, que habiendo servido mas que todos, y mereciendo el mejor repartimiento, le hubiesen dado el mas ruin. El arzobispo le reprendió las palabras escandalosas, y le negó la licencia. Entonces Francisco Hernandez con mucha libertad tomó el camino publicando que se iba á la ciudad de los Reyes, á pesar de quien le pesase. Lo cual sabido por el licenciado Cianca, que juntamente con el arzobispo, era gobernador y justicia mayor del Cozco, le escribió una carta aconsejándole que se volviese, y no aumentase el escándalo y alboroto tan grande que en todo el reino habia, y en tantas personas tan quejosas y con tanta y mas razon que no él. Que mirase que era perder los servicios pasados, y quedar para adelante odioso con los ministros reales. El mensagero que llevó la carta le alcanzó en Sacsahuana, cuatro leguas de la ciudad, y habiéndola leido Francisco Hernandez, respondió con otra, diciendo que se iba de aquella ciudad por no hallarse en algun motin de los que temia, porque no le hiciesen los soldados caudillo y cabeza dellos; y que iba á dar aviso al presidente de ciertas cosas que convenian al servicio de su magestad; y con esto dijo otras libertades que enfadaron al oidor Cianca. El cual mandó al capitan Lope Martin (aunque el Palentino diga al capitan Alonso de Mendoza, el cual estaba entonces en los Charchas, que como atrás se dijo habia ido al castigo de los tiranos, y de los de la mira) que con media docena de soldados, hombres de bien, fuese en pos de Francisco Hernandez, y donde quiera que lo alcanzase, lo prendiese y lo volviese al Cozco. Lope Martin salió otro dia con los seis compañeros, y caminando las jornadas ordinarias de aquel camino, que son á cuatro y á cinco leguas, alcanzó á Francisco Hernandez en Curampa, veinte leguas de la ciudad, con astucia y cautela de hacer á dos manos; que por una parte queria dar á entender á los ministros de su magestad que servia á su rey: por otra parte pretendia que los soldados quejosos del repartimiento pasado, entendiesen que tambien lo estaba él, y que acudiria á lo que ellos quisiesen hacer y ordenar dél, como lo mostró luego en la respuesta que dió al oidor Cianca cuando se vió ante él. Que desculpándose dijo, que se habia ausentado de la ciudad porque los soldados que trataban de amotinarse no le hiciesen general dellos. El oidor mandó encarcelarle en casa de Juan de Saavedra, que era un vecino de los principales de el Cozco; y habiéndole hecho su proceso, le remitió al presidente, y le dejó ir sobre su palabra, habiéndole tomado juramento que iria á presentarse ante los superiores. Francisco Hernandez fue á la ciudad de los Reyes, entretúvose en el camino mas de tres meses, porque el presidente no le concedió que entrase en ella, y al cabo de este largo tiempo alcanzó la licencia para besar las manos al presidente. El cual lo recibió con aplauso; y pasados algunos dias, por acudir á la inquietud de su ánimo belicoso, y por echar del reino alguna banda de los muchos soldados baldíos que en él habia, le hizo merced de la conquista que llaman

Chunchus, con nombre de gobernador y capitan general de lo que ganase y conquistase á su costa y riesgo; con condicion que guardase los términos de las ciudades que confinaban con su conquista; que eran el Cozco, la ciudad de la Paz y la de la Plata. Francisco Hernandez recibió la provision con grandísimo contento, porque se le daba ocasion de ejercitar su intencion, que siempre fue de rebelarse contra el rey, como adelante verémos. Quedóse en Rimac hasta que el presidente se embarcó para venirse á España, como á su tiempo se dirá. Entre tanto que el presidente estaba haciendo el repartimiento de los indios en el valle de Apurimac, tuvo nueva el oidor Cianca como el licenciado Polo, que habia ido por juez á los Charcas, enviaba presos á Francisco de Espinosa, y á Diego de Carvajal, el Galan, aquellos dos personages, que despues de la batalla de Huarina envió Gonzalo Pizarro á la ciudad de Arequepa y á los Charcas, á lo que le convenia, y ellos hicieron las insolencias que entonces contamos: los cuales antes de llegar al Cozco escribieron á Diego Centeno, suplicándole intercediese por ellos, y les alcanzase perdon de sus culpas que no los matasen, que se contentasen con echarlos de todo el reino. Diego Centeno respondió, que holgára mucho hacer lo que le pedian, si los delitos pasados dieran lugar y entrada á su peticion ante los señores jueces de la causa. Pero que habiendo sido tan atroces, (particularmente la quema de los siete indios que quemaron vivos) tan sin causa ni culpa dellos, tenian cerrada la puerta de la misericordia de los superiores, y aniquilado y quitado á todos el ánimo y atrevimiento de interceder por cosas tan insolentes. Pocos dias despues desta respuesta llegaron los presos al Cozco, donde los ahorcaron, y hechos cuartos, los pusieron por los caminos con aplauso de indios y españoles: porque la crueldad justamente merece y pide tal paga.

CAPÍTULO V.

A Pedro de Valdivia dan la gobernacion de Chile. Los capítulos que los suyos le ponen: la maña con que el presidente le libra.

Entre los grandes repartimientos y famosas mercedes que el presidente Gasca hizo en el valle de Apurimac, fue una gobernacion del reino de Chile que la dió á Pedro de Valdivia, con título de gobernador y capitan general de todo aquel gran reino, que tiene mas de quinientas leguas de largo. Dióle comision para que pudiese repartir la tierra en los ganadores y beneméritos della; de la cual comision usó Pedro de Valdivia larga y prósperamente, tanto que la misma prosperidad y abundancia de las riquezas causaron su muerte y la de otros ciento y cincuenta caballeros españoles que con él murieron, como lo digimos en la primera parte en la vida del gran Inca Yupanqui, donde adelantamos la muerte de Pedro de Valdivia, por haber sido cosa tan digna de memoria, y porque no habíamos de escrebir los sucesos de aquel reino. Los casos presentes se cuentan, porque pasaron en el Perú, como los escribe Diego Hernandez, vecino de Palencia, que es lo que se sigue sacado á la letra con el título de su capítulo, donde se verá.

Que las leyes humanas unas mismas pueden condenar y matar á unos, y salvar y dar la vida á otros en un mismo delito. El título del capítulo y todo él es el que se sigue, capítulo noventa y cuatro: como el presidente envió á prender á Pedro de Valdivia, y de los capítulos que los de Chile le pusieron, y la forma que el presidente tuvo para salvarle. Ya hizo mencion la historia de la forma que Pedro de Valdivia tuvo para salir de Chile, y como despues le dió el presidente la conquista de aquellas provincias: pues queriéndose aprestar para la jornada, Valdivia se fue del Cuzco para la ciudad de los Reyes, donde se aprestó de todo lo que le era menester, y juntó lo que pudo para acabar la conquista: y entre la gente que llevaba, habia algunos que habian sido desterrados del Perú, y otros á galéras, por culpados en la rebolion: y como hubo aparejado la gente y cosas necesarias, todo lo embarcó en navíos que se hicieron á la vela desde el puerto del Callao de Lima, y Pedro de Valdivia fuése á Arequepa por tierra. Y como en este tiempo hubiesen dado noticia al presidente de los culpados que llevaba, y de algunas otras cosas que iban haciendo por el camino, y desacatos que habian tenido á ciertos mandamientos suyos, envió á Pedro de Hinojosa para que por buenas mañas le trujese preso; y dijole la manera que para hacerlo habia de tener. Pedro de Hinojosa alcanzó á Valdivia en el camino, y rogóle se volviese á satisfacer al presidente; y como no lo quisiese hacer, fuése una jornada en buena conversacion con Pedro de Valdivia. El cual yendo descuidado, así por la gente que llevaba consigo, como confiado en la amistad que con Hinojosa tenia, tuvo Pedro de Hinojosa manera, como le prendió con solos seis arcabuceros que habia llevado, y vinieron juntos al presidente. Asímismo habian ya llegado en esta sazon algunos de Chile, de aquellos á quien Valdivia habia tomado el oro al tiempo de su venida (como tenemos contado). Estos, pues, pusieron ciertos capítulos por escrito, y querellas contra Pedro de Valdivia, luego que llegó con Pedro de Hinojosa, en que le acusaban del oro que habia tomado, y de personas que habia muerto, y de la vida que hacia, con una cierta muger, y aun de que habia sido confederado con Gonzalo Pizarro; y que su salida de Chile habia sido para le servir en su rebelion, y de otras muchas cosas que le achacaban; y finalmente pedian que luego les pagase el oro que les habia tomado. Vióse confuso con esto el presidente, considerando que si condenaba á Valdivia, desaviábale su viage, que para los negocios del Perú le parecia grande inconveniente, por la gente baldía que con él iba. Pues probándose haber tomado el oro á aquellos, y no se lo hacer volver y restituir, pareciale cosa injusta contra todo derecho, y que por ello sería muy notado. Estando, pues, en esta perplejidad, inventó y halló una cierta manera de salvarle por entonces desta restitucion; y fue que antes de dar traslado á Pedro de Valdivia de la acusacion y capítulos, ni tomar sumaria informacion dellos, tomó informacion de oficio, sobre quiénes y cuántas personas habian hecho y sido en hacer y ordenar aquellos capítulos. Lo cual hizo muy descuidadamente sin que nadie advirtiese ni entendiese para qué lo hacia. Y á este efecto tomó por testigos desta informacion todos los de Chile interesados; de que resultó que todos ellos habian sido en los hacer y ordenar. De manera que ninguno podia ser legítimamente testigo en su causa propia. Tomada, pues, esta informacion, mandó el presidente dar traslado á Valdivia de aquellos capítulos: el cual presentó un bien largo escrito, desculpándose de todo lo que se le imponia; y como ya en este negocio no se podia proceder á pedimento de las partes por falta de legítimos testigos (que ninguno habia), procedió el presidente de oficio; y no hallando por la informacion de las otras cosas ninguna averiguada, ni cierta, porque debiese estorbar á Valdivia su jornada aunque hubo algunos indicios de lo de Gonzalo Pizarro, y otras cosas, le mandó ir á hacer su viage y proseguir su conquista con que prometiese de no llevar los culpados; reservando que se enviaria júez para satisfacer los querellosos sobre el oro que habia tomado: encargando mucho á Valdivia que luego en llegando se lo pagase. El cual así se lo prometió de hacer; y con esto Valdivia se partió luego para Chile. Hasta aquí es del Palentino, con que acaba aquel capítulo.

CAPÍTULO VI.

La muerte desgraciada de Diego Centeno en los Charcas; y la del licenciado Carvajal en el Cozco. La fundacion de la ciudad de la Paz. El asiento de la audiencia en los Reyes.

Despues que el presidente Gasca hizo su repartimiento de indios en el valle de Apurimac, y se fue á la ciudad de los Reyes, tomaron licencia todos los vecinos, que son los señores de vasallos del Perú, para irse á sus casas y ciudades de su morada y habitacion. Unos á tomar posesion de los nuevos repartimientos que les dieron; y otros á mirar por sus casas y haciendas, que con las guerras pasadas estaban todas destruidas; y aunque el presidente no dejó dada licencia por la priesa con que se fue de aquel valle Apurimac, se la tomaron ellos. Diego Centeno, como los demas vecinos, se fue á su casa, que la tenia en la villa de la Plata, que hoy llaman ciudad de Plata; por la mucha que se ha sacado y saca de aquel cerro, su vecino, llamado Potocsi. Fue con intencion de aprestarse y recoger la plata y oro que pudiese juntar de su hacienda para venirse á España, y representar sus muchos servicios ante la magestad imperial, para que se le hiciese gratificacion dellos, porque quedó sentido y afrentado de que el presidente no se hubiese acordado dél habiendo tanta razon para ello. Esta determinacion descubrió á algunos amigos, aconsejándose con ellos acerca de la jornada; la cual intencion se supo luego por todo el reino, por cartas que se escribieron de unas partes á otras, que escandalizaron mucho á algunos magnates, por saber que Diego Centeno venia á quejarse á España. Algunos dellos se le hicieron émulos, y con fingida amistad pretendieron estorbarle el camino: mas viendo que no tenian razon alguna para convencerle, determinaron atajarle por otra via mas cierta y segura. Y fue que juntándose algunos vecinos (dellos con malicia, y dellos con ignorancia) escribieron á Diego Centeno que se viniese á la ciudad de la Plata, donde ellos estaban, para consultar entre todos su venida á España, y encomendarle algunos negocios de ellos que tratase personalmente con la magestad imperial. Diego Centeno se apercibió para ir á la ciudad, lo cual sabido por sus indios, que le tenian consigo en sus pueblos, le importunaron y rogaron muy encarecidamente que no fuese á la ciudad porque le habian de matar. Diego Centeno dió entonces mas priesa á su jornada por no acudir á las supersticiones y echicerías de los indios. En la ciudad lo recibieron con mucho regocijo y alegría, los que pretendian verle en ella, aunque algunos soldados principales, de los que se hallaron con él y fueron compañeros en los alcances que Francisco de Carvajal les dió, y en las batallas de Huarina y Sacsahuana, visitándole aparte, mostraron pena y dolor de su venida; porque los indios, criados dellos, sabiendo la venida de Diego Centeno, habian dado á sus amos el mismo pronóstico que á Diego Centeno dieron sus indios de que le habian de matar. Lo cual tomaron sus amigos por mal agüero, no sabiendo ni hallando razon ni causa porque pudiesen matarle, y lo trataron con Diego Centeno. Mas él lo echó por alto, diciendo que no se debia hacer caso, ni hablar en pronósticos de indios, porque eran conversaciones de demonios, y mentiras suyas; mas el hecho declaró presto lo que era; porque pasados cuatro dias despues de su llegada á la ciudad, le convidaron á un banquete solemne que hubo en casa de un hombre principal, que no hay para qué decir su nombre, sino contar el hecho historialmente sin mas infamia agena, que ya están todos allá, donde cada uno habrá dado su cuenta. En el banquete dieron á Diego Centeno un bocado de ponzoña tan cubierta y disimulada, que sin muestras de los accidentes, bascas y tormentos crueles que el tósigo suele causar, lo despachó en tres dias. Lo cual se sintió y lloró en todo el reino, por la bondad y afabilidad de Diego Centeno, que fue un caballero de los mas bien quistos que hubo en aquella tierra, y compañero general de todos; porque fue uno de los que entraron con don Pedro de Alvarado á la conquista de aquel imperio. Sabida en España la muerte de Diego Centeno, un hermano suyo fue á dar cuenta á su magestad el emperador Cárlos V de como era muerto, y que dejaba dos hijos naturales, un varon y una hembra, hijos de indias, que quedaban pobres y desamparados; porque la merced de los indios fenecia con la muerte del padre. Su magestad mandó dar á la hija doce mil ducados castellanos de principal para su dote; y al hijo, que se decia Gaspar Centeno, y fue condiscípulo mio en la escula, dieron cuatro mil pesos de renta, situados en la caja real de su magestad de la ciudad de la Plata. Oí decir que eran perpétuos, aunque yo no lo afirmo; porque en aquella mi tierra nunca se ha hecho jamás merced perpétua, sino por una vida, ó por dos cuando mucho. Pocos meses despues de la muerte del capitan Diego Centeno sucedió en el Cozco la del licenciado Carvajal, que como apuntamos atrás, falleció de una caida que dió de una ventana alta, donde le cortaron los cordeles de la escala con que subia ó bajaba, no le respetando el oficio de corregidor que entonces tenia en aquella ciudad. Otras muertes de vecinos de menos cuenta sucedieron en otras ciudades del Perú, cuyos indios vacaron para que el presidente tuviera mas que repartir y desagraviára á los agraviados en el primer repartimiento; mas ellos quedaron tan quejosos así, como así, como adelante verémos; porque cada uno dellos se imaginaba que merecia todo el Perú.

Entre tanto que en la ciudad de la Plata y en el Cozco, y en otras partes, sucedieron las muertes y desgracias que se han referido, el presidente Gasca entendia en la ciudad de los Reyes en rehacer y fundar de nuevo la real chancillería que en ella hoy reside. Asímismo mandó poblar la ciudad de la Paz, como refiere lo uno y lo otro Diego Hernandez Palentino, en el libro segundo de la primera parte de su historia, capítulo noventa y tres, que es el que se sigue.

Partióse don Gerónimo de Loaysa con esta carta (la carta fue la que el presidente escribió á los soldados pretendientes que en el repartimiento de los indios quedaron sin suerte, que atrás se ha referido), fue á la ciudad del Cozco; y sobre este repartimiento sucedieron las cosas referidas en la historia de la tiranía de Francisco Hernandez, cuya rebelion y desvergüenza quieren decir que tuvo orígen y principio de este repartimiento. El presidente Gasca se partió de Guaynarima para la ciudad de los Reyes; y en el camino despachó á Alonso de Mendoza con poder de corregidor del pueblo nuevo; que en Chuquiabo (en el repartimiento general) mandó fundar é intitular la ciudad de nuestra Señora de la Paz.

Nombróle así el presidente por le haber fundado en tiempo de paz despues de tantas guerras, y en aquel sitio, porque era en medio del camino que va á Arequipa á los Charcas, que es de ciento y setenta leguas. Y asímismo está en el medio del camino que va del Cuzco á los Charcas, de ciento y sesenta leguas. Y por haber tan gran distancia entre estos pueblos, tan gruesa, y tanta la contratacion, convino mucho hacer allí pueblo para escusar robos y malos casos que por aquella comarca se hacian. Habiendo pues hecho esta provision, fue prosiguiendo su camino, y en diez y siete de setiembre entró en la ciudad de los Reyes, do fue recibido con mucho regocijo de juegos y danzas, y le recibieron desta manera. Entró con el sello real, que para asentar la audiencia en aquella ciudad el presidente llevaba. Metieron al sello y al presidente debajo de un rico pálio, llevándole á su mano derecha. Iba metido el sello en un cofre muy bien aderezado y adornado, puesto encima de un caballo blanco, cubierto con un paño de brocado hasta el suelo, y llevaba de rienda el caballo Lorenzo de Aldana, corregidor de la ciudad; y á la mula del presidente llevaba de rienda Gerónimo de Silva, alcalde ordinario. Iba Lorenzo de Aldana y los alcaldes y los otros, que llevaban las varas del pálio, con ropas rozagantes de carmesí raso, y descubiertas las cabezas. Diéronse libreas á los de guarda (que para meter el sello y al presidente la ciudad sacó) y para otros personages de juegos y danzas, de seda de diversos colores. Salieron en una hermosa danza tantos danzantes como pueblos principales habia en el Perú; y cada uno dijo una copla en nombre de su pueblo, representando lo que en demostracion de su fidelidad habia hecho, que fueron estas:

LIMA.

Yo soy la ciudad de Lima,
que siempre tuve mas ley;
pues fue causa de dar cima
á cosas de tanta estima,
y continó por el rey.

TRUGILLO.

Yo tambien soy la ciudad
muy nombrada de Trujillo,
que salí con gran lealtad
con gente á su magestad
al camino á recebillo.

PIURA.

Yo soy Piura, deseosa
de servirte con pie llano,
que como leona rabiosa,
me mostré muy animosa
para dar fin al tirano.

QUITO.

Yo, Quito, con gran lealtad,
aunque fuí tan fatigada,
seguí con fidelidad
la voz de su magestad
en viéndome libertada.

GUANUCO Y LOS CHACHAPOYAS.

Guanuco y la Chachapoya
te besamos pies y manos,
que por dar al rey la joya

despoblámos nuestra Troya,
trayendo los comarcanos.

GUAMANGA.

Guamanga soy, que troqué
un trueque, que no se hizo
en el mundo tal, ni fue
trocando la P. por G.
fue Dios, aquel que lo quiso.

AREQUIPA.

Yo, la villa mas hermosa
de Arequipa, la escelente,
lamenté sola una cosa,
que en Guarina la rabiosa
pereció toda la gente.

EL CUZCO.

Ilustrísimo señor,
yo el gran Cusco, muy nombrado,
te fui leal servidor,
aunque el tirano traidor
me tuvo siempre forzado.

LOS CHARCAS.

Preclarísimo varon,
luz de nuestra escuridad,
parnaso de perficion,
desta cristiana region,
por la Divina bondad.
En los Charcas floreció
Centeno discretamente,
y puesto que no venció
fue que Dios lo permitió,
por guardarlo al presidente.

Estas son las coplas que Diego Hernandez Palentino escribe, que dijeron los danzantes en nombre de cada pueblo principal de los de aquel imperio, y segun ellas son de tanta rusticidad, frialdad y torpeza; parece que las compusieron indios, naturales de cada ciudad de aquellas, y no españoles. Volviendo á lo que este autor dice de la fundacion de la ciudad de la Paz, que se mandó fundar en aquel sitio por la mucha distancia que habia de unos pueblos de españoles á otros, porque se escusáran los robos y malos casos que en aquella comarca se hacian &c.

Decimos que fue muy acertado poblar aquella ciudad en aquel parage, porque hubiese mas pueblos de españoles, y no por escusar robos y malos casos, que por aquella comarca se hubiesen hecho, porque la generosidad de aquel imperio, llamado Perú, no se halla que la haya tenido otro reino alguno en todo el mundo, porque dende que se ganó, que fue el año de mil y quinientos y treinta y uno hasta hoy, que es ya fin del año de mil y seiscientos y diez cuando esto se escribe, no se sabe que en público ni en secreto se haya dicho que haya habido robo alguno, ni salteado á los mercaderes y tratantes, con haber tantos y de tan gruesas partidas de oro y plata, como cada dia llevan y traen por aquellos caminos, que son de trecientas y cuatrocientas leguas de largo, y las andan con no mas seguridad que la comun generosidad y escelencia de todo aquel imperio, durmiendo en los campos, donde les toma la noche, sin mas guarda ni defensa que la de los toldos que llevan para encerrar en ellos sus mercaderías, que cierto ha sido un caso que en Indias y en España se ha hablado de él con mucha honra y loa de todo aquel imperio.

Lo dicho se entiende que pasó y pasa en tiempo de

paz, que en tiempo de guerra (como se ha visto en lo pasado y se verá en lo porvenir) habia de todo, porque la tiranía lo manda así.

CAPÍTULO VII.

Los cuidados y ejercicios del presidente Gasca: el castigo de un motin: su paciencia en dichos insolentes que le dijeron: su buena maña y aviso para entretener los pretendientes.

Asentada la audiencia en la ciudad de los Reyes, el presidente se ocupaba en la quietud y sosiego de aquel imperio, y en la predicacion y doctrina de los naturales dél. Mandó hacer visita general dellos, y que tasasen y diesen por escrito á cada repartimiento el tributo que habian de dar á sus amos, porque no les pidiesen mas de lo que la justicia mandase. Para lo cual el licenciado Cianca, como oidor de su magestad, fue á la ciudad de los Reyes, habiendo hecho en el Cozco un pequeño castigo de cierto motin que en él se trataba sobre el repartimiento pasado.

Ahorcó á un soldado, y desterró á otros tres; y por no causar mas escándalo y alteracion no pasó adelante en el castigo ni en la averiguacion del motin; y por la misma causa el presidente alzó el destierro á los desterrados antes que nadie se lo pidiese, porque vió que era mejor aplacar con suavidad y blandura, que irritar con aspereza y rigor á gente quejosa, y mucha parte de ella con rason. El licenciado Cianca, por provision de el presidente Gasca, dejó en la ciudad del Cosco por corregidor della á Juan de Saavedra, un caballero muy noble, natural de Sevilla, que tenia indios en la dicha ciudad. Al mariscal Alonso de Alvarado envió el presidente otra provision de corregidor en el pueblo nuevo, para que tuviese particular cuidado de la poblacion de la ciudad de la Paz, que estos dos nombres tuvo á sus principios aquella ciudad, y el mariscal tenia cerca de ella su repartimiento de indios.

En este tiempo acudieron muchos vecinos de todas partes del imperio á la ciudad de los Reyes á besar las manos al presidente, y á rendirle las gracias de tantos y tan grandes repartimientos como les habia dado. Tambien acudieron muchos soldados principales, que habian servido á su magestad, á pedir remuneracion de sus servicios y satisfacion del agravio pasado, que debiéndoseles á ellos la paga, se la hubiese dado á los que merecian pena y castigo de muerte, por haber ofendido á la magestad imperial. Trujeron la nueva de la muerte de Diego Centeno, Gabriel de Rojas y del licenciado Carvajal, y de otros vecinos que habian fallecido, que aunque el presidente las sabia, se las pusieron delante, pidiendo con gran instancia y mucha pasion que su señoría reformase los repartimientos pasados, y los moderase, para que todos comiesen, y no que ellos muriesen de hambre, y que los que mas habian servido al tirano muriesen de ahito y apoplegía. Lo mismo dice Gomara en el capítulo ciento y ochenta y ocho (ya otra vez por mí alegado) por estas palabras.

Finalmente platicaron de rogar al presidente Gasca reconociese los repartimientos y diese parte á todos, dividiendo aquellos grandes repartimientos ó echándoles pensiones, y sino que se los tomarian ellos &c.

Hasta aquí es de Gomara. El presidente andaba muy congojado y fatigado de no poder cumplir ni satisfacer á tantos pretendientes con tan poco como habia que proveer, y repartir entre tantos y tan presuntuosos de sus méritos y servicios, que aunque vacára en un dia todo el Perú se les hiciera poco, segun la arrogancia y altivez donde encumbraban sus méritos. Mas el presidente con su discrecion, prudencia y consejo, astucia y buena maña, los entretuvo año y medio que estuvo en aquella ciudad. En este tiempo sucedieron algunos cuentos desvergonzados y descomedidos, como lo dicen los historiadores, que el buen presidente sufrió y pasó con su prudencia y discrecion. En lo cual hizo mas que en vencer y ganar todo aquel imperio, porque fue vencerse á sí propio, como se verá por algunos que entonces y despues acá yo oí, y los ponemos por los mas decentes, que otros hubo mas y mas insolentes en aquellas afficciones que los pretendientes con sus importunidades le causaban. Queriendo el presidente valerse de uno de sus capitanes, que yo conocí, le dijo: señor capitan fulano, hágame placer de desengañar esa gente, y decirles que me dejen, que no tiene su magestad que darles, ni yo que proveer. El capitan respondió con mucha libertad: desengáñelos vuestra señoría que los engañó, que yo no tengo por qué desengañarlos. A esto calló el presidente como que no lo hubiese oido. Lo mismo le pasó con un soldado de menos cuenta, que le pidió con mucha instancia le gratificase sus servicios. El presidente le dijo que no tenia que darle, que ya estaba del todo repartido. El soldado replicó como desesperado, diciendo: deme vuesa señoría ese bonete con que ha engañado á tantos, que con él me daré por pagado y contento. El presidente le miró, y le dijo que se fuese con Dios.

Otro personage que presumia del nombre y título de capitan, aunque no lo habia sido, que yo conocí, y tenia un repartimiento de indios de los comunes, que no pasaban de siete á ocho mil pesos de renta, le dijo: mande vuesa señoría mejorarme los indios como ha hecho á otros muchos que no lo merecen como yo, que soy de los primeros conquistadores y descubridores de Chile; y que no ha sucedido cosa grande y señalada en todo este imperio en que yo no me haya hallado en servicio de su magestad, por donde merezco muy grandes mercedes. Con esto dijo otras arrogancias y bravatas con mucha soberbia y presuncion. El presidente algun tanto enfadado de su vanidad le dijo:

Anda, señor, que harto teneis para quien sois, que me dicen que sois hijo de un tal de vuestra tierra, y nombró el oficio del padre. El capitan, usando del título que no era suyo, dijo: miente quien se lo dijo á vuesa señoría, y quien lo cree tambien. Con esto se salió apriesa de la sala temiendo no pusiese alguno de los presentes la mano en él por su libertad y atrevimiento. El presidente lo sufrió todo diciendo, que mucho mas debia sufrir y pasar por agradar y servir á su rey y señor. Demas de su paciencia usaba con los soldados dándoles á todos esperanzas y aun certificacion de lo que les dejaba proveido, como lo dice Diego Hernandez, vecino de Palencia, en el libro primero de la segunda parte de su historia, capítulo tercero, por estas palabras.

Es de saber que en todo el tiempo que el presidente estuvo en Lima, que serian diez y siete meses, siempre acudieron muchas personas á pedir remedio de sus necesidades y gratificacion de sus servicios; porque segun está dicho, eran muchos los quejosos del primer repartimiento, de los que habian sido servidores del rey. Y en este tiempo habian vacado muchos y grandes repartimientos de indios por muerte de Diego Centeno, Gabriel de Rojas, y el licenciado Carvajal, y otros vecinos que habian fallecido. Y por el consiguiente habia tambien que proveer otras cosas y aprovechamientos; por lo cual el presidente era de todos muy importunado y combatido; y dábase con ellos tan buena maña, que á cada uno daba contento en su respuesta. Y como estaba de camino les decia apretadamente, que rogasen á Dios le diese buen viage porque les dejaba puestos en buen lugar. Tenian gran cuenta los pretensores con sus criados para tener aviso de lo que les daba. Y algunos dellos hacian entender á capitanes y soldados, con quien tenian mas amistad, ó que estaban dellos prendados, que habian visto el libro del repartimiento; y á uno decian que le dejaba tal encomienda, y á otro otra cosa semejante. Y hoy dia creen algunos que lo hacian por sacar interese, y que fingidamente lo componian. Otros tienen por sí que como el presidente era sagaz y prudente, lo escribia para aquel efecto; y que despues usaba de alguna maña de descuido, para que algun criado suyo lo pudiese ver, y lo tuviese por cierto, y así en secreto lo manifestase por causa que todos quedasen contentos en su partida. Y es cierto que hoy dia hay hombres que creen que á ellos se les quitó lo que el presidente les dejó señalado. Y aun se puede escribir con verdad, que alguno perdió el seso con este pensamiento. Tuvo el presidente Gasca grande inteligencia y cuidado por llevar al emperador mucha suma de oro y plata; y juntó un millon y medio de castellanos, que reducidos á coronas de España, es mas de dos millones, y cien mil coronas de á trecientos y cincuenta maravedís la corona, habiendo ya pagado grande suma que habia gastado en la guerra.

Llegado pues el tiempo de su partida (cosa para él muy deseada) dábase demasiada priesa, con temor no le viniese algun despacho que le detuviese, ó á lo menos para que lo tomase fuera del reino. Y acabado su repartimiento, hízole cerrar y sellar; y mandó que no se abriese ni publicase hasta que fuesen pasados ocho dias que él fuese hecho á la vela. Y que de los repartimientos que dejaba proveidos diese el arzobispo cédula de la encomienda. Partióse de Lima para el Callao (puerto que está dos leguas de la ciudad) á veinte y cinco de enero; y el domingo siguiente, antes que se hiciese á la vela, recibió un pliego de su magestad, que le llegó á la sazón de España, y en él una cédula, en que el rey mandaba quitar el servicio personal.

Vista la cédula, como sintió que la tierra estaba tan vidriosa, y descontenta, y llena de malas intenciones, por causa del repartimiento de Guaynarima, ansí por haber dejado sin suerte á muchos servidores del rey, y dado grandes repartimientos á muchos que habian sido primero del bando de Gonzalo Pizarro, como por otras causas que le movian. Determinado ya en su partida, proveyó por auto, que por cuanto él iba á dar relacion á su magestad del estado de la tierra, y de lo que tocaba á su servicio, que suspendia la ejecucion de la cédula real. Y que el servicio personal no se quitase hasta tanto que de boca fuese su magestad por él informado, y otra cosa mandase. Y con esto lunes siguiente se hizo á la vela, llevando consigo todo el oro y plata que habia juntado. Hasta aquí es del Palentino, con que acaba aquel capítulo.

CAPÍTULO VIII.

La causa de los levantamientos del Perú. La entrega de los galeotes á Rodrigo Niño para que los traiga á España. Su mucha discrecion y astucia para librarse de un cosario.

Por lo que este autor dice de la provision que el

presidente hizo acerca de la cédula de su magestad de el servicio personal, se ve claro y manifiesto, que las ordenanzas pasadas, y el rigor y la áspera condicion del visorey Blasco Nuñez Vela, causaron el levantamiento de todo aquel imperio, y la muerte del mismo visorey, y tantas otras de españoles é indios como se han referido en la historia, que son innumerables; y que habiendo llevado el presidente la revocacion de las ordenanzas, y mediante ella y su buena maña y diligencia, haber ganado aquel imperio, y restituídoselo al emperador, no era justo ni decente á la magestad imperial, ni á la honra particular del presidente, innovar cosa alguna de las ordenanzas, principalmente esta del servicio personal, que fue una de las más escandalosas y aborrecidas; y así lo dijo él mismo á algunos de sus amigos, que no la ejecutaba, ni queria que se ejecutase hasta que su magestad le hubiese oido viva voz, é porque habria visto por esperiencia cuán escandalosa era aquella ordenanza, y lo habia de ser siempre que se tratase della. Mas el demonio, como otras veces lo hemos dicho, por estorbar la paz de aquella tierra, de la cual se causaba el aumento de la cristiandad y predicacion del santo Evangelio, procuraba de cualquier manera que pudiese, que no se asentase la tierra; para lo cual impedia y añublaba la prudencia y discrecion de los consejeros reales, para que no aconsejasen á su príncipe lo que convenia á la seguridad de su imperio, sino lo contrario, como se verá en las guerras de don Sebastian de Castilla, y de Francisco Hernandez Giron, que sucedieron á las pasadas, que las levantaron no con otro achaque, sino con el de las ordenanzas pasadas y otras semejantes, como en su lugar lo dice el mismo Diego Hernandez, que lo citarémos en muchas partes.

Por cortar el hilo á un discurso tan melancólico como el de los capítulos referidos, será bien que digamos alguna cosa en particular, que sea mas alentada, para que pasemos adelante, no con tanta pesadumbre; es de saber, que en medio de estos sucesos llegó una carta á la ciudad de los Reyes, de Hernando Niño, regidor de la ciudad de Toledo, para su hijo Rodrigo Niño, de quien hecimos mencion en el libro cuarto de la segunda parte de estos comentarios, capítulo once, cuando hablámos de los sucesos desgraciados del visorey Blasco Nuñez Vela; en la cual le mandaba su padre, que estando desocupado de las guerras contra Gonzalo Pizarro, se partiese luego para España á tomar posesion, y gozar de un mayorazgo que un pariente suyo le dejaba en herencia.

Al presidente y á sus ministros les parcoió que este caballero que tan leal se habia mostrado en el servicio de su magestad contra los tiranos en la guerra pasada, haria bien oficio en traer á España ochenta y seis galeotes, que de los soldados de Gonzalo Pizarro habian condenado á galeras; y así se lo mandaron, poniéndole por delante que haria mucho servicio á su magestad, y que se le gratificaria en España con lo demas que habia servido en el Perú. Rodrigo Niño lo aceptó, aunque contra su voluntad, porque no quisiera venir ocupado con gente condenada á galeras; mas como la esperanza del premio venza cualquiera dificultad, apercibió sus armas para venir como capitan de aquella gente; y así salió de la ciudad de los Reyes con los ochenta y seis españoles condenados; y entre ellos venian seis menestriles de Gonzalo Pizarro, que yo conocí, y el uno de ellos me acuerdo que se llamaba Agustin Ramirez, mestizo, natural de la imperial ciudad de Méjico: todos seis eran lindos oficiales, traían sus instrumentos consigo, que así se lo mandaron, para que hiciesen salva donde quiera que llegasen, y ellos se valiesen de algunos socorros que algunos caballeros principales y ricos les hiciesen por haber oido su buena música.

Con buen suceso y próspero tiempo llegó Rodrigo Niño á Panamá, que por todo aquel viage, por ser distrito del Perú, las justicias de cada pueblo le ayudaban á guardar y mirar por los galeotes; y ellos venian pacíficos y humildes; porque en aquella juridicion habian ofendido á la magestad real. Pero pasando de Panamá y Nombre de Dios, dieron en huirse algunos dellos por no remar en galeras. Y la causa fue la poca ó ninguna guarda que traian, que no se la dieron á Rodrigo Niño, por parecerles á los ministros imperiales que bastaba la autoridad de Rodrigo Niño; y tambien porque era dificultoso hallar quien quisiese dejar al Perú, y venir por guarda de galeotes. Con estas dificultades y pesadumbres llegó Rodrigo Niño cerca de las islas de Santo Domingo y Cuba, donde salió á el encuentro un navío de un cosario francés, que entonces no los habia de otras naciones como al presente los hay. El capitan español viendo que no llevaba armas ni gente para defenderse, y que los suyos antes les serían contrarios que amigos, acordó usar de una maña soldadesca, discreta y graciosa. Armóse de punta en blanco de su coselete y celada, con muchas plumas, y una partesana en la mano; y así se arrimó al árbol mayor del navío, y mandó que los marineros y la demas gente se encubriese y no pareciesen; y que solo los menistriles se pusiesen sobre la popa del navío, y tocasen los instrumentos cuando viesen al enemigo cerca. Así se hizo todo, como Rodrigo Niño lo ordenó; y que no perdiesen el tino de su viage, ni hiciesen caso del enemigo, el cual iba muy confiado de haber la victoria de aquel navío: mas cuando oyeron la música real, y que no parecia gente en el navío, trocaron las imaginaciones; y entre otras que tuvieron, fue una pensar que aquel navío era de algun gran señor, desterrado por algun grave delito que contra su rey hubiese cometido, ó que fuese desposeido de su estado por algun pleito ó trampa de las que hay en el mundo, por lo cual se hubiese hecho cosario haciendo á toda ropa. Con esta imaginacion se detuvieron y no osaron acometer á Rodrigo Niño, antes se apartaron dél, y le dejaron seguir su viage. Todo esto se supo despues cuando el presidente pasó por aquellas islas, viniendo á España, que el mismo cosario lo habia dicho en los puertos, que tomó debajo de amistad para proveerse de lo necesario por su dinero, de que el presidente holgó muy mucho por haber elegido tal personage para traer los galeotes á España.

CAPÍTULO IX.

Á Rodrigo Niño se le huyen todos los galeotes, y á uno solo que le quedó, lo echó de sí á puñadas. La sentencia que sobre ello le dieron. La merced que el príncipe Maximiliano le hizo.

Rodrigo Niño habiéndose escapado del cosario con su buen ardid de música, siguió su viage, y llegó á la Habana, donde se le huyó buena parte de sus galeotes por el poco recaudo de ministros que le dieron cuando se los entregaron para que los guardasen. Otros pocos se habian huido en Cartagena; lo mismo hicieron en las islas de la Tercera: y de tal manera fue la huida dellos, que cuando entraron por la barra de San Lúcar, ya no venian mas de diez y ocho forzados; y de allí al arenal de Sevilla se huyeron los diez y siete. Con solo uno que le quedó, de ochenta y seis que le entregaron, se desembarcó Rodrigo Niño para llevarlo á la casa de la contratacion, donde los habia de entregar todos, como se lo mandó el presidente en la ciudad de los Reyes. Rodrigo Niño entró en Sevilla con su galeote, por el postigo del carbon: puerta por do siempre entra y sale poca gente.

Estando ya Rodrigo Niño en medio de la calle, viendo que no parecia gente, echó mano del galeote por los cabezones, y con la daga en la mano, le dijo: por vida del emperador que estoy por daros veinte puñaladas; y no lo hago por no ensuciar las manos en matar un hombre tan vil y bajo como vos, que habiendo sido soldado en el Perú, no os desdeñeis de remar en una galera: hi de tal, ¿no pudiérades vos haberos huido como lo han hecho otros ochenta y cinco que venian con vos? Anda con todos los diablos donde nunca mas os vea yo, que mas quiero ir solo que tan mal acompañado: diciendo esto, le soltó con tres ó cuatro puñadas que le dió, y se fue á la contratacion á dar cuenta de la buena guarda que habia hecho de sus galeotes; dando por descargo que por no haberle dado ministros que guardasen los galeotes se le habian huido, porque él solo no los podia guardar, ni poner en cobro tantos forzados, los cuales antes le habian hecho merced en no haberle muerto: como pudieran haberlo hecho para irse mas á su salvo. Los jueces de la contratacion quedaron confusos por entonces, hasta averiguar la verdad de aquel hecho. El postrer galeote, usando de su vileza, en el primer bodegon que entró, descubrió á otros tan ruines como él lo que Rodrigo Niño le habia dicho y hecho con él: los cuales lo descubrieron á otros, y á otros; y de mano en mano llegó el cuento á los jueces de la contratacion; los cuales se indignaron gravemente, y prendieron á Rodrigo Niño; y el fiscal de su magestad le acusó rigurosamente, diciendo que habia suelto y dado libertad á ochenta y seis esclavos de su magestad: que los pagase, dando por cada uno tanta cantidad de dinero. El pleito se siguió largamente, y no le valiendo á Rodrigo Niño sus descargos, fue condenado que sirviese seis años en Oran, de ginete, con otros dos compañeros á su costa, y que no pudiese volver á Indias. Apeló de la sentencia para el príncipe Maximiliano de Austria, que asistia entonces en el gobierno de España, por la ausencia de la magestad imperial de su tio. Su alteza oyó largamente á los padrinos de Rodrigo Niño, los cuales le contaron lo que le sucedió en el Perú con los tiranos que pasaron al bando de Gonzalo Pizarro, enviándolos el visorey Blasco Nuñez Vela á prender á otros, y cuán mal lo trataron porque no quiso ir con ellos, como largamente lo cuentan los historiadores, y nosotros lo repetimos en el capítulo once del libro cuarto de esta segunda parte. Asímismo le contaron el buen ardid que usó en la mar con el cosario, y todo lo que le sucedió con los galeotes, hasta el postrero que él echó de sí, y las palabras que le dijo: todo lo cual oyó el príncipe con buen semblante, pareciéndole que la culpa mas habia sido de los que no proveyeron las guardas necesarias para los galeotes, y que ellos tambien habian sido comedidos en no haber muerto á Rodrigo Niño, para huirse mas á su salvo. Los intercesores de Rodrigo Niño viendo el buen semblante con que el príncipe les habia oido, le suplicaron tuviese por bien de favorecer al delincuente con su vista. Su alteza lo permitió, y cuando lo vió delante de sí, le hizo las preguntas como un gran letrado, y le dijo: sois vos el que se encargó de traer ochenta y seis galeotes, y se os huyeron todos; y uno solo que os quedó, lo echásteis de vos con muy buenas puñadas que le dísteis. Rodrigo Niño respondió: serenísimo príncipe, yo no pude hacer mas porque no me dieron guardas que me ayudaran á guardar los galeotes: que mi ánimo, cual haya sido en el servicio de su magestad, es notorio á todo el mundo. Y el galeote que eché de mí fue de lástima, por parecerme que aquel solo habia de servir y trabajar por todos los que se me habian huído. Y no queria yo sus maldiciones por haberlo traido á galeras, ni pagarle tan mal por haberme sido mas leal que todos sus compañeros. Suplico á vuesa alteza mande, como quien es, que me castiguen estos delitos, si lo son. El príncipe le dijo, yo los castigaré como ellos merecen. Vos lo hecistes como caballero, yo os absuelvo de la sentencia, y os doy por libre della, y que podais volver al Perú cuando quisiéredes. Rodrigo Niño le besó las manos; y años despues se volvió al Perú, donde largamente contaba todo lo que en breve se ha dicho, y entre sus cuentos decia: en toda España no hallé hombre que me hablase una buena palabra, ni de favor, sino fue el buen príncipe Maximiliano de Austria, que Dios guarde, y aumente en grandes reinos y señoríos, amen, que me trató como príncipe.

CAPITULO X.

El segundo repartimiento se publica. El presidente se parte para España. La muerte del licenciado Cepeda. La llegada del presidente á Panamá.

El presidente Gasca con la ansia que tenia de salir de aquel imperio, que las horas se le hacian años, hizo todas sus diligencias para despacharse con brevedad; y por no detenerse tiempo alguno, dejó órden, como atrás lo ha dicho el Palentino, que el arzobispo de los Reyes diese las cédulas que dejaba hechas y firmadas de su nombre de los repartimientos, que de la segunda vez dejaba proveidos; y pareciéndole que bastaba esto, se embarcó á toda diligencia y salió de aquel puerto, llamado el Callao, echando la bendicion al Perú, que tan sobresaltado y temeroso le habia tenido; y pasados los ocho dias que dejó de plazo para la publicacion del repartimiento, se divulgó, como lo dice el Palentino por estas palabras, que son del capítulo cuarto del libro primero de su segunda parte. Pasado pues el término que el presidente Gasca puso para que el repartimiento se publicase, y venido el dia tan deseado de los pretensores, como sazon y tiempo en que pensaban tener su remedio, todos acudieron á la sala del audiencia, y estando los oidores en los estrados, se abrió el repartimiento que el presidente habia dejado cerrado y sellado, y allí fue públicamente leido: y muchos de los que mas confiados estaban salieron sin suerte; y otros que no tenian tan entera confianza, salieron con buenos repartimientos. Fue cosa de ver lo que unos decian, y las malas voluntades que otros mostraban, y la desesperacion que algunos tenian, y que de el presidente blasfemaban porque ya no les restaba esperanza de cosa alguna &c.

Hasta aquí es del Palentino. El presidente, que por no oir las blasfemias y vituperios habia huido de aquella tierra, se dió toda la priesa que pudo por la mar para llegar á Panamá; que aun para tomar refresco no quiso tomar puerto alguno, segun aborrecia la gente que dejaba. Trujo consigo preso al licenciado Cepeda, oidor que fue de su magestad en aquellos reinos y provincias: no quiso conocer de su causa aunque pudiera por no hacerse juez de los delitos que habia dado por absueltos: remitiólo al supremo real consejo de las Indias. Llegados á España se siguió su causa en Valladolid, donde entonces estaba la corte, y el fiscal real le acusó gravemente; y aunque Cepeda hizo su descargo disculpándose y diciendo que los demas oidores y él habian hecho lo pasado con intencion de servir á su magestad, porque los agraviados por las ordenanzas no se desvergonzáran ni atrevieran segun se atrevieron por la áspera condicion y demasiado rigor que en todo mostró y ejecutó el visorey Blasco Nuñez Vela, como se habia visto y notado por los sucesos pasados; sobre lo cual trujo á cuenta muchas cosas de las que la historia ha contado que el visorey hizo pareciéndole que podian ser en su favor: mas no le aprovecharon cosa alguna para no perder el temor y aun la certidumbre de ser condenado á muerte con renombre de traidor. Sus deudos y amigos viendo que no podian librarle de la muerte corporal, acordaron librarle de el nombre de traidor. Para lo cual dieron órden como en la prision se le diese algun jarabe con que caminase mas apriesa á la otra vida; y así se hizo, y la sentencia no se ejecutó en público, que aun no estaba publicada, aunque ya notificada. Todo esto se dijo en el Perú muy al descubierto, y yo lo oi allá, y despues lo he oido en España á algunos indianos que hablaban en la muerte del licenciado Cepeda. El cual despues de la muerte de Gonzalo Pizarro, hablándose una y mas veces de los sucesos pasados, y de su sentencia y muerte, y como lo habian condenado por traidor, y mandado derribar sus casas, y sembrarlas de sal y poner su cabeza en la Picota en una jaula de hierro, decia que él defenderia el partido de Gonzalo Pizarro, que no habia sido traidor contra su magestad, sino servídole con lealtad, deseando la conservacion de aquel imperio, y que si le condenasen en esta defensa, que él no tenia otra cosa que perder sino la vida; que dende luego ofrecia la cabeza al cuchillo, con tal que se conociese y sentenciase la causa en el parlamento de París, ó en la universidad de Bolonia, ó en cualquiera otra que no estuviese sujeta á la juridicion imperial. Sospechábase ofreciese estas defensas por defender juntamente su partido con ellas. El doctor Gonzalo de Illescas en su historia pontifical dice del licenciado Cepeda casi lo mismo que hemos dicho, que es lo que se sigue.

Entre las personas notables y señaladas que en estas alteraciones del Perú tuvieron mano y gran parte, fue uno el licenciado Cepeda, natural de Tordesillas, uno de los oidores que pasaron con el visorey Blasco Nuñez Vela, y no es razon callar su nombre por lo mucho que allá valió y tuvo, ansí en servicio de su magestad mientras estuvo en su libertad, como en compañía de Pizarro despues que se apoderó tiránicamente dél y de toda la tierra. Pasóse Cepeda al campo imperial en el último artículo, cuando estaban los campos para darse la postrera batalla, y corrió peligro de muerte, porque Pizarro envió tras él, y le dejaron por muerto los suyos en un pantano. Recibióle Gasca con grande amor, aunque despues le puso acá en España en la cárcel real, y fue acusado ante los alcaldes del crímen. Defendíase Cepeda por muchas y muy vivas razones, y segun él se sabia bien desculpar, túvose creido que saliera de la prision con su honor; pero por haberse muerto de su enfermedad en Valladolid en la cárcel, se quedó indecisa su causa. Yo hube en mi poder una elegantísima informacion de derecho que tenia hecha en su defensa, que cierto quien la viere no podrá dejar de descargarle, y tenerle por leal servidor de su rey. Fue mas felice de ingenio, que dichoso en el suceso de su fortuna, porque habiendo tenido inestimable riqueza y honor grandísimo, le ví yo harto afligido y con necesidad en la cárcel.

Hasta aquí es de aquel doctor, el cual hablando de la muerte del conde Pedro Navarro, famosísimo capitan de sus tiempos, dice lo mismo que hemos dicho de la muerte del licenciado Cepeda, que el alcaide que lo tenia preso, que era grande amigo suyo, le ahogó en la cárcel porque no le degollasen con renombre de traidor, habiendo ganado todo el reino de Nápoles &c. Permite la fortuna que en diversas partes del mundo sucedan unos casos semejantes á otros, porque no falte quien ayude á llorar á los desdichados. El presidente Gasca llegó á salvamento á la ciudad de Panamá con mas de millon y medio de oro y plata que traía á España para su magestad, sin otro tanto y mucho mas que traían los particulares pasageros que con él venian. Sucedióle en aquel puerto un caso estraño que los historiadores cuentan, y porque Agustin de Zarate lo dice mas claro y pone las causas de aquel mal hecho, que fue una de las ordenanzas, de las cuales la historia ha dado cuenta, que parece que en todas partes causaron escándalo, motin y levantamiento, dirémos lo que él dice del principio desta rebelion; y luego sacarémos de todos los tres autores la sustancia y la verdad del hecho, y la cantidad del robo y saco de oro y plata, y otras cosas que en aquella ciudad saquearon los Contreras. Que si se contentáran con la presa, y supieran ponerla en cobro para gozarla, ellos habian vengado su injuria con muchas ventajas; mas la mocedad y poca práctica en la milicia causó que lo perdiesen todo, y la vida con ello, como lo dirá la historia. Agustin de Zarate dice lo que se sigue, sacado á la letra de su libro séptimo de la historia del Perú, capítulo do-

ce, el cual con su título es el que se sigue, y en nuestros comentarios será el onceno.

CAPÍTULO XI.

De lo que sucedió á Hernando y á Pedro de Contreras, que se hallaron en Nicaragua, y vinieron en seguimiento del presidente.

En el tiempo que Pedro Arias Dávila gobernó y descubrió la provincia de Nicaragua, casó una de sus hijas, llamada doña María Peñalosa, con Rodrigo de Contreras, natural de la ciudad de Segovia, persona principal y hacendado en ella; y por muerte de Pedro Arias quedó la gobernacion de la provincia á Rodrigo de Contreras, á quien su magestad proveyó de ella por nombramiento de Pedro Arias, su suegro, atento sus servicios y méritos, el cual gobernó algunos años, hasta tanto que fue proveida nueva audiencia que residiese en la ciudad de Gracias á Dios, que se llama de los confines de Guatimala. Y los oidores no solamente quitaron el cargo á Rodrigo de Contreras, pero ejecutando una de las ordenanzas, de que arriba está tratado, por haber sido gobernador, le privaron de los indios que él y su muger tenian, y de todos los que habia encomendado á sus hijos en el tiempo que le duró el oficio; sobre lo cual vino á estos reinos pidiendo remedio del agravio que pretendia habérsele hecho, representando para ello los servicios de su suegro y los suyos propios. Y su magestad y los señores del consejo de las Indias determinaron que se guardasen las ordenanzas, confirmando lo que estaba hecho por los oidores. Sabido esto por Hernando de Contreras y Pedro de Contreras, hijos de Rodrigo de Contreras, sintiéndose mucho del mal despacho que su padre traía en lo que habiá venido á negociar, como mancebos livianos determinaron de alzarse en la tierra, confiados en el aparejo que hallaron en un Juan Bermejo y en otros soldados, sus compañeros, que habian venido del Perú, parte dellos descontentos porque el presidente no les habia dado de comer, remunerándoles lo que le habian servido en la guerra de Gonzalo Pizarro; y otros que habian seguido al mismo Pizarro, y por el presidente habian sido desterrados del Perú: y estos animaron á los dos hermanos para que emprendiesen este negocio, certificándoles que si con docientos ó trecientos hombres de guerra que allí le podian juntar aportasen al Perú, pues tenian navíos y buen aparejo para la navegacion, se les juntaria la mayor parte de la gente, que allá estaba descontenta por no haberles gratificado el licenciado de la Gasca sus servicios, y con esta determinacion comenzaron á juntar gente y armas secretamente; y cuando se sintieron poderosos para resistir la justicia, comenzaron á ejecutar su propósito; y pareciéndoles que el obispo de aquella provincia habia sido muy contrario á su padre en todos los negocios que se habian ofrecido, comenzaron de la venganza de su persona, y un dia entraron ciertos soldados de su compañía adonde estaba el obispo jugando al ajedrez, y le mataron, y luego alzaron bandera, intitulándose el ejército de la libertad; y tomando los navíos que hubieron menester, se embarcaron en la mar del Sur con determinacion de esperar la venida del presidente, y prenderle, y robarle en el camino, porque ya sabian que se aparejaba para venirse á Tierra-firme con toda la hacienda de su magestad. Aunque primero les pareció que debian ir á Panamá, así para certificarse del estado de los negocios, como porque desde allí estarian en tan buen parage, y aun mejor para navegar la vuelta del Perú que desde Nicaragua. Y habiéndose embarcado cerca de trecientos hombres, se vinieron al puerto de Panamá, y antes que surgiesen en él, se certificaron de ciertos estancieros que prendieron, de todo lo que pasaba, y como el presidente era ya llegado con toda la hacienda real y con otros particulares que traía, pareciéndoles que su buena dicha les habia traido la presa á las manos. Esperaron que anocheciese, y surgieron en el puerto muy secretamente y sin ningun ruido, creyendo que el presidente estaba en la ciudad, y que sin ningun riesgo ni defensa podrian efectuar su intento &c.

Hasta aquí es de Agustin de Zarate. Gomara, habiendo dicho casi lo mismo, dice lo que se sigue, capítulo ciento y noventa y tres. Los Contreras recogieron los Pizarristas que iban huyendo de Gasca, y otros perdidos; y acordaron hacer aquel salto por enriquecer, diciendo que aquel tesoro y todo el Perú era suyo, y les pertenecia como á nietos de Pedrarias de Avila, que tuvo compañía con Pizarro, Almagro y Luque, y los envió, y se alzaron: color malo, empero bastante para traer ruines á su propósito. En fin ellos hicieron un salto y hurto calificado, si con él se contentáran &c.

Hasta aquí es de Gomara. Los Contreras entraron en Panamá de noche, y dentro en la ciudad en casa del doctor Robles, y en cuatro navíos que estaban en el Puerto tomaron ochocientos mil castellanos, dellos del rey y dellos de particulares, como lo dice el Palentino, capítulo octavo; y en casa del tesorero hallaron otros seiscientos mil pesos que se habian de llevar al Nombre de Dios, como lo dice Gomara, capítulo ciento y noventa y tres. Sin esta cantidad de oro y plata robaron en Panamá muchas tiendas de mercaderes ricos, donde hallaron mercaderías de España, en tanta abundancia, que ya les daba hastío por no poderlas llevar todas. Enviaron un compañero, llamado Salguero, con una escuadra de arcabuceros, que fuese por el camino de las Cruces al rio de Chagre, porque supieron que por aquel camino habian llevado mucho oro y plata al Nombre de Dios. Salguero halló setenta cargas de plata, que aun no la habian embarcado. Envióla toda á Panamá, que valía mas de quinientos y sesenta mil ducados. De manera que sin las mercaderías y perlas, joyas de oro, y otros ornamentos que en aquella ciudad saquearon, hubieron casi dos millones de pesos de oro y plata que el presidente y los demas pasageros llevaban; que como iban sin sospecha de cosarios ni de ladrones, llevaron consigo parte de su oro y plata, y otra gran parte dejaron en Panamá para que la llevasen poco á poco al Nombre de Dios, porque de un camino, ni de cuatro, ni de ocho no se podia llevar, porque como dice Gomara en el capítulo alegado, pasaban de tres millones de pesos en oro y plata que llevaban el presidente y los que con él iban. Toda esta suma de riqueza y prosperidad que la fortuna les dió en tanta abundancia, y en tan breve tiempo perdieron aquellos caballeros mozos por dar en disparates y locuras que la mocedad suele causar. Y tambien ayudó á los desatinos que despues de esta presa hicieron, la ansia tan vana que Juan Bermejo y sus compañeros los Pizarristas tenian de haber á sus manos al presidente Gasca para vengarse en su persona de los agravios que les habia hecho, segun ellos se quejaban, los unos de mala paga, y los otros de demasiado castigo. Y por grande encarecimiento decian que habian de hacer pólvora dél, porque la habian menester, y porque habia de ser muy fina, segun la astucia, rigor y engaño de tal hombre. Y cierto ellos se engañaban en estas locas imaginaciones, porque mayor castigo y tormento fuera para el presidente, y para ellos mayor venganza, que lo enviáran vivo y sin el oro y plata que traía, que fue la mayor de las vitorias que en el Perú alcanzó.

CAPÍTULO XII.

Las torpezas y visoñerías de los Contreras, con las cuales perdieron el tesoro ganado y sus vidas: las diligencias y buena maña de sus contrarios para el castigo y muerte dellos.

La buena fortuna del licenciado Gasca, viéndole en el estado que se ha referido, ofendida de que el atrevimiento de unos mozos visoños, y la desesperacion de unos tiranos perdidos tuviesen en tal estado y miseria á quien ella tanto habia favorecido en la ganancia y restitucion de un imperio, tal y tan grande como el Perú, queriendo volver por su propia honra y continuar el favor y amparo que al presidente habia hecho, dió en valerse de la soberbia é ignorancia que estos caballeros cobraron con la buena suerte que hasta allí habian tenido, y la trocaron en ceguera y torpeza de su entendimiento; de manera que aunque muchos de aquellos soldados habian conocido en el Perú á Francisco de Carvajal, y seguido su soldadesca, en esta jornada y ocasion se mostraron tan visoños y torpes, que ellos mismos causaron su destruicion y muerte. Y la primera torpeza que hicieron fue, que habiendo ganado á Panamá, y todo el saco que en ella hubieron, prendieron muchos hombres principales, y entre ellos al obispo y al tesorero de su magestad, y á Martin Ruiz de Marchena y á otros regidores, y los llevaron á la Picota para ahorcarlos, y lo hiciera con mucho gusto el maese de campo Juan

Bermejo sino se lo estorbára Hernando de Contreras. De lo cual se enojó muy mucho Juan Bermejo, y le dijo, que pues era en favor de sus enemigos, y en disfavor de sí propio y de sus amigos, pues no consentia que matasen á sus contrarios, no se espantase que otro dia ellos lo ahorcasen á él y á todos los suyos.

Estas palabras fueron un pronóstico que se cumplió en breve tiempo. Contentóse Hernando de Contreras con tomarles juramento que no les serían contrarios en aquel hecho, sino favorables, como si el hecho fuera en servicio de Dios y del rey, y en beneficio de los mismos ciudadanos; lo cual fue otro buen desatino. Asímismo se dividieron en cuatro cuadrillas los soldados, que eran tan pocos, que apenas pasaban de docientos y cincuenta. Los cuarenta dellos se quedaron con Pedro de Contreras para guardar los cuatro navíos que trujeron, y otros cuatro, que ganaron en el Puerto. Hernando de Contreras, como se ha dicho, envió á Salguero con otros treinta soldados al rio de Chagre á tomar la plata que allí robaron, y él se fue con otros cuarenta soldados por el camino de Capira á prender al presidente, y saquear á Nombre de Dios; que le parecia hacer lo uno y lo otro con facilidad, por hallarlos descuidados. Juan Bermejo se quedó en guarda de Panamá con otros ciento y cincuenta soldados. Y entre otras prevenciones que hizo, tan torpes y necias como las referidas, fue, como lo dice el Palentino, dar en depósito todo el saco que habian hecho á los mercaderes y á otras personas graves que tenia presos, mandándoles que se obligasen por escrito á que se lo volverian á él ó á Hernando de Contreras cuando volviese de Nombre de Dios. Proveyeron estos disparates, imaginándose que sin tener contraste alguno eran ya señores de todo el Nuevo-Mundo. Mandó tomar todas las cavalgaduras que en la ciudad hubiese, para ir con toda su gente en pos de Hernando de Contreras para socorrerle si le hubiese menester; y así salió de la ciudad con toda brevedad, dejándola sola, pensando que quedaba tan segura como si fuera su casa. Que fuera mejor embarcar en sus navíos la presa y saco que de oro y plata, joyas y mercaderías y otros ornamentos habian hecho, y se fueran con ello donde quisieran ' y dejáran al presidente y á los suyos totalmente destruidos y aniquilados. Mas ni ellos merecieron gozar el bien que tenian, ni el presidente pasar el mal ni daño que se le ofrecia, y así volvió por él su buena fortuna como presto verémos.

Luego que amaneció, los que escaparon del saco y de la presa de la noche pasada, que uno dellos fue Arias de Acebedo, de quien la historia ha hecho mencion, despachó á toda diligencia un criado suyo á Nombre de Dios, á dar aviso al presidente Gasca de lo que los tiranos habian hecho en Panamá, que aunque la relacion no fue de todo lo sucedido, porque no se la pudo dar, á lo menos fue parte para que el presidente y todos los suyos se apercibiesen y no estuviesen descuidados. Por otra parte los de la ciudad, así los que huyeron de ella como los que Juan Bermejo dejó en su buena confianza y amistad, pues quedaron por depositarios de todo lo que saquearon, viendo que con todos sus soldados se habia ido de ella, cobraron ánimo de verlos divididos, y se convocaron unos á otros; repicaron las campanas, y á toda diligencia fortificaron la ciudad, así por la parte de la mar, porque Pedro de Contreras no los acometiese, como por la parte del camino de Capira, para que si los enemigos volviesen no pudiesen entrar en ella con facilidad. Al ruido de las campanas acudieron de las heredades, que llaman estancias, muchos estancieros españoles con las armas que tenian, y muchos negros al socorro de sus amos, y en breve tiempo se hallaron mas de quinientos soldados, entre blancos y prietos, con determinacion de morir en defensa de su ciudad. Dos soldados de los de Juan Bermejo, que por falta de cavalgaduras no habian ido con su capitan, viendo el ruido de la gente se huyeron, y fueron á dar aviso á su maese de campo de como la ciudad se habia revelado, y reducídose al servicio de su magestad. De lo cual avisó luego Juan Bermejo á Hernando de Contreras, diciéndole: que él se volvia á Panamá á hacer cuartos á aquellos traidores que no habian guardado la fidelidad de su juramento: parecíale que le sería tan fácil el ganar la segunda vez como lo fue la primera. Mas sucedióle en contra, porque los de la ciudad (porque no se la quemasen, que lo mas de ella es de madera) salieron á recebirle al camino, y hallando á Juan Bermejo fortalecido en un recuesto alto, le acometieron con grande ánimo y valor, corridos y afrentados de los vituperios que en ellos habia hecho hallándolos dormidos. Y queriéndose vengar pelearon varonilmente; y aunque del primer acometimiento no se reconoció ventaja de ninguna de los partes, pelearon segunda vez; y los de la ciudad como gente afrentada, deseosos de vengar sus injurias, acometieron como desesperados; y aunque los enemigos pelearon con mucho ánimo, al cabo fueron vencidos, y muertos la mayor parte de ellos, por la multitud de blancos y negros que sobre ellos cargaron, entre los cuales murió Juan Bermejo, y Salguero, y mas de otros ochenta. Prendieron casi otros tantos, y los llevaron á la ciudad; y teniéndolos atados en un patio, entró el alguacil mayor de ella (cuyo nombre es bien que se calle) y con dos negros que llevaba, los mató á puñaladas; dando los tristes grandes voces y gritos pidiendo confesion. Un autor, que es el Palentino, capítulo décimo, dice que por haber muerto sin ella, los enterraron á la orilla del mar. La nueva de este mal suceso corrió luego por la tierra, y llegó á oidos de Hernando de Contreras. El cual con el aviso que Juan Bermejo le habia enviado se volvia á Panamá: viéndose ahora perdido y desamparado de todas partes (como desesperado) despidió los suyos diciéndoles, que cada uno procurase salir á la ribera del mar, que su hermano Pedro de Contreras los acogeria en sus navíos; y que él pensaba tomar el mismo viage, y así se apartaron unos de otros. Pocos dias despues andando los del rey á caza dellos, por aquellas montañas, pantanos y cienegas, en una dellas hallaron ahogado á Hernando de Contreras; cortáronle la cabeza, y la llevaron á Panamá. Los suyos aunque estaba disfigurada la conocieron, porque con ella llevaron el sombrero que solia traer, que era particular, y un Agnus-Dei de oro que traía al cuello. Pedro de Contreras, su hermano, viendo el mal suceso de Juan Bermejo y su muerte, y la de todos los suyos, no sabiendo que hacer, procuró escaparse por la mar. Mas los vientos, ni las aguas, ni la tierra quisieron favorecerle, que todos los tres elementos se mostraron enemigos. Procuró huirse en sus bateles desamparando sus navíos; y así se fue en ellos sin saber adonde, porque todo el mundo le era enemigo. Los de la ciudad armaron otras barcas, y cobraron sus navíos, y los agenos, y fueron en pos de Pedro de Contreras, aunque á tiento porque no sabian adonde iba. Andando en rastro dellos, halláron por las montañas algunos de los huidos, que tambien se habian dividido y derramado por diversas partes, como hicieron los de Hernando de Contreras. De Pedro de Contreras no se supo qué hubiese sido de él; sospechóse que indios de guerra, ó tigres y otras salvaginas (que las hay muy fieras por aquella tierra) le hubiesen muerto y comídoselo, porque nunca mas hubo nueva dél.

Este fin tan malo y desesperado tuvo aquel hecho; y no se podia esperar dél otro suceso, porque su principio fue con muerte de un obispo, cosa tan horrenda y abominable. Y aunque algunos despues quisieron disculpar á los matadores, dando por causas la mala condicion y peor lengua del obispo, que forzasen á quitarle la vida, no basta disculpa ninguna para hacer un hecho tan malo, y así lo pagaron ellos como se ha visto.

CAPÍTULO XIII.

El presidente cobra su tesoro perdido: castiga á los delincuentes: llega á España, donde acaba felizmente.

El licenciado Gasca que tuvo en la ciudad de Nombre de Dios la nueva de la venida de los Contreras, y el robo y saco que en Panamá habian hecho, de que se affigió grandemente, considerando que para el fin de su jornada se le hubiese guardado un caso tan estraño, y un peligro como lo dice un autor, tan no pensado, y que no se habia podido prevenir por diligencia ni otro medio alguno, procuró poner en cobro lo mejor que pudo el tesoro que consigo llevaba, apercibió la gente que con él habia ido y la que habia en aquella ciudad, para volver á Panamá y cobrar lo perdido, y castigar los salteadores; aunque mirándolo como tan discreto y esperimentado en toda cosa, le parecia que ya se habrian ido y puesto en cobro el saco. Mas con todo eso, por hacer de su parte lo que le convenia, pues en todo lo pasado no habia perdido ocasion ni lance. Salió de Nombre de Dios á toda diligencia con la gente y armas que pudo sacar; y á la primera jornada de su camino, tuvo nueva del buen suceso de Panamá, y de la muerte de Juan Bermejo y Salguero, y de la huida de Hernando de Contreras por las montañas, y la de su hermano por la mar. Con lo cual se consoló el buen presidente, y siguió su camino con todo aliento y regocijo, dando gracias á nuestro Señor (como lo dice Gomara) por cosas tan señaladas, como dichosas para su honra y memoria &c. Llegó el presidente á Panamá con mas victoria que tuvieron todos los grandes del mundo; porque sin armas, ni otra milicia, consejo, ni aviso, solo con el favor de su buena dicha venció, mató y destruyó á sus enemigos, que tan crueles le fueran, si no hubieran sido tan locos y necios. Cobró el tesoro perdido, pidiéndolo á los depositarios que lo tenían en guarda: quedó con mucha ganancia de oro y plata, porque como los cosarios habian hecho á toda ropa, así á la del rey, como á la de los pasageros y ciudadanos; el presidente la mandó secrestar toda por de su magestad, y que los particulares que pretendiesen tener allí su hacienda, lo probasen ó diesen las señas que sus barras de plata y tejos de oro traían; porque ha sido costumbre muy antigua en aquel viage del Perú, poner los pasageros con un cincél cifras ó otras señales en las barras de plata y oro que traen; porque sucede dar un navío al través en la costa, y por estas señales cada uno saca lo que es suyo: que yo hice lo mismo en esta miseria que truje; y por eso lo certifico así. Los que mostraron las señas, y probaron por ellas lo que era suyo, lo cobraron, y los que no tuvieron señas lo perdieron; y todo se aplicó para el rey; de manera que el presidente antes ganó que perdió en la revuelta, que así suele acaecer á los favorecidos de la fortuna. El presidente, habiendo recogido el tesoro, mandó castigar los delincuentes que se atrevieron á tomar de las barras que trujo Salguero; que aunque no eran de los que vinieron con los Contreras, la revuelta de la ciudad les dió atrevimiento á que tomasen de la presa lo que pudiesen hurtar. A unos azotaron, y á otros sacaron á la vergüenza: de manera que todos los tiranos, y parte de los no tiranos, fueron castigados; porque á rio revuelto quisieron ser pescadóres.

La cabeza de Hernando de Contreras mandó el presidente poner en la Picota en una jaula de hierro, con su nombre escrito en ella; que de los enemigos no castigó ninguno el presidente, que cuando él volvió á Panamá los halló todos muertos. Hecho el castigo con toda brevedad, se embarcó para venirse á España, como lo dice el Palentino por estas palabras, capítulo diez de su segunda parte.

Ansí que el presidente Gasca con las demás sus buenas fortunas que en España y Perú le habian sucedido, terció con este próspero suceso, do cobró el robo tan calificado que se le habia hecho, con otra infinita suma de particulares. El cual con todo aquel tesoro se embarcó para España, y llegado en salvamento, fue á informar á su magestad (que estaba en Alemaña) habiéndole dado ya el obispado de Palencia, que había vacado por muerte de don Luis Cabeza de Baca, de buena memoria; en el cual residió hasta el año de sesenta y uno, que el católico rey don Felipe, nuestro señor, le dió el obispado de Sigüenza, y le tuvo hasta el mes de noviembre de sesenta y siete, que estando en Sigüenza fue Dios servido llevarle desta presente vida.

Hasta aquí es del Palentino. Francisco Lopez de

Gomara dice lo que se sigue, capítulo ciento noventa y tres; embarcóse Gasca con tanto en el Nombre de Dios, y llegó á España por julio del año de mil y quinientos y cincuenta, con grandísima riqueza para otros, y reputacion para sí. Tardó en ir y venir, y hacer lo que habeis oido, poco mas de cuatro años: hízolo el emperador obispo de Palencia, y llamólo á Augusta de Alemaña; para que le informase á boca, y entera y ciertamente de aquella tierra y gente del Perú.

Hasta aquí es de Gomara, con que acaba aquel capítulo. Y aunque en él dice este autor, que el presidente Gasca peleó con los tiranos, y los venció, lo dice porque su buena fortuna los rindió, y le dió la victoria ganada, y cobrado el tesoro que tenia perdido, que el presidente nunca los vió ni vivos ni muertos. Como se ha dicho acabó aquel insigne varon, digno de eterna memoria, que con su buena fortuna, maña, prudencia y consejo, y las demas sus buenas partes, conquistó y ganó de nuevo un imperio de mil y trecientas leguas de largo; y restituyó al emperador Carlos quinto con todo el tesoro que dél traía.

CAPÍTULO XIV.

Francisco Hernandez Giron publica su conquista. Acuden muchos soldados á ella. Causan en el Cozco un gran alboroto y motin. Apaciguase por la prudencia y consejo de algunos vecinos.

Dejando al buen presidente Gasca, obispo de Sigüenza, sepultado en sus trofeos y hazañas, nos conviene dar un salto largo y ligero, desde Sigüenza hasta el Cozco, donde sucedieron cosas que contar; para lo cual es de saber, que con la partida del presidente Gasca para España, se fueron todos los vecinos á sus ciudades y casas, á mirar por sus haciendas, y el general Pedro de Hinojosa fue uno de ellos; y el capitan Francisco Hernandez Giron, fue al Cozco con la provision que le dieron para hacer su entrada. Por el camino la fue publicando, y envió capitanes que nombró para hacer gente en Huamanca, y en Arequepa, y en el Pueblo Nuevo; y él apregonó en el Cozco su conduta y provision, con gran solemnidad de trompetas y atabales, á cuyo ruido y fama acudieron mas de docientos soldados de todas partes, porque el capitan era bien quisto de ellos. Viéndose tantos juntos, dieron en desvergonzarse y hablar con libertad sobre todo lo pasado, vituperando al presidente y á los demas gobernadores que en todo aquel imperio dejó; y fue esta desvergüenza de manera, que sabiendo los vecinos muchas cosas della, platicaron con Juan de Saavedra, corregidor que entonces era de aquella ciudad, que tratase con Francisco Hernandez que apresurase su viage por verse ellos libres de soldados, que aunque el capitan tenia en su casa algunos dellos, los demas se derramaron por casas de los demas vecinos y moradores; y aunque el Palentino, hablando en este particular, capítulo cuarto, dice que los vecinos mostraban pesar, así por sus intereses, como porque sacaban los soldados de la tierra. Considerando que si su magestad alguna cosa proveyese en su perjuicio, le podrian responder con soldados, como otras veces lo habian hecho, y que sin ellos estaban acorralados: &c.

Cierto yo no sé quien pudo darle esta relacion, ni quien pudo imaginar tal cosa; porque á los vecinos mucho mejor les estaba que echáran todos los soldados de la tierra á semejantes conquistas que tenerlos consigo, porque no tuvieran á quien mantener y sustentar á su costa, que muchos vecinos tenian cuatro y cinco, y seis y siete soldados en sus casas, y los mantenian á sus mesas á comer y á cenar, y les daban de vestir y posada, y todo lo necesario. Otros vecinos habia que no tenian ni un soldado, que de los unos y de los otros pudiéramos nombrar algunos; pero no es razon hablar en perjuicio ageno. Y decir aquel autor que á los vecinos les pesaba de que echasen los soldados de la tierra, no sé como se pueda creer; siendo público y notorio lo que hemos dicho que los vecinos gastaban con ellos sus haciendas. Aquel historiador no debió de hallarse personalmente en muchas cosas de las que escribe, sino que las escribió y compuso de relacion agena; porque en algunas cosas se las daban equivocadas y contraditorias; y con tanta plática de motines en cada cosa, que hay mas motines en su historia, que columnas de ella. Que todo es hacer traidores á todos los moradores de aquel imperio, así vecinos como soldados. Todo lo cual dejarémos aparte como cosa no necesaria para la historia; y dirémos la sustancia de todo lo que pasó, porque yo me hallé en aquella ciudad cuando Francisco Hernandez y sus soldados hicieron este primer alboroto, de que luego darémos cuenta. Y tambien me hallé al segundo motin, que pasó tres años despues; y estuve tan cerca de todos ellos, que lo ví todo, y ellos no hacian caso de mí; porque era de tan poca edad, que no habia salido ni aun llegado al término de la edad de muchacho; y así diré llanamente lo que ví y oí á mi padre y á otros muchos que en nuestra casa platicaban estas cosas, y todas las que sucedieron en aquel imperio. Los soldados, como decíamos, se mostraron tan insolentes y soberbios, que se ordenó que en público se tratase del remedio; y como ellos lo sintieron, platicaron con su capitan, y entre todos trataron que no se dejasen hollar, pues la provision que tenian era del presidente Gasca para hacer aquella conquista, que estaban libres y esentos de cualquier otra juridicion, y que el corregidor no la tenia sobre ellos ni podia mandarles nada, ni ellos tenian obligacion á obedecerle.

Este alboroto pasó tan adelante, que los soldados se juntaron todos con sus armas en casa de Francisco Hernandez; y la ciudad y el corregidor mandaron tocar arma; y los vecinos y muchos parientes dellos, y otros soldados que no eran de la entrada, y muchos mercaderes ricos y honrados se juntaron en la plaza con sus armas, y formaron un escuadron en ella; y los contrarios formaron otro en la calle de su capitan, bien cerca de la plaza; y así estuvieron dos dias y dos noches con mucho riesgo de romper unos con otros; y sucediera el hecho, sino que los hombres prudentes y esperimentados que estaban lastimados de las miserias pasadas, trataron de concertarlos; y así acudieron unos al corregidor, y otros á Francisco Hernandez Giron, para que se viesen y tratasen del negocio. Los principales fueron Diego de Silva, Diego Maldonado el Rico, Garcilaso de la Vega, Vasco de Guevara, Antonio de Quiñones, Juan de Berrio, Gerónimo de Loaysa, Martin de Meneses, Francisco Rodriguez de Villafuerte, el primero de los trece que pasó la raya que el marqués don Francisco Pizarro hizo con la espada. Con ellos fueron otros muchos vecinos, y persuadieron al corregidor que aquella revuelta no pasase adelante, porque sería destruicion de toda la ciudad y aun de todo el reino. Lo mismo dijeron á Francisco Hernandez, y que mirase que perdia todos sus servicios, y que dejaba de hacer su conquista, que era lo que á su honra y estado mas le convenia. En fin concertaron que él y el corregidor se viesen en la iglesia mayor; mas los soldados de Francisco Hernandez no consintieron que fuese sin que les dejasen rehenes de que se lo volverian libre. Quedaron cuatro de los vecinos por rehenes, que fueron Garcilaso, mi señor, y Diego Maldonado, y Antonio de Quiñones y Diego de Silva. Las dos cabezas se vieron en la iglesia, y Francisco Hernandez se mostró tan libre y desvergonzado, que el corregidor estuvo por prenderle, si no temiera que los soldados habian de matar á los que tenian por rehenes; y así templó su enojo, porque Francisco Hernandez no fuese escandalizado, y le dejó ir á su casa, y aquella tarde se volvieron á ver debajo de los mismos rehenes; donde Francisco Hernandez, habiendo considerado los malos sucesos que aquel motin podia causar, y habiéndolos consultado en particular con algunos amigos suyos, estuvo mas blando y comedido y mas puesto en razon, y concertaron que otro dia siguiente se viesen mas de espacio para concluir lo que en aquel negocio se debia hacer, y así se volvieron á juntar; y habiendo pasado muchos requerimientos, protestaciones y otros autos y ceremonias judiciales, se concertó, que por bien de paz, Francisco Hernandez despidiese los soldados, y entregase al corregidor ocho dellos que habian sido mas insolentes, mas desvergonzados, y que habian tirado con sus arcabuces al escuadron del rey, aunque no habian hecho daño; y que él por el motin y escándalo que su gente habia dado, fuese á dar cuenta á la audiencia real.

Esto se concertó y prometió con juramento solemne de ambas partes, y se asentó por escrito que el corregidor le dejaria ir libre debajo de su palabra y pleito homenage. Con esto se volvió Francisco Hernandez á su casa, y dió cuenta á sus soldados del concierto; los cuales se alteraron de manera, que si él mismo no lo estorbára con promesas y palabras que les dió, cerráran con el escuadron de su magestad, que fuera de grandísimo mal y daño para los del reino, porque los soldados eran docientos y no tenian que perder, y los de la ciudad, casi ochenta dellos, eran señores de vasallos, y los que no lo eran, eran mercaderes y hombres ricos y hacendados. Fue Dios servido estorbarlo por las oraciones, rogativas y promesas que los religiosos y sacerdotes seglares y las mugeres y personas devotas hicieron, aunque el alboroto de ambas partes fue mayor; porque aquella noche estuvieron todos en arma con centinelas: mas luego otro dia viendo el corregidor que no habia despedido Francisco Hernandez la gente, le envió á mandar con protestaciones y requirimientos que pareciese ante él. Francisco Hernandez viendo que si sus soldados supiesen que iba ante el corregidor no le habian de dejar salir de su casa, y que se habian de desvergonzar del todo, salió disimuladamente con una ropa de levantar, por dar á entender que iba á hablar con alguno de sus vecinos, y así fue hasta la casa de el corregidor. El cual le prendió luego y mandó echarle prisiones. Su gente luego que lo supo se derramó y huyó por diversas partes, y los mas culpados, que fueron ocho, se retiraron al convento de Santo Domingo, y en la torre del campanario se hicieron fuertes; y aunque los cercaron y combatieron muchos dias, no quisieron rendirse, porque el combate no llegaba á dañarles, por ser la torre angosta y fuerte, hecha del tiempo de los Incas; y por estos atrevidos, aunque la torre no lo merecia, la desmocharon y dejaron rasa, porque otros no se atreviesen á desvergonzarse en ella como los pasados; los cuales se rindieron y fueron castigados no con el rigor que sus desvergüenzas merecian.

CAPÍTULO XV.

Húyense del Cozco Juan Alonso Palomino, y Gerónimo Costilla. Francisco Hernandez Giron se presenta ante la audiencia real. Vuelve al Cozco libre y casado. Cúentase otro motin que en ella hubo.

Ahuyentados los soldados, y Francisco Hernandez Giron preso, y apaciguado todo el motin, no se sabe la causa que les movió á Juan Alonso Palomino, y á Gerónimo Costilla, que eran cuñados y señores de vasallos en aquella ciudad, para huirse la segunda noche despues del concierto hecho. De esta huida diré como testigo de vista, porque me hallé en el Cozco cuando sucedió, aunque el Palentino por relacion de alguno que lo soñó la pone dos años despues en otros motines que cuenta que se trataban en aquella ciudad, que todos se dieron despues por niñerías. Estos caballeros se fueron á media noche sin causa alguna como se ha dicho; que si fuera dos ó tres noches antes, tenian mucha razon, porque como se ha referido, estuvo toda la ciudad en grandísimo peligro de perderse; y así dieron á todos mucho que mofar y murmurar de su ida tan sin propósito; y mucho mas cuando se supo que habian quemado la puente de Apurimac y la de Amancay, que se hacen á costa y trabajo de los pobres indios. Fueron alborotando la tierra, diciendo que Francisco Hernandez Giron quedaba alzado en el Cozco hecho un gran tirano. Pero despues se lo pagó muy bien Juan Alonso Palomino en el segundo levantamiento que Francisco Hernandez hizo, que lo mató en la cena, como adelante dirémos; y Gerónimo Costilla se le escapó, porque no se halló en el banquete. Volviendo pues á los hechos de Giron decimos, que desperdigados sus soldados, y castigados los mas culpados, se ratificó el concierto que con él se habia hecho, y se asentó de nuevo, que debajo de su palabra y juramento solemne, fuese á la ciudad de los Reyes á presentarse á la audiencia real y dar cuenta de la causa porque iba. Diego Maldonado, el Rico, por hacerle amistad porque era vecino suyo, calle en medio, y las casas de frente la una de la otra, se fue con él hasta Antahuaylla, que está cuarenta leguas del Cozco, que eran indios y repartimiento de Diego Maldonado, y tambien lo hizo porque á él le convenia ir á visitar sus vasallos, y quiso cumplir dos jornadas de un viage. En este paso dice el Palentino que se lo entregaron al alcalde Diego Maldonado, y al capitan Juán Alonso Palomino para que á su costa le llevasen á Lima con veinte arcabuceros; y que para mas seguridad el corregidor le tomó pleito homenage &c.

Cierto no sé quien pudo darle relacion tan en contra de lo que pasó, sino fue alguno que presumiese de poeta comediante. Francisco Hernandez Giron llegó á la ciudad de los Reyes, y se presentó ante la audiencia real, los oidores mandaron encarcelarle; y pasados algunos dias, le dieron la ciudad por cárcel; y á pocos mas haciendo poco caudal de su culpa, le dieron en fiado recibiendo sus disculpas como él las quiso dar. Contentáronse con que se casó en aquellos dias con una muger noble, moza, hermosa y virtuosa, indigna de tantos trabajos como su marido la hizo pasar con su segundo levantamiento, como la historia lo dirá. Volvió con ella al Cozco, y por algunos dias y meses, aunque no años, estuvo sosegado conversando siempre con soldados, y huyendo del trato y comunicacion de los vecinos; tanto que llegó á poner pleito y demanda á uno de los principales de la ciudad, sobre un buen caballo que dijo que era suyo no lo siendo, y que en las guerras pasadas de Quito lo habia perdido; y es verdad que el vecino lo habia comprado en aquellos tiempos por una gran suma de dineros, de un muy buen soldado que lo habia ganado en buena guerra; todo lo cual sabia muy bien otro buen soldado que conocia las partes. Mas por haber seguido á Gonzalo Pizarro estaba escondido, y no lo sabia nadie sino el vecino dueño del caballo. El cual por no descubrir al soldado, que lo matáran ó echáran á galeras, holgó de perder su joya, la cual vendió Francisco Hernandez por mucho menos de lo que valia. De manera que no sirvió el pleito del caballo mas que de mostrar la buena voluntad que tenia á sus iguales y compañeros, que eran los señores de vasallos. La cual era tal, que ni en comun ni en particular nunca le ví tratar con los vecinos, sino con los soldados; y con ellos era su amistad y conversacion, segun la mostró pocas jornadas adelante. Viendo el poco caudal y menos castigo que los oidores habian hecho del atrevimiento y desvergüenza de Francisco Hernandez Giron y de sus soldados, tomaron atrevimiento otros que no se tenian por menos valientes, ni menos atrevidos que los pasados; pero eran pocos y sin caudillo, porque no habia entre ellos vecino (que es señor de vasallos). Mas ellos procuraban inventarlo como quiera que fuese, y lo trataban tan al descubierto, que llegó á publicarse en la ciudad de los Reyes. Y aunque en el Cozco avisaron al corregidor de lo que pasaba, y le pedian que hiciese la informacion y castigase á los amotinadores, porque así convenia á la quietud de aquella ciudad. Respondió que no queria criar mas enemigos de los pasados, que eran Francisco Hernandez y los suyos: que pues la audiencia habia hecho tan poco caso de el atrevimiento de los pasados, menos lo haria de los presentes; y que él quedaba escusado con que los superiores no castigaban semejantes delitos. Publicándose estas cosas por la tierra, vino al Cozco un vecino de ella, que se decia don Juan de Mendoza, hombre bullicioso y amigo de soldados, mas para provocar é incitar á otros, que para hacer él cosa de momento, ni en mal ni en bien. Y así luego que entró en la ciudad, trató con los principales de aquellas trampas, que se decian, Francisco de Miranda, y Alonso de Barrio-Nuevo, que entonces era alguacil mayor de la ciudad, y Alonso Hernandez Melgarejo. El Miranda le dijo, que los soldados en comun querian elegirle por general, y á Barrio-Nuevo por maese de campo; lo cual descubrió el Mendoza á algunos vecinos amigos suyos, aconsejándoles que se huyesen de la ciudad, porque sus personas corrian mucho riesgo entre aquellos soldados; y cuando vió que no hacian caso de sus consejos, se huyó á la ciudad de los Reyes, publicando por el camino que el Cozco quedaba alzado, no habiendo hecho caudal aquella ciudad de su venida ni de su huida. El Palentino dice que en esta ocasion fue la huida de Juan Alonso Palomino, y de Gerónimo Costilla: y así la escribe, habiendo sido dos años antes donde nosotros la pusimos.

CAPÍTULO XVI.

Envian los oidores corregidor nuevo al Cozco, el cual hace justicia de los amotinados: dáse cuenta de la causa destos motines.

Con el alboroto que don Juan de Mendoza causó en la ciudad de los Reyes, proveyeron los oidores al mariscal Alonso de Alvarado por corregidor del Cozco, y le mandaron que castigase aquellos motines con rigor, porque no pasase tan adelante el atrevimiento y libertad de los soldados; el cual luego que llegó al

Cozco prendió á algunos de los soldados, y entre ellos á un vecino llamado don Pedro Portocarrero, que los soldados, por disculparse con el juez, habian culpado en sus dichos; y averiguada bien la causa, aborcó á los principales, que eran Francisco de Miranda y Alonso Hernandez Melgarejo, no guardándoles su nobleza, que eran hijos-dalgo. Lo cual sabido por Alonso de Barrio-Nuevo, que era uno de los presos, envió rogadores al corregidor que no lo ahorcase, sino que lo degollase, como á hijo-dalgo, pues lo era, sopena de que si lo ahorcaba desesperaria de su salvacion, y se condenaria para el infierno. Los rogadores se lo pidieron al corregidor lo concediese, pues de la una manera ó de la otra lo castigaban con muerte, y que no permitiese que se condenase aquel hombre. El corregidor lo concedió, aunque contra su voluntad, y mandó lo degollasen: yo los ví todos tres muertos, que como muchacho acudia á ver estas cosas de cerca. Desterró del reino otros seis ó siete: otros huyeron, que no pudieron ser habidos. A don Pedro Portacarrero remitió á los oidores, los cuales le dieron luego por libre. El Palentino, nombrando á Francisco de Miranda, le llama vecino del Cozco; debió decirlo conforme al lenguage castellano, que á cualquiera morador de cualquier pueblo dice vecino dél; y nosotros, conforme al lenguage del Perú y de Méjico, diciendo vecino entendemos por hombre que tiene repartimiento de indios, que es señor de vasallos. El cual (como en otra parte dijimos, que fue en las advertencias de la primera parte de estos Comentarios) era obligado á mantener vecindad en el pueblo donde tenia los indios, y Francisco de Miranda nunca los tuvo. Conocíle bien, porque en casa de mi padre se crió una sobrina suya, mestiza, que fue muy muger de bien. Pocos meses despues del castigo pasado hubo pesquisa de otro motin, que el Palentino refiere muy largamente, pero en hecho de verdad mas fue buscar achaque para matar y vengarse de un pobre caballero, que sin malicia habia hablado y dado cuenta de ciertas bastardías que en el linage de algunas personas graves y antiguas de aquel reino habia; y no solamente en el linage del varon, mas tambien el de su muger, que no es razon, ni se permite que se diga quiénes eran; con lo cual juntaron otras murmuraciones que en aquellos dias pasaron, y haciéndolo todo motin salió el castigo en uno solo que degollaron, llamado don Diego Enriquez, natural de Sevilla, mozo, que no pasaba de los veinte y cuatro años, cuya muerte dió mucha lástima á toda aquella ciudad, que habiendo sido en el motin mas de docientas personas, como lo refiere el Palentino en un capítulo de ocho columnas, lo pagase un pobre caballero tan sin culpa del motin. Con esta justicia se ejecutaron otras en indios principales, vasallos y criados de algunos vecinos de los mas nobles y ricos de aquella ciudad, que mas fue quererse vengar de sus amos, que castigar delitos que ellos hubiesen hecho. Para estos motines que el Palentino escribe, tantos y tan largos, siempre da por ocasion cédulas y provisiones que los oidores daban quitando el servicio personal de sus indios á los vecinos, mandando que los agraviados no respondiesen por procurador en comun, sino cada uno de por sí, pareciendo personalmente ante la audiencia. Todo lo cual, como ya otras veces lo hemos dicho, eran artificios que el demonio procuraba é inventaba para estorbar con las discordias de los españoles la doctrina y conversion de los indios á la fé católica. Que el presidente Gasca, como hombre tan prudente, habiendo visto que las ordenanzas que el visorey Blasco Nuñez Vela llevó y ejecutó en el Perú, causaron el levantamiento de aquel imperio; de manera que se perdiera si él no llevára la revocacion dellas. Viendo que en todo tiempo causarian la misma alteracion, no quiso ejecutar lo que su magestad mandaba por cédula particular de que se quitase el servicio personal de los indios. Lo cual no guardaron los oidores, antes enviaron por todo el reino la provision que se ha referido, con la cual tuvieron ocasion los soldados de hablar en motines y rebelion viendo que agradaban á los vecinos, como lo escribe largamente el Palentino en su segunda parte, libro segundo, capítulo primero y segundo, y en los que se siguen.

CAPÍTULO XVII.

La ida del visorey don Antonio de Mendoza al Perú, el cual envia á su hijo don Francisco á visitar la tierra hasta los Charcas, y con la relacion de ella lo envia á España. Un hecho riguroso de un juez.

En este tiempo entró en el Perú por visorey, gobernador y capitan general de todo aquel imperio, don Antonio de Mendoza, hijo segundo de la casa del marqués de Mondejar, y conde de Tendilla; que como en la Florida del Inca dijimos, era visorey en el imperio de Méjico, varon santo y religioso de toda bondad de cristiano y caballero. La ciudad de los Reyes le recibió con toda solemnidad y fiesta. Sacáronle un pálio para que entrase debajo dél; mas por mucho que el arzobisdo y toda la ciudad se lo suplicaron, no pudieron acabar con aquel príncipe que entrase debajo dél; rehusólo como si fuera una gran traicion; bien contra de lo que hoy se usa, que precian mas aquella hora, aunque sea de representante, que toda su vida natural. Llevó consigo á su hijo don

Francisco de Mendoza, que despues fue generalísimo de las galeras de España, y yo lo ví allá y acá; hijo digno de tal padre, que en todo el tiempo de su vida, así mozo como viejo, imitó siempre la virtud y bondad de su padre.

El visorey llegó al Perú muy alcanzado de salud, segun decian, por la mucha penitencia y abstinencia que tenia y hacia, tanto que vino á faltarle el calor natural; de manera que así por alentarse y recrearse, como por hacer ejercicio violento en que pudiese cobrar algun calor, con ser aquella region tan caliente, como lo hemos dicho, se salia despues de medio dia al campo á matar por aquellos arenales algun mochuelo ó cualquiera otra ave que los halconcillos de aquella tierra pudiesen matar. En esto se ocupaba el buen visorey los dias que le vacaban del gobierno y trabajo ordinario de los negocios de aquel imperio. Por la falta de su salud envió á su hijo don Francisco á que visitase las ciudades que hay de los Reyes adelante hasta los Charcas y Potocsi, y trujese larga relacion de todo lo que en ellas hubiese para dársela á su magestad.

Don Francisco fue á su visita, y yo le ví en el Cozco, donde se le hizo un solemne recibimiento con muchos arcos triunfales, y muchas danzas á pie y gran fiesta de caballeros, que por sus cuadrillas iban corriendo delante dél por las calles hasta la iglesia Mayor, y de allí hasta su posada. Pasados ocho dias le hicieron una fiesta de toros y juego de cañas, las mas solemnes que antes ni despues en aquella ciudad se han hecho, porque las libreas todas fueron de terciopelo de diversas colores, y muchas dellas bordadas. Acuérdome de la de mi padre y sus compañeros, que fue de terciopelo negro, y por toda la marlota y capellar llevaban á trechos dos columnas bordadas de terciopelo amarillo, junta la una de la otra espacio de un palmo, y un lazo que las asía ambas, con un letrero que decia, *Plus ultra*, y encima de las columnas iba una corona imperial del mismo terciopelo amarillo, y lo uno y lo otro perfilado, con un cordon hecho de oro hilado y seda azul que parecia muy bien. Otras libreas hubo muy ricas y costosas, que no me acuerdo bien dellas para pintarlas, y de esta sí, porque se hizo en casa. Las cuadrillas de Juan Julio de Hojeda, y Tomás Vazquez, y Juan de Pancorvo, y Francisco Rodriguez de Villa Fuerte, todos cuatro conquistadores de los primeros, sacaron la librea de terciopelo negro, y las bordaduras de diversos follages de terciopelo carmesí y de terciopelo blanco. En los turbantes sacaron tanta pedrería de esmeraldas y otras piedras finas, que se apreciaron en mas de trecientos mil pesos, que son mas de trecientos y sesenta mil ducados castellanos, y todas las demas libreas fueron á semejanza de las que hemos dicho. Don Francisco las vió del corredorcillo de la casa de mi padre, donde yo ví su persona. De allí pasó á la ciudad de la Paz y á la de la Plata y á Potocsi, donde tuvo larga relacion de aquellas minas de plata, y de todo lo que le convenia saber, para traerla á su magestad. Volvió por la ciudad de Arequepa y por la costa de la mar hasta la ciudad de los Reyes, en todo lo cual caminó mas de seiscientas y cincuenta leguas: llevó por escrito y pintado el cerro de Potocsi, de las minas de plata y otros cerros, volcanes, valles y honduras que en aquella tierra hay de todo esto en estraña forma y figura.

Llegado á la ciudad de los Reyes, el visorey su padre lo despachó á España con sus pinturas y relaciones. Salió de los Reyes, segun el Palentino, por mayo de quinientos y cincuenta y dos, donde lo dejaré nos por decir un caso particular que en aquel mismo tiempo sucedió en el Cozco, siendo corregidor Alonso de Alvarado, mariscal, que por ser juez tan vigilante y riguroso se tuvo el hecho por mas belicoso y atrevido; y fue que cuatro años antes saliendo de Potocsi una gran banda de mas de docientos soldados para el reino de Tucma, que los españoles llaman Tucumán, habiendo salido de la villa los mas dellos con indios cargados, aunque las provisiones de los oidores lo prohibian, un alcalde mayor de la justicia que gobernaba aquella villa, que se decia el licenciado Esquivél, que yo conocí, salia á ver los soldados como iban por sus cuadrillas, y habiéndoles dejado pasar todos con indios cargados, echó mano y prendió al último dellos que se decia fulano de Aguirre, porque llevaba dos indios cargados, y pocos dias despues lo sentenció á docientos azotes, porque no tenia oro ni plata para pagar la pena de la provision á los que cargaban indios. El soldado Aguirre, habiéndosele notificado la sentencia, buscó padrinos para que no se ejecutase, mas no aprovechó nada con el alcalde. Viendo esto Aguirre le envió á suplicar que en lugar de los azotes lo ahorcase, que aunque él era hijo-dalgo no queria gozar de su privilegio: que le hacia saber que era hermano de un hombre que en su tierra era señor de vasallos.

Con el licenciado no aprovechó nada con ser un hombre manso y apacible, y de buena condicion fuera del oficio, pero por muchos acaece que los cargos y dignidades les truecan la natural condicion, como le acaeció á este letrado, que en lugar de aplacarse, mandó que fuese luego el verdugo con una bestia y los ministros para ejecutar la sentencia. Los cuales fueron á la cárcel y subieron al Aguirre en la bestia. Los hombres principales y honrados de la villa viendo la sinrazon, acudieron todos al juez, y le suplicaron que no pasase adelante aquella sentencia, porque era muy rigurosa. El alcalde, mas por fuerza que de grado, les concedió que se suspendiese por ocho dias. Cuando llegaron con este mandato á la cárcel, hallaron que ya Aguirre estaba desnudo y puesto en la cavalgadura. El cual oyendo que no se le hacia mas merced que detener la ejecucion por ocho dias, dijo: yo andaba por no subir en esta bestia, ni verme desnudo como estoy; mas ya que habemos llegado á esto ejecútese la sentencia, que yo lo consiento, y ahorrarémos la pesadumbre y el cuidado que estos ocho dias habia de tener, buscando rogadores y padrinos que me aprovechen tanto como los pasados. Diciendo esto, él mismo aguijó la cavalgadura, corrió su carrera, con mucha lástima de indios y españoles de ver una crueldad y afrenta ejecutada tan sin causa en un hijo-dalgo; pero él se vengó como tal conforme á la ley del mundo.

CAPÍTULO XVIII.

La venganza que Aguirre hizo de su afrenta, y las diligencias del corregidor por haberle á las manos, y como Aguirre se escapó.

Aguirre no fue á su conquista, aunque los de la villa de Potocsi le ayudaban con todo lo que hubiese menester, mas él se escusó diciendo, que lo que habia menester para su consuelo era buscar la muerte, y darle priesa para que llegase aina, y con esto se quedó en el Perú, y cumplido el término del oficio del licenciado Esquivél, dió en andarse tras él como hombre desesperado para matarle como quiera que pudiese, para vengar su afrenta. El licenciado, certificado por sus amigos desta determinacion, dió en ausentarse y apartarse del ofendido ; y no como quiera, sino trecientas y cuatrocientas leguas en medio, pareciéndole que viéndole ausente y tan lejos le olvidaria Aguirre, mas él cobraba tanto mas ánimo cuanto mas el licenciado le huía, y le seguia por el rastro donde quiera que iba. La primera jornada del licenciado fue hasta la ciudad de los Reyes, que hay trecientas y veinte leguas de camino, mas dentro de quince dias estaba Aguirre con él: de allí dió el licenciado otro vuelo hasta la ciudad de Quito; que hay cuatrocientas leguas de camino ; pero á poco mas de veinte dias estaba Aguirre en ella, lo cual sabido por el licenciado, volvió y dió otro salto hasta el Cozco, que son quinientas leguas de camino; pero á pocos dias despues vino Aguirre, que caminaba á pie y descalzo, y decia que un azotado no habia de andar á caballo ni parecer donde gente lo viesen. Desta manera anduvo Aguirre tras su licenciado tres años y cuatro meses. El cual viéndose cansado de andar tan largos caminos y que no le aprovechaban, determinó hacer asiento en el Cozco, por parecerle que habiendo en aquella ciudad un juez tan riguroso y justiciero no se le atreveria Aguirre á hacer cosa alguna contra él. Y así tomó para su morada una casa calle en medio de la iglesia Mayor, donde vivió con mucho recato : traía de ordinario una cota vestida debajo del sayo, y su espada y daga ceñida, aunque era contra su profesion. En aquel tiempo un sobrino de mi padre, hijo de Gomez de Tordoya, y de su mismo nombre, habló al licenciado Esquivél, porque era de la patria, estremeño y amigo, y le dijo: muy notorio es á todo el Perú cuán canino y diligente anda Aguirre por matar á vuesa merced: yo quiero venirme á su posada siquiera á dormir de noche en ella, que sabiendo Aguirre que estoy con vuesa merced no se atreverá á entrar en su casa. El licenciado lo agradeció, y dijo que él andaba recatado y su persona sigura, que no se quitaba una cota ni sus armas ofensivas, que esto bastaba; que lo demas era escandalizar la ciudad, y mostrar mucho temor á un hombrecillo como Aguirre: dijo esto porque era pequeño de cuerpo y de ruin talle; mas el deseo de la venganza le hizo tal de persona y ánimo, que pudiera igualarse con Diego García de Paredes y Juan de Urbina, los famosos de aquel tiempo, pues se atrevió á entrar un lunes á medio dia en casa del licenciado, y habiendo andadado por ella muchos pasos, y pasado por un corredor bajo y alto, y por una sala alta, y una cuadra, cámara y recámara donde tenia sus libros, le halló durmiendo sobre uno dellos, y le dió una puñalada en la sien derecha, de que lo mató, y despues le dió otras dos ó trés por el cuerpo, mas no le hirió por la cota que tenia vestida, pero los golpes se mostraron por las roturas del sayo. Aguirre volvió á desandar lo andado, y cuando se vió á la puerta de la calle halló que se le habia caido el sombrero, y tuvo ánimo de volver por él, y lo cobró y salió á la calle, mas ya cuando llegó á este paso iba todo cortado, sin tiento ni juicio; pues no entró en la iglesia á guarecerse en ella teniendo la calle en medio. Fuése hácia San Francisco, que entonces estaba el convento al oriente de la iglesia; y habiendo andado buen trecho de la calle, tampoco acertó á ir al monasterio. Tomó á mano izquierda por una calle que iba á parar donde fundaron el convento de Santa Clara. En aquella plazuela halló dos caballeros mozos, cuñados de Rodrigo de Pineda, y llegándose á ellos les dijo: escóndaume, escóndánme, sin saber decir otra palabra; que tan tonto y perdido iba como esto. Los caballeros, que le conocian y sabian su pretension, le dijeron: ¿habeis muerto al licenciado Esquivél? Aguirre dijo, si señor; escóndanme, escóndanme. Entonces le metieron los caballeros en la casa del cuñado, donde á lo último della habia tres corrales grandes, y en el uno dellos habia una zahurda donde encerraban los cebones á sus tiempos.

Allí lo metieron y le mandaron que en ninguna manera saliese de aquel lugar, ni asomase la cabeza, porque no acertase á verle algun indio que entrase en el corral, aunque el corral era escusado: que no habiendo ganado dentro no tenian á que entrar en él. Dijéronle que ellos le proveerian de comer sin que nadie lo supiese; y así lo hicieron, que comiendo y cenando á la mesa del cuñado, cada uno dellos disimuladamente metia en las faltiqueras todo el pan y carne, y cualquiera otra cosa que buenamente podia: y despues de comer fingiendo cada uno de por sí que iba á la provision natural, se ponia á la puerta de la zahurda, y proveía al pobre de Aguirre; y así lo tuvieron cuarenta dias naturales.

El corregidor luego que supo la muerte de el licenciado Esquivél, mandó repicar las campanas, y poner indios Cañarís por guardas á las puertas de los conventos, y centinelas alrededor de toda la ciudad, y mandó apregonar que nadie saliese de la ciudad sin licencia suya. Entró en los conventos, católos todos, que no le faltó sino derribarlos. Así estuvo la ciudad en esta vela y cuidado mas de treinta dias, sin que hubiese nueva alguna de Aguirre, como si se le hubiera tragado la tierra. Al cabo deste tiempo aflojaron las diligencias, quitaron las centinelas, pero no las guardas de los caminos reales que todavia se guardaban con rigor. Pasados cuarenta dias de el hecho, les pareció aquellos caballeros (que el uno dellos se decia fulano Santillan, y el otro fulano Cataño, caballeros muy nobles, que los conocí bien, y el uno dellos hallé en Sevilla cuando vine á España) que sería bien poner en mas cobro á Aguirre, y librarse ellos del peligro que corrian de tenerle en su poder; porque el juez era riguroso, y temian no les sucediese alguna desgracia. Acordaron sacarle fuera de la ciudad en público y no á escondidas, y que saliese en hábito de negro, para lo cual le raparon el cabello y la barba, y le lavaron la cabeza, el rostro, y el pescuezo, y las manos, y brazos hasta los codos con agua; en la cual habian echado una fruta silvestre, que ni es de comer ni de otro provecho alguno: los indios le llaman Vitoc: es de color, forma y tamaño de una berengena de las grandes; la cual partida en pedazos, y echada en agua, y dejándola estar así tres ó cuatro dias, y lavándose despues con ella el rostro y las manos, y dejándola enjugar al aire, á tres ó cuatro veces que se laven pone la tez mas negra que de un Etiope, y aunque despues se laven con otra agua limpia, no se pierde ni quita el color negro hasta que han pasado diez dias; y entonces se quita con el hollejo de la misma tez, dejando otro como el que antes estaba. Así pusieron al buen Aguirre, y lo vistieron como á negro del campo con vestidos bajos y viles; y un dia de aquellos, á medio dia salieron con él por las calles y plaza hasta el cerro que llaman Carmenca, por donde va el camino para ir á los Reyes; y hay muy buen trecho de calles y plaza, dende la casa de Rodrigo de Pineda hasta el cerro Carmenca. El negro Aguirre iba á pie delante de sus amos: llevaba un arcabuz al hombro, y uno de sus amos llevaba otro en el arzon, y el otro llevaba en la mano un halconcillo de los de aquella tierra, fingiendo que iban á caza.

Así llegaron á lo último del pueblo donde estaban las guardas. Las cuales les preguntaron, ¿si llevaban licencia del corregidor para salir de la ciudad? El que llevaba el halcon, como enfadado de su propio descuido, dijo al hermano: vuesa merced me espere aquí ó se vaya poco á poco, que yo vuelvo por la licencia y le alcanzaré muy aína; diciendo esto, volvió á la ciudad y no curó de la licencia. El hermano se fue con su negro á toda buena diligencia hasta salir de la juridicion del Cozco, que por aquella parte son mas de cuarenta leguas de camino; y habiéndole comprado un rocin y dádole una poca de plata, le dijo: hermano, ya estais en tierra libre que podeis iros donde bien os estuviere, que yo no puedo hacer mas por vos: diciendo esto, se volvió al Cozco, y Aguirre llegó á Huamanca, donde tenia un deudo muy cercano, hombre noble y rico de los principales vecinos de aquella ciudad. El cual lo recibió como á propio hijo, y le dijo y hizo mil regalos y caricias; y despues de muchos dias lo envió bien proveido de lo necesario. No ponemos aquí su nombre por haber recibido en su casa y hecho mucho bien á un delincuente contra la justicia real. Así escapó Aguirre, que fue una cosa de las maravillosas que en aquel tiempo acaecieron en el Perú, así por el rigor del juez y las muchas diligencias que hizo, como porque las tonterías que Aguirre hizo el dia de su hecho, parece que le fueron antes favorables que dañosas; porque si entrára en algun convento, en ninguna manera escapára segun las diligencias que en todos ellos se hicieron, aunque entonces no habia mas de tres, que era el de nuestra Señora de las Mercedes, y del seráfico San Francisco y del divino Santo Domingo. El corregidor quedó como corrido y afrentado, de que no le hubiesen aprovechado sus muchas diligencias, para castigar á Aguirre como lo deseaba. Los soldados bravos y facinerosos decian, que si hubiera muchos Aguirres por el mundo tan deseosos de vengar sus afrentas, que los pesquisidores no fueran tan libres é insolentes.

CAPÍTULO XIX.

La ida de muchos vecinos á besar las manos al visorey. Un cuento particular que le pasó con un chismoso. Un motin que hubo en los Reyes, y el castigo que se le hizo. La muerte del visorey, y escándalos que sucedieron en pos de ella.

Ya digimos algo de la entrada del buen visorey don Antonio de Mendoza en la ciudad de los Reyes, donde vivió poco tiempo; y eso poco con tanta enfermedad y tantos dolores de cuerpo, que mas era morir que vivir; y ansí nos dejó muy poco que decir. Luego que entró en aquella ciudad, acudieron muchos vecinos de todas las partes del imperio, dende Quitu hasta los Charcas á besarle las manos y darle el parabien de su venida. Uno dellos llegó á besárselas con muchas caricias, aficion y requiebros; y por último, y el mayor dellos le dijo: plega á Dios quitára vuesa señoría de sus dias y ponerlos en los mios. El visorey dijo: ellos serán pocos y malos. El vecino habiendo entendido su disparate, le dijo: señor no quise decir lo que dije, sino en contra, que Dios quitase de mis dias y los pusiese en los de vuesa señoría. El visorey dijo: así lo entendí yo, y no hay para que tener pena de eso. Con esto lo despidió, y el vecino se fue dejando bien que reir á los que quedaban en la sala. Pocos dias despues entró en ella un capitan de los nombrados en la historia, con deseo de dar ciertos avisos al visorey, que le parecian necesarios para la seguridad y buen gobierno de aquel imperio; y entre otras cosas por la mas importante, le dijo: señor, conviene que vuesa señoría remedie un escándalo que causan dos soldados que viven en tal repartimiento, y siempre andan entre los indios con sus arcabuces en las manos, y comen de lo que matan con ellos, destruyen la tierra cazando, y hacen pólvora y pelotas, que es mucho escándalo para este reino, que de los tales se han levantado grandes motines, merecen ser castigados, y por lo menos ser desterrados del Perú. El visorey le preguntó si maltrataban á los indios, si vendian pólvora y pelotas, si hacian otros delitos mas graves; y habiéndole respondido el capitan que no mas de lo que habia dicho, le dijo el visorey: esos delitos mas son para gratificar que para castigar; porque vivir dos españoles entre indios, y comer de lo que con sus arcabuces matan, y hacer pólvora para sí y no para vender, no sé qué delito sea sino mucha virtud, y muy buen ejemplo para que todos les imitasen. Idos con Dios, y vos ni otro no me venga otro dia con semejantes chismes que no gusto de oirlos: que esos hombres deben de ser santos, pues hacen tal vida como la que me habeis contado en lugar de graves delitos. El capitan fue muy bien pagado de su buena intencion.

Con esta suavidad y blandura gobernó este príncipe aquel imperio, eso poco que vivió, que por no merecer mi tierra su bondad, se le fue tan presto al cielo. Durante su enfermedad mandaron los oidores que se quitase el servicio personal, y se apregonó en la ciudad de los Reyes y en el Cozco, y en otras partes, con un mismo rigor y cláusulas, de que resultó otro motin. Por principal del cual, degollaron un caballero que se decia Luis de Vargas: no pasaron adelante en el castigo por no alterar y escandalizar á otros muchos; porque en la averiguacion salió el general Pedro de Hinojosa con sospecha de culpa, porque tres testigos le condenaron en sus dichos, aunque no por entero. Los oidores por hacer (como lo dice el Palentino, libro segundo, capítulo tercero) del ladron fiel, lo eligieron por corregidor y justicia mayor de los Charcas; porque tuvieron nueva que muchos soldados andaban muy exentos y desvergonzados. Y aunque el general rehusó de aceptar el oficio, el doctor Saravia, que era el mas antiguo de los oidores, le habló y persuadió que lo aceptase, y así lo hizo el general. La culpa que entonces se le halló, mas fueron sospechas que certidumbre de delito. Y lo que los mismos soldados decian, era que les daba esperanzas, ya ciertas, ya dudosas, de que en viéndose en los Charcas haria lo que le pidiesen; y que se fuesen hácia allá, que él los acomodaria como mejor pudiese. Los soldados deseosos de cualquiera rebelion, aunque las palabras eran confusas, las tomaban y declaraban conforme al gusto y deseo de ellos: mas la intencion del general si era de rebelarse ó no, no se declaró por entonces; aunque no faltaron indicios que descubrian antes la mala voluntad que la buena. Los soldados que habia en la ciudad de los Reyes, se fueron á los Charchas todos los que pudieron, y escribieron á sus amigos á diversas partes de el reino para que se fuesen donde ellos iban.

Con estas nuevas acudieron muchos soldados á los Charcas, y entre ellos fue un caballero, que se decia don Sebastian de Castilla, hijo del conde de la Gomera, y hermano de don Baltasar de Castilla, de quien la historia ha hecho larga mencion. Salió del Cozco este caballero con otros seis soldados famosos y nobles; porque Vasco Godinez, que era el mayor solicitador de la rebelion que deseaban hacer, le escribió una carta en cifra dándole brevemente cuenta de lo que trazaban hacer, y como Pedro de Hinojosa habia prometido de ser el general dellos. Don Sebastian y sus compañeros salieron de noche del Cozco sin decir adonde iban, porque el corregidor no enviase gente en pos dellos. Fueron desmintiendo las espías, y torciendo los caminos, sendas y veredas por pueblos desiertos y despoblados, hasta llegar á Potocsi, donde fueron muy bien recebidos. Y aunque el corregidor del Cozco sabiendo que se habian ido, envió gente tras ellos y avisos á los pueblos de españoles para que los prendiesen, do quiera que los hallasen, no le aprovecharon nada: porque los soldados que iban con don Sebastian eran prácticos en paz y en guerra; y don Sebastian era mas para galan de una corte real, que para general de una tiranía como la que hicieron; y así feneció presto el pobre caballero, mas por la traicion de los mismos que le levantaron, y porque no quiso hacer las crueldades y muertes que le pedian, que no por sus maldades, que no las tuvo como la historia lo dirá presto.

En estas revoluciones sucedió la muerte del buen visorey don Antonio de Mendoza, que fue grandísima pérdida para todo aquel imperio. Celebraron sus obsequias con mucho sentimiento y con toda la solemnidad que les fue posible. Pusieron su cuerpo en la iglesia catedral de los Reyes á mano derecha del altar mayor, encajado en un hueco de la misma pared; y á su lado derecho estaba el cuerpo del marqués don Francisco Pizarro. No faltaron murmuradores que decian que por ser el marqués don Francisco Pizarro ganador de aquel imperio, y fundador de aquella ciudad, fuera razon que pusieran su cuerpo mas cerca de el altar mayor que el del visorey. Los oidores proveyeron entonces por corregidor del Cozco á un caballero que se decia Gil Ramirez de Avalos, criado del visorey; y el mariscal se fue á la ciudad de la Paz, por otro nombre llamado Pueblo Nuevo, donde tenia su repartimiento de indios.

CAPÍTULO XX.

Alborotos que hubo en la provincia de los Charcas, y muchos desafios singulares, y en particular se dá cuenta de uno de ellos.

En aquellos tiempos andaban los soldados tan belicosos en el Perú, particularmente en los Charcas y en Potocsi y sus términos, que cada dia habia muchas pendencias singulares, no solamente de soldados principales y famosos, sino tambien de mercaderes y otros tratantes, hasta los que llaman pulperos, nombre impuesto á los mas pobres vendederos, porque en la tienda de uno dellos hallaron vendiéndose un pulpo. Y fueron estas pendencias tantas y tan contínuas que no podia la justicia resistirlas; y pareciéndole que sería alguna manera de remedio, mandó echar bando que ninguno se atreviese á meter paz entre los que riñesen, so pena de incurrir en el mismo delito. Mas no aprovechó nada esto, ni otras diligencias eclesiásticas que los predicadores hacian y decian en sus sermones; que parece que la discordia y todos sus ministros maquinaban, trazaban y amenazaban con lo que pocos meses despues sucedió en aquella provincia de motin y guerra al descubierto. Entre los muchos desafios singulares que entonces hubo, pasaron algunos dignos de memoria que pudiéramos contar, que unos fueron en calzas y camisas, otros en cueros de la cinta arriba, otros con calzones y camisa de tafetan carmesí; porque la sangre que saliese de las heridas no los desmayase. Otras invenciones sacaron muy ridículas. En fin, cada desafiado sacaba la invencion y armas que mejor le parecian. Reñian con padrinos, que cada uno llevaba el suyo: salíanse á matar al campo, porque en los poblados no los estorbasen. Uno de los desafios mas famosos que entonces pasaron, cuenta el Palentino en el capítulo cuarto de su libro segundo; y porque lo dice breve y confuso, lo dirémos mas largo como ello pasó, porque conocí á uno dellos, que lo ví en Madrid año de mil y quinientos y sesenta y tres, con las señales y buenas ganancias que sacó del desafio, que fue escapar manço de ambos brazos que apenas podia comer con sus manos. El desafio fue entre dos soldados famosos; el uno dellos se decia Pero Nuñez, que fue el que yo conocí, aunque el Palentino le llama Diego Nuñez, y el otro Baltasar Perez, ambos hijos-dalgo y de mucha presuncion. Fue sobre ciertos puntos de satisfaccion de honra, que digeron habian faltado ó sobrado entre otros dos desafiados que pocos dias antes habian combatido, cuyos padrinos habian sido los susodichos. El uno dellos, que fue Baltasar Perez, eligió por padrino á un caballero, natural de Sevilla, que se decia Egas de Guzman, uno de los mas famosos que en aquella tierra habia entre los demas valentones de aquel tiempo. Otro que se decia Hernan Mejía, natural de Sevilla, de quien Egas de Guzman hablaba mal, por la mucha presuncion que tenia de su valentía, sabiendo el desafio de los dos nombrados, y que Egas de Guzman era padrino de Baltasar Perez, alcanzó por pura importunidad que Pero Nuñez le llevase por su padrino por reñir con Egas de Guzman, que lo deseaba en estremo. Cuando Egas de Guzman lo supo, envió á decir á Pero Nuñez, que pues los desafiados y él eran caballeros hijos-dalgo, no permitiese llevar por su padrino á un hombre tan vil y bajo, hijo de una mulata vendedera, que actualmente estaba vendiendo sardinas fritas en la plaza de San Salvador en Sevilla. Que llevase cualquiera otro padrino, aunque no fuese hijodalgo, como no fuese tan vil como aquel. Pero Nuñez viendo que Egas de Guzman tenia razon, procuró con el Megía que le soltase la palabra que le habia dado de llevarlo por su padrino: mas no pudo alcanzar nada del Megía, porque entre otras cosas le dijo: que Egas de Guzman pretendia que no se hallase en el desafio, porque sabia que le hacia mucha ventaja en la destreza de las armas. Cuando Egas de Guzman supo que no habia querido soltar la palabra, envió á decir al Megía que fuese bien armado al padrinazgo: que le hacia saber que él habia de llevar vestida una cota y un casco, aunque los ahijados habian de ir en cueros de la pretina arriba.

Como se ha dicho, salieron á reñir los ahijados en cueros, y los padrinos bien armados, salieron al campo lejos de Potocsi. A los primeros lances el Pero Nuñez, que era el hombre de mayores fuerzas que se conocia, rebatió la espada de su contrario, y cerrando con él, lo derribó en el suelo, y puesto caballero sobre él, le echaba puñados de tierra sobre los ojos, y le daba muchas puñadas en el rostro y en los pechos por no matarle con la daga. En otra parte del campo, lejos de los ahijados, peleaban los padrinos. Pero Hernan Megía temia de llegarse á Egas Guzman, porque era de mas fuerzas y mas corpulencia que no él; mas entreteníalo con la destreza de la espada, y la ligereza del cuerpo (en que hacia ventaja á Egas de Guzman) saltando de una parte á otra sin llegar á herirse. Egas de Guzman viendo á su ahijado tan mal parado, y que no podia haber á las manos á su enemigo porque se le apartaba (no hallando otro remedio) tomó la espada por la guarnicion, y de punta se la tiró al Megía á la cara. El cual por repararse de la espada no miró por su contrario. Egas de Guzman tan presto como le tiró la espada, cerró con él llevando la daga en la mano, y con ella le dió una puñalada en la frente que le metió mas de dos dedos de la daga y se la quebró dentro. El Megía desatinado de la herida, huyó por el campo, y fue donde los ahijados estaban como hemos dicho; y sin mirar á quien tiraba el golpe, dió una cuchillada á su propio ahijado, y pasó huyendo sin saber adonde. Egas de Guzman fue apriesa á socorrer su ahijado, y oyó que Pero Nuñez le decia: esta herida que tengo no me la distes vos, sino mi padrino, y con estas palabras le daba muchas puñadas, echándole tierra en los ojos. Egas de Guzman llegó á ellos, y diciendo: pese á tal, señor Pero Nuñez, no os rogaba yo que no trujérades tan ruin padrino, le tiró una cuchillada. Pero Nuñez reparó con el brazo, donde recibió una mala herida, y lo mismo hizo con el otro á otras muchas que Egas de Guzman le tiró y hirió por todo el cuerpo; de manera que quedó hecho un andrajo tendido en el campo. Egas de Guzman levantó á su ahijado del suelo, y habiendo recogido las espadas de todos cuatro, que como Megía iba desatinado, dejó la suya en el llano, las puso debajo del brazo izquierdo, y tomando á su ahijado acuestas, que no estaba para ir por sus pies, lo llevó á una casa la mas cerca de el pueblo que erá hospedería, donde recibian indios enfermos. Allí lo dejó y avisó que quedaba un hombre muerto en el campo, que fuesen por él para enterrarlo, y él se fue á retraer á una iglesia. A Péro Nuñez llevaron al hospital y lo curaron, y él sanó de sus heridas, aunque quedó tan lisiado como hemos dicho. El Hernan Megía murió de la herida de la cabeza, porque no pudieron sacarle la punta de la daga que en ella tenia metida. Otros muchos desafios hubo en aquella tierra en aquel tiempo, no solamente de los moradores de los pueblos, sino de los caminantes que se topaban por los caminos, que yo conocí algunos dellos, cuyas pendencias pudiéramos contar; pero baste por todas ellas la que se ha referido.

CAPÍTULO XXI.

Un desafio singular entre Martin de Robles y Pablo de Meneses. La satisfaccion que en él se dió. La ida de Pedro de Hinojosa á los Charcas; los muchos soldados que halló para el levantamiento. Los avisos que al corregidor Hinojosa dieron del motin. Sus vanas esperanzas con que entretenia á los soldados.

Otros desafios y pendencias particulares cuenta el Palentino que pasaron entre Martin de Robles y Pablo de Meneses, y otras personas graves, sobre que pudiéramos decir muchas cosas que en aquellos tiempos oí á los que hablaban en ellas; pero lo que decian era mas haciendo burla de ellas, que no porque fuesen de momento. Los soldados por incitar pasiones, y provocar escándalos para conseguir lo que deseaban y pretendian, dieron en levantar testimonios y mentiras, en perjuicio y ofensa de hombres particulares y ricos, inventando pendencias acerca de la honra, porque ofendiesen mas, y se procurase la venganza con mas furia y cólera. Y asi levantaron, que Pablo de Meneses, que entonces era corregidor de los Charcas, adulteraba con la muger de Martin de Robles: sobre lo cual escribe el Palentino largos capítulos, mas nosotros por huir prolijidades dirémos la substancia del hecho.

Es así que habiéndose intimado el delito muy mucho, asi por los soldados que acudieron al un bando, como por los que acudieron al otro, cuando se esperaba que habian de combatirse, concertaron las partes, que Pablo de Meneses dando satisfaccion de que era testimonio falso el que le habian levantado, dijo, que para que se viese la mentira clara y notoria, él casaría con una hija de Martin de Robles, niña de siete años, que aun no los habia cumplido, y él pasaba de los setenta. Con lo cual quedaron las partes muy conformes, y los soldados del un bando y del otro muy burlados y agraviados: y mucho mas cuando supieron que Martin de Robles, que era hombre que se preciaba decir dichos y donaires, los decia contra los de su propio bando sin perdonar al ageno. Entre otras gracias decia: ¿qué os parece destos mis amigos y enemigos como han quedado hechos matachines? El Palentino hablando de este concierto, dice en el libro segundo de la segunda parte lo que se sigue: de manera, que al cabo de muchas alteraciones y réplicas que pasaron de la una parte á la otra, se concluyó en que Pablo de Meneses casase con doña María, hija de Martin de Robles, que á la sazon sería de siete años, ofreciéndose el padre de dar á Pablo de Meneses treinta y cuatro mil castellanos con ella; los cuales se obligó de dar luego que doña María su hija cumpliese doce años. Con lo cual Pablo de Meneses y Martin de Robles, quedaron en toda conformidad; y por el consiguiente muy desesperados y tristes, infinidad de soldados que á estos bandos habian acudido. Por entender que de cualquiera via que sucediera, se rebelaria toda la tierra, con que todos figuraban tener remedio, gozando del dulce robo de lo ageno, teniendo ya cada uno en su imaginacion que sería señor de un gran repartimiento.

Con esto acaba aquel autor cinco capítulos largos

que escribe sobre las pendencias que los maldicientes llamaron con una de las cinco palabras. Este matrimonio por la desigualdad de las edades duró poco; porque Pablo de Meneses falleció pocos años despues sin consumarlo; y la dama que aun no habia llegado á los doce años, heredó los indios del marido, y trocó la caldera vieja por otra nueva (como lo decian las damas de don Pedro de Alvarado) porque casó con un mozo de veinte años, deudo de el mismo Pablo de Meneses; que parece fue manera de restitucion. Este paso adelantamos de su lugar, porque cae aquí mas á propósito. Poco antes del concierto que se ha referido, llegó el general Pedro de Hinojosa á los Charcas, con el oficio de corregidor y justicia mayor de la ciudad de la Plata y sus provincias, donde halló muchos soldados de los que él imaginaba hallar; porque con las esperanzas que él les habia dado, ó ellos se las habian tomado de sus palabras confusas, se habian recogido llamándose unos á otros. Por lo cual se vió el general muy confuso y fatigado, de no poderlos acomodar con alojamiento ni bastimento como lo habian menester. Sobre lo cual tuvo pasion y pesadumbre con Martin de Robles y Pablo de Meneses; porque se les hacia de mal recibir huéspedes, y el general les dijo, que pues ellos habian llamado los soldados para valerse dellos en sus pendencias tan famosas, les proveyesen de lo necesario y no los dejasen morir de hambre. Martin de Robles respondió, que muchos habian sido en llamarlos, que la culpa general no se la atribuyese á ellos solos. Habló por el término general, por decir que él los habia llamado; porque Martin de Robles en todos propósitos se preciaba de hablar maliciosamente, como adelante verémos en algunos dichos suyos.

Así andaban estos personages y otros con ellos, echando sus culpas en hombros agenos. Con lo cual andaba la ciudad de la Plata y sus términos tan alborotados, que algunos vecinos se ausentaron della, que unos se fueron á otras ciudades, y otros á sus indios, por no ver la libertad y desvergüenza de los soldados; que andaban ya tan al descubierto en los tratos y contratos de su rebelion, que muchas veces hablaron al general, pidiéndole la palabra que una y mas veces les habia dado, que viéndose en los Charcas sería caudillo y cabeza de todos ellos. Que pues se habia cumplido el término, se efetuase el levantamiento, que ya ellos no podian esperar mas. El general los entretenia con nuevas esperanzas, diciéndoles que él esperaba provision de la audiencia real, para ser general en cualquiera guerra que se ofreciese; que entonces tendrian mejor color, y mas autoridad para lo que pensaban hacer.

Con estos disparates y otros semejantes entretenia los soldados, muy ageno de hacer lo que ellos esperaban. Que aunque es verdad que en la ciudad de los Reyes les habia hecho promesas con palabras equívocas y confusas, como se ha referido, viéndose al presente señor de docientos mil pesos de renta, queria gozarlos en paz, y no perder en segundo levantamiento lo que con tanta facilidad y tan á costa agena habia ganado en el primero.

Los soldados viendo su tibieza, trataron de llevar por otro camino su tiranía. Ordenaron de matar al general, y alzar por cabeza á don Sebastian de Castilla, porque era el mas bien quisto de todos ellos. Lo cual se hablaba tan al descubierto, que nadie lo ignoraba; de manera que muchos vecinos y otras personas que deseaban la quietud de la tierra, avisaron al corregidor Pedro de Hinojosa, que mirase por sí y echase aquella gente de su juridicion, antes que le quitasen la vida y destruyesen el reino; y en particular le habló el licenciado Polo Ondegardo, y entre otras cosas le dijo: señor corregidor, hágame vuesa merced su teniente no mas de por un mes, y asegurarle hé su vida, que está en mucho peligro, y libraré esta ciudad del temor que tiene del levantamiento que estos señores soldados tratan de hacer. Mas el corregidor estaba tan confiado en su mucha hacienda, y en el oficio que tenia, y en sus valentías, como si las tuviera, que no hacia caso de cuanto le decian, ni de cuanto él veia por sus propios ojos.

CAPÍTULO XXII.

Otros muchos avisos que por diversas vias y modos dieron al general. Sus bravezas y mucha tibieza. El concierto que los soldados hicieron para matarle.

Las diligencias de los soldados pasaron adelante de lo que se ha dicho, que echaron muchas cartas echadizas, unas á don Sebastian de Castilla, y otras á soldados de fama, avisándoles que se recatasen del corregidor, que los queria matar. Otras echaron al corregidor, amenazándole que le habian de quitar la vida. Y estas cartas luego se publicaban de unos á otros para indignarse con las novelas dellas, como largamente y muchas veces repetido lo escribe Diego Hernandez Palentino. Y para que concluyamos con estas cautelas y astucias, dirémos aquí parte del capítulo once que aquel autor escribe en su libro segundo, que es lo que se sigue.

En este mismo tiempo el licenciado Polo habia muchas veces dado aviso destas cosas á Pedro de Hinojosa, insistiéndole que hiciese informacion y castigo sobre este negocio; y como vió que nada aprovechaba, sábado cuatro de marzo, despues de la misa de nuestra Señora, habló al guardian de San Francisco para que se lo dijese, y le persuadiese que en todo caso lo remediase, y le dijese que en confesion se lo habian manifestado, el cual luego lo hizo: empero halló mal aparejo en Pedro de Hinojosa. Tambien este mismo dia despues de comer se lo dijo Martin de Robles delante de algunos vecinos, diciéndole claramente que los soldados le querian matar; mas como Pedro de Hinojosa estaba dél resabiado, y habian ya pasado las razones dichas sobre echarles huéspedes, le dijo que lo decia por hacer testigos: el licenciado Polo que estaba presente le dijo con alguna cólera que mirase por sí, y que si Martin de Robles le diese informacion de lo que decia, la tomase luego y lo remediase, y que si ansí no fuese, que muy bien podia castigar á Robles: empero que él estaba cierto que todo el pueblo hasta las piedras dirian lo mesmo; por tanto, que luego comenzase á hacer informacion y diligencias sobre caso tan árduo y dificultoso, y si ansí no fuese como le decian, que á él mismo le cortase la cabeza. Finalmente, que Pedro de Hinojosa jamás quiso reportarse, mas antes con una soberbia y jactanciosa insolencia dijo, que todos los soldados no bastarian para le ofender si él para ellos echaba mano, y luego barajó la plática diciendo, que nadie le hablase mas en aquel caso. Otro dia domingo, despues de comer, Pedro de Hinojosa estuvo en buena conversacion con Martin de Robles y Pedro Hernandez Paniagua y otras personas, y aquella tarde le fueron á ver Juan de Huarte y otros algunos soldados con cautela, para considerar qué rostro les hacia, para que de su aspecto y semblante juzgasen (como buenos astrólogos) la voluntad que dentro en su pecho tenia; por que cierto le hacian hombre llano y de muy poca simulacion. Los cuales habiendo con él estado y platicado, entendieron de su conversacion que los habia recibido alegremente y muy regocijado, y tratándose de los soldados que allí habia, dijo que se holgaba de ver tan buenos y valientes soldados como tenia en su juridicion, afirmando que estaba en la villa toda la flor del Perú. De lo cual no recibieron poco contento; y con esto se despidieron de Pedro de Hinojosa, llevando aquellas nuevas á don Sebastian y á los demas confederados; y luego dieron órden de acortar los envites en aquel juego, conjurándose todos para juntarse aquella noche, y salir por la mañana á dar principio á la tiranía, abortando la preñez que tanta pesadumbre les daba.

Con esto acaba el Palentino el capítulo alegado. Los soldados, no pudiendo ya sufrir tanta dilacion en lo que tanto deseaban, acordaron de comun consentimiento matar al general, y alzarse con la tierra. Los principales en esta consulta fueron don Sebastian de Castilla, Egas de Guzman, Vasco Godines, Baltasar Velazquez, el licenciado Gomez Hernandez y otros soldados principales, que los mas y mejores de ellos estaban entonces en la ciudad de la Plata, que como se ha dicho, se convocaron unos á otros para este efecto. Egas de Guzman habia venido á la ciudad de la plata á esta consulta con achaque de pedir al general permitiese que él se librase por la corona de la muerte de Hernan Megía; y el bueno del general, tan descuidado de lo que á su vida y salud convenia, lo tuvo por bien, y le dió cartas de favor para la justicia seglar y eclesiástica de Poctosi, porque Egas dijo que allí le convenia librarse. Con las cartas de favor enviaron los soldados, ya determinados á rebelarse, aviso á Egas de Guzman al asiento de Potocsi para que se alzase con los compañeros que allí tenia, luego que supiese la muerte del general. Hechas las prevenciones que les pareció convenirles, se juntaron en la posada de uno de ellos, llamado Hernando Guillada, donde trataron que la ejecucion de aquel hecho fuese al amanecer del dia siguiente; y así eligió don Sebastian de Castilla siete compañeros que fuesen con él á matar al general. Acordaron entre todos no ir muchos juntos, porque no sospechasen el hecho y cerrasen las puertas del general y tocasen arma, y se estorbase la maldad. Quedó en la posada Garci Tello de Guzman con otros catorce ó quince compañeros famosos, para ir divididos por otras calles á la casa del general para socorrer á don Sebastian si lo hubiese menester. En casa de Hernando Pizarro, que por no tener dueño estaba desierta y desamparada, se encerraron otros nueve ó diez soldados, tomando por caudillo á uno de ellos, que se decia Gomez Mogollon, para el mismo efecto. En esto gastaron toda la noche. Venida el alba pusieron espías por las encrucijadas á escuchar si habia algun rumor en la ciudad ó en la casa del general, y que viéndola abierta avisasen luego para acometerla, y matar al general en la cama antes que se levantase.

CAPÍTULO XXIII.

Don Sebastian de Castilla y sus compañeros matan al corregidor Pedro de Hinojosa y á su teniente Alonso de Castro. Los vecinos de la ciudad, unos huyen y otros quedan presos. Los oficios que los rebelados proveyeron.

Teniendo aviso por sus espías de que la casa del general estaba abierta, salió don Sebastian de donde estaba con sus siete compañeros; y aunque todos eran escogidos iban tan amedrentados, que unos se mostraban desmayados y otros esforzados, segun que lo escribe Diego Hernandez, como si hubieran de acometer algun escuadron formado. E iban á matar un caballero que vivia tan descuidado de sí mismo como ellos lo sabian. En fin entraron en su casa, y el primero con quien toparon fue con Alonso de Castro, teniente de corregidor. El cual viéndolos alborotados presumiendo amedrentarlos con el oficio, les dijo: ¿qué alboroto es este, caballeros? Viva el rey. Don Sebastian echando mano á la espada, dijo: ya no es tiempo de eso. El teniente viendo la espada desnuda, volvió las espaldas huyendo; y uno de los soldados, llamado Anselmo de Hervias, corrió tras él, y alcanzándole, le dió una estocada que lo pasó de una parte á otra, y lo cosió con la pared, de manera que la punta de la espada se le dobló algun tanto; de tal suerte, que cuando le tiró otras dos ó tres estocadas, no podia entrar la espada, y decia el Hervias: O perro traidor que duro tienes el pellejo; y con otros que le ayudaron le acabaron de matar. Luego fueron al aposento del general Pedro de Hinojosa, y no le hallando en él, ni en los demas aposentos de la casa, se turbaron malamente los traidores, entendiendo ó sospechando que se les habia huido.

Dos dellos se asomaron á las ventanas de la calle dando voces: muerto es el tirano, muerto es el tirano, sin haberlo hallado. Dijéronlo por llamar á los suyos que los socorriesen antes que viniese gente de la ciudad á librar al general. Los que quedaron en el patio dieron en buscarle por toda la casa hasta los corrales; y en uno dellos (que habia ido á la necesidad natural) le halló un soldado, y le dijo: salga vuesa merced, que están aquí fuera el señor don Sebastian de Castilla y otros caballeros que vienen á hablarle y besarle las manos: dijolo como haciendo burla y mofa dél.

El general salió con una ropa de levantar que llevaba puesta, y á la salida del patio uno de los soldados, que se decia Gonzalo de Mata, se le puso delante; y como lo dice el Palentino, capítulo doce por estas palabras, le dijo: señor, estos caballeros quieren á vuesa merced por señor, y por general, y por padre.

El general alzando la voz, les dijo sonriéndose: ¿á mí? Heme aquí, señores, vean vuestras mercedes lo que mandan. A lo cual replicó Garci Tello de Vega. ¡O pese á tal que ya no es tiempo, que buen general tenemos en don Sebastian! Y diciendo estas palabras le dió una estocada, que le metió la espada por el cuerpo poco menos de hasta la cruz, de que luego cayó en el suelo; y queriendo forcejar para levantarse, le acudieron Antonio de Sepúlveda y Anselmo de Hervias, y le dieron otras dos estocadas que le volvieron á derribar, y comenzó á dar voces: confesion, caballeros; y así lo dejaron por muerto. En esto bajaba don Garci Tello, y como le dijeron que el general era muerto, dijo que volviesen á mirarlo bien no se hubiesen engañado, pues veian lo que iba en ello. Por lo cual Anselmo de Hervias tornó donde estaba el general tendido en el suelo, y allí le dió una grandísima cuchillada por la cara, de que luego acabó de espirar: y salieron á la plaza dando voces diciendo: viva el rey, que muerto es el tirano (que es en el Perú comun apellido de traidores), y en un punto robaron y saquearon toda la casa, que en toda ella no quedó cosa alguna &c.

Hasta aquí es de Diego Hernandez; y la cuchillada grandísima que dice que le dió por la cara Hervias, no fue con la espada sino con una barra de plata que sacó de uno de aquellos aposentos, donde halló un rimero dellas como ladrillos de un tejar; y al darle con ella, le dijo: hártate de tu riqueza, pues por tener tanta no quisiste cumplir lo que nos habias prometido de ser nuestra cabeza y caudillo.

Muerto el general, salieron dando voces diciende: viva el rey, viva el rey, que ya es muerto el avaro traidor quebrantador de su palabra. A este punto salió Garci Tello de Guzman con sus quince compañeros, y dividiéndose en dos partes, fueron los unos á matar á Pablo de Meneses, y los otros á Martin de Robles, de los cuales estaban muy quejosos todos aquellos soldados por la mucha mofa y burla que dellos hacian, habiéndolos ellos juntado para valerse dellos en sus pendencias pasadas, como ya lo ha dicho la historia.

Martin de Rebles fue avisado por un indio criado suyo de lo que pasaba; y no pudiendo hacer otra cosa, saltó en camisa por los corrales de su casa, y se escapó de la muerte que deseaban darle. Pablo de Meneses habia salido aquella misma noche de la ciudad, enfadado y temeroso de la desvergüenza que los soldados por horas mostraban en su tiranía, é ídose á una heredad que cerca della tenia; donde fue luego avisado de los suyos, y huyó á toda diligencia donde no pudo ser habido.

Los soldados no hallándolos en sus casas, robaron cuanto hallaron en ellas, y salieron á la plaza á juntarse con don Sebastian. Acudieron á casa de otros vecinos que con todos ellos tenian odio y enemistad. Prendieron á Pedro Hernandez Paniagua, aquel caballero que fue mensagero del presidente Gasca, que llevó las cartas á Gonzalo Pizarro. El cual por aquel viage, quedó con un buen repartimiento de indios en la villa de la Plata. Prendieron asímismo á Juan

Ortiz de Zarate, y á Antonio Alvarez y otros vecinos que pudieron haber. Los cuales aunque sentian cuán alborotados andaban los soldados, vivian tan descuidados que fueron presos.

El licenciado Polo se escapó en un buen caballo, porque fue avisado por un indio suyo, criado de su casa, que llaman Yanacuna. Los demas soldados que habia derramados por la ciudad acudieron luego todos á la plaza. Uno dellos, llamado Telo de Vega, y por sobre-nombre el Bobo, sacó una bandera de indios y la campeó en la plaza, como lo dice el Palentino por estas palabras, capítulo catorce; y dióse bando con atambores para que, so pena de la vida, todos los estantes y habitantes acudiesen á la plaza á ponerse en escuadron y debajo de bandera. Luego vino Rodrigo de Orellana, dejando la vara en su casa, aunque era alcalde ordinario. Acudieron asímismo Juan Ramon, y el licenciado Gomez Hernandez. Hízose lista de la gente, entrando por una puerta de la iglesia y saliendo por la otra, en que hubo ciento y cincuenta y dos hombres. Nombróse don Sebastian capitan general y justicia mayor, y de hay á dos dias, hizo que los presos le eligiesen por cabildo, nombrando por su teniente al licenciado Gomez Hernandez. Dió cargo de sargento mayor á Juan de Huarte; hizo capitanes á Hernando Guillada, y á Garci Tello de Vega; capitan de artillería á Pedro del Castillo. Veedor y proveedor general á Alvar Perez Payan; y alguacil mayor á Diego Perez de la Entrada, y menor á Bartolomé de Santa Ana.

Hasta aquí es del Palentino, sacado á la letra. Rodrigo de Orellana era vecino de aquella ciudad, salió al bando de los tiranos mas de miedo que por ser con ellos; lo mismo hicieron otros vecinos, y muchos soldados famosos que eran muy servidores de su magestad; pero todos lo hicieron por no poder mas, porque era mayor el número de los rebelados, y estaban apercebidos de todas armas para matar á los que les contradijesen.

CAPÍTULO XXIV.

Prevenciones y provisiones que don Sebastian hizo y proveyó para que Egas de Guzman se alzase en Potocsi; y los sucesos estraños que en aquella villa pasaron.

Asímismo nombró don Sebastian uno de los soldados que era su amigo mas íntimo, llamado Diego Mendez, por capitan de su guarda, y para esta compañía nombraron luego otros trece soldados de los mas valientes y mas amigos de don Sebastian, porque la guarda de su persona fuese mas sigura: mas cuando el pobre caballero la hubo menester, no halló ninguna.

Envió luego otro soldado, llamado García de Basan, con una cuadrilla dellos al repartimiento de Pedro de Hinojosa para que recogiesen los esclavos y caballos, y cualquier otra hacienda que el pobre difunto tuviese; y que trujese en su compañía los soldados que por toda aquella comarca hubiese, que muchos dellos vivian entre los indios por no tener caudal con que vestirse, por valer muy cara la ropa de España; y entre los indios se pasaban como podian. Mandóles don Sebastian que trujesen preso á Diego de Almendras, que estaba en el dicho repartimiento. Despachó otros soldados en alcance del licenciado Polo; mas ninguna destas cuadrillas hizo nada de lo que se les mandó, porque el licenciado Polo pasando por donde estaba Diego de Almendras, le dió aviso de la muerte del general Hinojosa. Diego de Almendras recogió los esclavos que pudo, de los muchos que

Hinojosa tenia, y con siete caballos, que tambien eran suyos, se fue con el licenciado Polo, alejándose de los soldados rebelados por no caer en poder dellos. Asímismo envió don Sebastian dos soldados al asiento del Potocsi, á que diesen aviso á Egas de Guzman de lo sucedido para que él se alzase en aquella villa.

Todas estas provisiones y las del capítulo pasado, y otras que se dirán en adelante, hizo don Sebastian el mismo dia de la muerte de Pedro de Hinojosa, dando priesa á que la suya llegase mas aina. Hicieron tan buena diligencia los mensageros que fueron á Potocsi, que con haber diez y ocho leguas de camino áspero y un buen rio que pasar, llegaron el dia siguiente al amanecer á aquella villa. Egas de Guzman en sabiendo la nueva, llamó otros soldados que tenia apercebidos para el hecho, y con los mismos mensageros que llevaron la nueva, sin tomar otras armas mas que sus espadas y dagas, y cubiertas sus capas se fueron á las casas de Gomez de Solís, y de Martin de Almendras, hermano de Diego de Almendras, y los prendieron con toda facilidad; y los llevaron á las casas del cabildo, donde los echaron grillos y cadenas; y los metieron en un aposento con guardas que mirasen por ellos. A la fama deste buen hecho acudieron otros soldados, y se juntaron con Egas de Guzman; y fueron á la fundicion de su magestad: prendieron su tesorero Francisco de Ysasiga, y al contador Hernando de Alvarado: rompieron las cajas del tesoro real, y lo robaron todo, que era una cantidad de plata de mas de millon y medio. Echaron bando, que so pena de la vida, todos se juntasen á hacer escuadron en la plaza. Eligió Egas de Guzman por alcalde mayor á un soldado, llamado Antonio de Lujan. El cual por tomar posesion del oficio, mató luego al contador Hernando de Alvarado, haciéndole cargo, como lo dice el

Palentino que habia sido confederado con el general Pedro de Hinojosa para alzarse con el reino, y con tal pregon le mataron. Despachó con diligencia Egas de Guzman á otros seis ó siete soldados al asiento que llaman Porcu á recoger la gente, armas y caballos que en él y en su comarca hallasen. En aquella coyuntura estaba un caballero del hábito de San Juan en sus indios, que tenia un buen repartimiento dellos. El cual sabiendo la muerte de Hinojosa, escribió á don Sebastian una carta con el parabien de su buen hecho, pidiéndole que enviase veinte arcabuceros para que le prendiesen, y que él se iria con ellos á prender á Gomez de Alvarado, y á Lorenzo de Aldana que estaban cerca de allí; y que no fuesen los soldados por el camino ordinario, sino por sendas y atajos, porque no fuesen sentidos, y sospechasen á lo que iban. Todo esto pagó despues el buen comendador como adelante dirémos.

Otro dia despues de la muerte del general Hinojosa llegaron á aquella ciudad Baltasar Velazquez y Vasco Godinez, que fue el todo de aquel motin, el que mas lo procuró y solicitó como luego verémos. Los cuales venian á lo mismo que don Sebastian hizo; y llegaron á la villa de la Plata el dia siguiente á la muerte de Pedro de Hinojosa, como lo dice el Palentino, capítulo quince, por estas palabras: estando ya don Sebastian aparejándose para salir á recibirlos, asomaron por la plaza de la villa. Don Sebastian se fue alegremente para ellos, y Godinez se le hizo al encuentro; y apeándose entrambos se recibieron alegremente y se abrazaron con toda ceremonia de buena confianza. Vasco Godinez dijo á don Sebastian: señor, cinco leguas de aquí supe desta gloria tanto de mí deseada. Don Sebastian respondió (la cabeza descubierta): estos caballeros me han nombrado por general y dado este cargo, yo le acepté hasta que vuesa merced viniese: mas agora yo lo renuncio y dejo en vuesa merced. A lo cual replicó Vasco Godinez: por cierto el cargo está bien empleado, y yo no lo he trabajado por otra cosa que por ver á vuestra merced en él; y habiendo entre ellos pasado estos comedimientos, luego se apartaron los dos, y platicáron aparte y en secreto. Despues de lo cual mandó don Sebastian dar pregones, que so pena de muerte todos obedeciesen á Vasco Godinez por maestre de campo, y nombró á Baltasar Velazquez por capitan de á caballo; lo cual hecho dijo don Sebastian á Vasco Godinez: señor, no fue posible aguardar á vuesa merced, porque se nos pasaba el tiempo, pero hasta agora ello ha sido todo acertado: de aquí adelante vuestra merced guie como mejor le pareciere. Vasco Godinez replicó diciendo: que entonces ni en algun tiempo no se podia errar por tal consejo, y que esperaba en Dios que los pasos que aquel negocio le costaban habian de ser para descanso de todos. Y luego dijo á todos en general: que bien parecia que habia estado él ausente, pues no habian ido á matar al mariscal Alonso de Alvarado; y que si la nueva le tomára mas atrás, él y sus compañeros volvieran á ello. Y tratando sobre este negocio, mandó don Sebastian llamar á consulta. Para lo cual se juntaron Vasco Godinez, Baltasar Velazquez, y Juan Ramon, el licenciado Gomez Hernandez, Hernando Guillada, Diego de Avalos, Pedro de el Castillo, y don Garci Tello con otros algunos, y Vasco Godinez se ofreció de tomar la mano para ser caudillo en aquella jornada. Empero don Sebastian dijo que lo habia ya prometido á Juan Ramon; y así salió acordado que se hiciese lista de veinte y cinco soldados, y que fuesen caudillos Juan Ramon y don García, y tomasen la ciudad de la Paz. Vasco Godinez dijo que habia poco que hacer escribiendo para tal efecto á Juan de Vargas y á Martin de Olmos, y se ofreció de escrebirles, y así lo hizo. Hasta aquí es de Diego Hernandez.

CAPÍTULO XXV.

Don Sebastian y sus ministros envian capitanes y soldados á matar al mariscal. Juan Ramon, que era caudillo dellos, desarma á don García y á los de su bando: con la nueva de lo cual matan á don Sebastian los mismos que le alzaron.

Prosiguiendo el mismo autor en su historia, capítulo quince, dice lo que se sigue: luego hicieron lista de los que habian de ir, y los apercibieron para otro dia miércoles, dándoles armas y cavalgaduras para hacer la jornada; y así salieron miércoles antes de medio dia Juan Ramon, don Garci Tello, Gomez Mogollon, Gonzalo de Mata, Francisco de Añasco, Almansa (Hernando de Soria) Pedro de Castro, Mateo de Castañeda, Campo frio de Carvajal, Juan Nieto, Pedro Franco de Solís, Baltasar de Escobedo, Diego Maldonado, Pedro de Murguia, Rodrigo de Arevalo, Antonio Altamirano, Lucena, Hermosilla; los cuales como fueron partidos de la villa, luego Vasco Godinez dió dello aviso á Egas de Guzman para que del asiento enviase socorro de gente á Juan Ramon, y á don García; y la carta que le escribió es esta: hermano mio de mis entrañas, á don García nuestro hermano, y Juan Ramon despachó el señor general al Pueblo Nuevo á prender al bueno de el mariscal. El cual preso y muerto, no tenemos defensa ni contraste para seguir nuestra vitoria. Van veinte y cinco caballeros, tales que osaría yo acometer con ellos á todo el género humano; y así tengo por cierto no habrá contraste alguno. Por eso, hermano mio, aderezaos y recoged las armas, porque el señor general me dice (y á mí me parece muy bien), que salga gente de ese asiento bien aderezada en favor de nuestros amigos. Acá nos ha parecido, y á todos, que vuesa merced ha usado de gran misericordia en dar la vida á Gomez de Solís; y misericordia, mas no tanta.

Recebida esta carta por Egas de Guzman, luego mandó apercebir cincuenta y cinco hombres para que fuesen en favor de Juan Ramon, y por capitan Gabriel de Pernia, y alferez Alonso de Arriaza, á los cuales mandó que fuesen hasta el Pueblo Nuevo en seguimiento de Juan Ramon. Luego se aprestaron y salieron del asiento con bandera tendida; y entre ellos iba Ordoño de Valencia, Diego de Tapia, el Tuerto, Francisco de Chaves, mulato, Juan de Cepeda, Francisco Pacheco, Pero Hernandez de la Entrada, Alonso Marquina, Pedro de Benavides, Juan Marquez, Luis de Estrada, Melchor Pacho, Antonio de Avila y otros en que iban cincuenta y cinco soldados.

Hasta aquí es de Diego Hernandez. Los soldados que trazaron y trataron esta rebelion, que don Sebastian de Castilla hizo, luego que la vieron efectuada, trataron de matar y consumir al caudillo principal que ellos mismos levantaron, porque en aquel imperio dende las guerras de Gonzalo Pizarro siempre se usó levantar un tirano y procurar de negarle luego y matarle, y alegarlo por servicio muy grande para pedir mercedes de repartimientos grandes. Juan Ramon, que fue elegido caudillo con don García para que fuesen á la ciudad de la Paz á matar al mariscal Alonso de Alvarado como está dicho, antes que saliese de la ciudad de la Plata, trató con algunos amigos suyos que sería bien negar á don García y á don Sebastian, y pasarse al servicio de su magestad; y como todos ellos tenian la intencion que hemos dicho, acudieron con facilidad á lo que Juan Ramon les propuso, y así salieron con esta buena intencion. Por el camino tuvo aviso don García de lo que Juan Ramon trataba, porque ellos mismos se vendian unos á otros; mas no trató del remedio, ni hizo caso dello, porque como mozo de poca esperiencia y de menos milicia, haciendo vanas consideraciones, mas en su daño que en su provecho, siguió su camino sin dar aviso á sus amigos para que siquiera fueran recatados.

Al segundo dia de su camino tuvo noticia Juan Ramon, que don García la tenia de sus pensamientos y buen propósito; porque todos ellos hacian oficio de espías dobles, comunicando lo que se trataba aquí, y allí, y acullá; por lo cual Juan Ramon determinó abreviar su hecho; y apercibiendo los suyos, desarmó y quitó las cavalgaduras á cinco soldados principales de los de don García que se habian quedado atrás; y luego fueron en pos de don García que se habia adelantado; y dél y de los suyos, que eran cuatro que estaban con él, hizo Juan Ramon lo mismo, que les quitó las armas enhastadas y los arcabuces y las cavalgaduras; y por no afrentarlos tanto, les dejó las espadas ceñidas. Don García arrepentido de no haber hecho con Juan Ramon lo que Juan Ramon hizo con él, se ofreció de ir en su compañía á servir á su magestad; mas su contrario no lo aceptó por no partir con él los méritos de aquel servicio.

Don García y los suyos viéndose cuales quedaban, acordaron volverse donde quedaba don Sebastian de Castilla, y del camino le enviaron aviso de lo que pasaba con un soldado llamado Rodrigo de Arévalo. El cual llegó á la ciudad, como lo dice el Palentino, á las nueve de la noche, once de marzo;

y como los de la ciudad estaban siempre en la plaza en escuadron formado, viendo entrar al Arévalo á pie y con semblante de perdidoso y afrentado, cual se puede imaginar que lo llevaría, se alborotaron todos los que le vieron; y don Sebastian, sabida la nueva, hizo lo mismo.

Llamó á consulta los que él tenia por mas amigos, que eran Vasco Godinez, y Baltasar Velazquez, y Tello de Vega; pidióles parecer sobre el caso. Estuvieron diversos, que no se resumieron en cosa alguna. Entonces Vasco Godinez, que fue el mas diligente en levantar aquella tiranía y traicion, como él mismo lo dijo atrás, apartó á don Sebastian de los otros y á solas le dijo: señor, conviene que vuesa merced mande, para asigurar su partido, matar luego diez y ocho ó veinte hombres soldados famosos, que están en ese escuadron de la plaza, que son notorios servidores del rey, que quitados estos de entre nosotros, todos los demas son amigos nuestros y podemos fiarnos dellos, y pasar adelante con nuestra pretension, y salir con ella. Don Sebastian, que como hemos dicho, era nobilísimo de condicion, y de diferente ánimo que el de Vasco Godinez, habiéndole oido, le dijo: señor, ¿qué me han hecho esos caballeros, para que yo los mate, y haga una crueldad tan grande y estraña? Si eso es forzoso que yo los mate, mas querria que me matasen á mí. Apenas lo hubo oido Vasco Godinez, cuando trocó el ánimo, y en aquel punto determinó matar á don Sebastian, pues él no queria matar á los que le daba por enemigos, y le dijo: espéreme aquí vuesa merced que luego vuelvo; diciendo esto salió á la plaza donde estaba el escuadron, y uno á uno buscó los que él habia nombrado para que los matasen; y hallándolos divididos (por no poderles hablar por la mucha gente que habia) les tomaba una mano, y se la apretaba dos, tres veces muy recio, que era señal de apercebirles para que fuesen en su favor en la traicion que pensaba hacer luego. Hecho esto, volvió á la casa, y topándose con el licenciado Gomez Hernandez, le dijo en breves palabras lo que pensaba hacer y que á todos les convenia; y que su magestad pagaria aquel servicio como era razon por ser tan calificado. Que llamase los amigos que conocia, para que les favoreciesen en su hazaña. Gomez Hernandez saliendo á la plaza, llamó algunos por sus nombres, mas como todos estaban temerosos de malos sucesos, no osó nadie acudir al llamado.

Gomez Hernandez se volvió adentro, y se fue con Vasco Godinez donde estaba don Sebastian, y ambos se abrazaron con él y le dieron muchas puñaladas; que aunque tenia una cota vestida le maltrataron con ellas. Baltasar Velazquez, que al principio de este buen hecho estaba cerca de don Sebastian, cuando vió que lo maltrataban dió un grito retirándose dellos; pero reconociendo que le mataban, fue á les ayudar por alcanzar parte de aquella vitoria, y le dió de puñaladas; y otro acudió con una partesana, y tiró muchos golpes no respetando á los amigos que estaban en el hecho; y así llevaron algunos dellos su parte, como lo dice el Palentino, capítulo diez y seis. Don Sebastian salió de entre ellos con muchas heridas, y se entró en un aposento escuro; y si como acertó á entrar en aquel aposento, acertára á salir por la puerta de la calle á la plaza donde estaba el escuadron armado, hubiera mas sangre y mortandad. Baltasar Velazquez y otros cuatro ó cinco entraron donde estaba don Sebastian; y porque estaban á escuras, no osaron buscarle con las armas por no herirse unos á otros. Empero Baltasar Velazquez les dijo que saliesen á la plaza, y certificasen que ya era muerto; porque sus amigos no entrasen á socorrerle, y dijo que él se quedaria para acabarle de matar; y así hicieron él y ellos sus oficios: que Baltasar Velazquez hallando á don Sebastian le dió muchas puñaladas por la cabeza y por el pescuezo. El pobre caballero pedia confesion, dando gritos y voces hasta que perdió el habla; y así lo dejó Baltasar Velazquez, y salió á buscar quien le ayudase á sacarle al escuadron; llamó á Diego de Avalos y al licenciado Hernandez, y cuando llegaron donde habian dejado á don Sebastian, hallaron que agatas habia salido hasta la puerta del aposento, donde estaba tendido y boqueando; y allí le dieron muchas mas heridas hasta que vieron que acabó de espirar, que serían las diez de la noche; y quedó Vasco Godinez de la revuelta herido en la mano derecha. Luego sacaron á don Sebastian ansí muerto al escuadron apellidando: viva el rey, que el tirano es muerto; y Vasco Godinez salió tambien dando voces: viva el rey, que el tirano es muerto, y yo lo maté. Aunque es cierto (á mi juicio) que no erraria quien juzgase á los matadores por tanto y mas tiranos que al muerto, porque tanto y mas que él lo habian sido; y despues siendo ministros de justicia, se mostraron mayores &c. Hasta aquí es de Diego Hernandez del capítulo alegado.

CAPÍTULO XXVI.

Las elecciones de los oficios militares y civiles que se proveyeron, y Vasco Godinez por general de todos. La muerte de don García y de otros muchos sin tomarles confesion.

Como se ha dicho mataron al pobre caballero don Sebastian de Castilla, los mismos que le persuadieron y forzaron á que matase al corregidor, y ahora se hacen jueces de los que mataron al general Pedro de Hinojosa, que era el corregidor, para ganar crédito y méritos en el servicio de su magestad, por haber sido traidores una, y dos y mas veces á su rey y á sus propios amigos; como lo dirá la sentencia que pocos meses despues dieron á Vasco Godinez, que fue el maestro mayor desta gran maldad. Es de saber, que de la muerte del general Pedro de Hinojosa, á la muerte del general don Sebastian de Castilla (segun el Palentino), no pasaron mas de cinco dias; que la de Hinojosa dice que fue á seis de marzo, y la de don Sebastian á once del mismo de el año de mil y quinientos y cincuenta y tres. Vasco Godinez y los demas sus compañeros habiendo muerto á don Sebastian sacaron de la prision y cadenas en que tenian á Juan Ortiz de Zarate, y á Pedro Hernandez Paniagua, y les dieron libertad encareciéndoles mucho que lo que habian hecho habia sido, tanto por librarles á ellos y á toda aquella ciudad de la muerte y destruicion que los tiranos habian de hacer en ella y en ellos, como por el servicio de su magestad. Y en particular les dijo Vasco Godinez estas palabras (como lo refiere el Palentino, capítulo diez y siete): señores, por amor de Dios, que pues yo no tengo mano, vuesas mercedes estén en este escuadron, y animen los que en él están y les exhorten sirvan á su magestad. Empero como Juan Ortiz de Zarate viese que todos los delincuentes y matadores del general estaban en el escuadron, y por capitan uno de los principales agresores, que era Hernando Guillada, de temor no le matasen, (y por le parecer tambien que así convenia) dijo públicamente á voces, que todos tuviesen por capitan á Hernando Guillada.

Hasta aquí es del Palentino. Aquellas palabras

que Juan Ortiz de Zarate dijo, se tuvieron por muy acertadas; porque los aseguraban de los enemigos. Vasco Godinez se entró á curar de la herida de su mano: la cual encarecia mas que la muerte de don Sebastian. Despachó aquella misma noche seis arcabuceros para que atajasen el camino de Potocsi, porque no pasase la nueva de lo sucedido á Egas de Guzman. Mandó prender tres soldados de sus mas amigos, y que luego les diesen garrote antes que amaneciese, porque eran sabidores de sus traiciones, trampas y marañas. Y en amaneciendo envió á llamar á Juan Ortiz de Zarate, y á Pedro Hernandez Paniagua, y Antonio Alvarez y á Martin Monge que eran vecinos de aquella ciudad, y no habia otros entonces, y con mucho encarecimiento les dijo el peligro en que se habia puesto por matar al tirano, y el servicio que habia hecho á su magestad, y el beneficio en particular á ellos y á toda aquella ciudad en general. Que les pedia en agradecimiento de todos sus servicios, lo eligiesen por justicia mayor de aquella ciudad y su término, y le nombrasen por capitan general para la guerra, pues Egas de Guzman estaba fuerte y poderoso, y con mucha gente en Potocsi, y le depositasen los indios del general, pues habian quedado vacos. A lo cual respondieron los vecinos, que ellos no eran parte para hacer aquellas elecciones, que temian ser castigados si las hiciesen. Mas Juan Ortiz viendo que las habian de hacer, mal que les pesase, dijo: (mas de miedo que de agradecimiento) que como el licenciado Gomez Hernandez, que era letrado, diese su parecer en ello, que ellos lo harian de muy buena gana. El letrado dijo que lo podian hacer, y mucho mas que el señor Vasco Godinez pidiese, porque sus servicios lo merecian todo. Luego llamaron un escribano y ante él nombraron por justicia mayor y capitan general á Vasco Godinez, en quien depositaron los indios del general Pedro de Hinojosa, que como atrás se ha dicho rentaban con las minas docientos mil pesos en plata; digno galardon de dos traiciones tan famosas como las que este hombre urdió, tejió y ejecutó, que su intencion siempre fue de haber y poseer aquel repartimiento por cualquiera via y manera que fuese. Tambien negoció el buen letrado que depositasen en él otro gran repartimiento llamado Puna. En este paso dice Diego Hernandez lo que se sigue.

Cierto parece que de su propia mano se quisieron pagar y vender bien la opinion en que con los soldados estaban, y el miedo tambien que dellos los vecinos tenian, y el temor de que no fuesen mas crueles con ellos que don Sebastian lo habia sido. Hasta aquí es de Diego Hernandez. Luego nombraron al licenciado Gomez Hernandez por teniente general del ejército; y á Juan Ortiz de Zarate, y á Pedro del Castillo por capitanes de infantería. Hicieron esta eleccion por dar á entender que no querian tiranizar los oficios militares; sino partir de ellos con los vecinos; los cuales los aceptaron mas de miedo que por honrarse con ellos. Apregonóse que todos obedeciesen á Vasco Godinez por general, y á Baltasar Velazquez por maese de campo: proveyóse que seis soldados fuesen á prender á don García y á los demas que con él venian de la buena jornada que hicieron para matar al mariscal Alonso de Alvarado. Baltasar Velazquez, por tomar posesion de su oficio de maese de campo, hizo arrastrar y hacer cuartos á dos soldados famosos que venian de Potocsi con avisos y despachos de Egas de Guzman para don Sebastian de Castilla: mandó dar garrote á otro soldado que se decia Francisco de Villalobos, y que cortasen las manos á dos soldados que eran de sus mas parciales, y por intercesion de los demas soldados les concedió que no les cortasen mas de una mano á cada uno dellos. Todo esto hizo el buen maese de campo dentro de cuatro horas despues de su eleccion. Otro dia siguiente entraron en aquella ciudad Martin de Robles, Pablo de Meneses, Diego de Almendras, y Diego Velazquez, que andaban huidos de los soldados por no caer en poder dellos: con ellos vinieron otros de menos cuenta. Lo cual sabido por Vasco Godinez, que estaba en cama haciendo muy del herido, envió á llamar á Juan Ortiz de Zarate, y le pidió que persuadiese á Pablo de Meneses y á Martin de Robles, y á los demas que habian venido, hiciesen cabildo, y aprobasen y confirmasen la eleccion de justicia mayor y capitan general que en él se habia hecho, y el depósito de los indios de Pedro de Hinojosa. Respondieron á la demanda: que ellos no tenian autoridad para aprobar nada de aquello, y que como amigos suyos le aconsejaban que se desistiese de aquellas pretensiones porque no pareciese que por pagarse de su mano, y no por servir á su magestad habia muerto á don Sebastian de Castilla. Con la respuesta se indignó grandemente Vasco Godinez, y á voces dijo: que votaba á tal, que á los que pretendiesen menoscabar su honra, pretenderia él consumirles la vida. Mandó que entrasen todos en cabildo, y que setenta ó ochenta soldados estuviesen á la puerta del ayuntamiento, y matasen á cualquiera que contradijese cosa alguna de las que él pedia. Lo cual sabido por Pablo de Meneses y sus consortes, aprobaron mal que les pesó las elecciones, y mucho mas que les pidieran, porque el licenciado Gomez Hernandez les persuadió y certificó que si no lo hacian los habian de matar á todos. Vasco Godinez quedó muy contento con verse aprobado por dos cabildos para su mayor condenacion. Riba-Martin, que fue por cabo de otros cinco arcabuceros para prender á don García Tello de Guzman, lo prendió cinco leguas de la ciudad. El cual venia confiado en el favor y amparo que pensaba hallar en don Sebastian de Castilla y los suyos. Pero cuando supo que Vasco Godinez y Baltasar Velazquez, y Gomez Hernandez, que eran sus mas íntimos amigos, y los que mas habian fabricado en la muerte de Pedro de Hinojosa y en aquella tiranía, le habian muerto, se admiró grandemente y quedó como pasmado; pareciéndole imposible que los que tanto habian hecho con don Sebastian para matar á Pedro de Hinojosa matasen á don Sebastian; siendo cualquiera dellos, sin comparacion alguna, mas culpado en aquella traicion y tiranía que el mismo don Sebastian. Y como hombre que sabia largamente las trampas y marañas de todos ellos, dijo á Riba-Martin, que no dudaba de que le habian de matar arrebatadamente, porque no tuviese lugar ni tiempo de decir lo que sabia de aquellas maldades. Y así fue que luego que entró en la ciudad Vasco Godinez, como lo dice el Palentino, capítulo diez y nueve, encargó á Baltasar Velazquez lo despachase de presto porque no descubriese las marañas de entrambos. Palabras son de aquel autor; y poco mas adelante dice lo que se sigue.

Apercibióle que luego habia de morir, por tanto que brevemente se confesase. Habíase entrado con él Juan Ortiz de Zarate, á quien don García dijo que le suplicaba, que si habia de morir negociase que le diesen término por aquel dia para recorrer en la memoria sus pecados, y pedir á Dios perdon dellos, porque era mozo y habia sido muy pecador. Luego Baltasar Velazquez entró dentro, y sin admitir los ruegos de Juan Ortiz, le hizo salir afuera, y dijo á don

García, que antes de una hora habia de morir: por tanto, que brevemente ordenase su ánima; y estándose confesando le dió mucha priesa para que muy presto acabase, y aun casi no bien acabado de confesar le hizo dar garrote y se quebró el cordel; y poniéndole otro cordel á la garganta, pareciéndole á Baltasar Velazquez que habia mucha dilacion, sacó su espada de la cinta y le hizo degollar y cortar la cabeza con ella; y Juan Ortíz de Zarate hizo amortajar y enterrar su cuerpo. Luego hicieron tambien justicia de otros algunos, guardando la órden de no tomar confesion ni hacer figura de juicio con quien pudiese manifestar ser ellos los fundadores é inventores de la tiranía.

Hasta aquí es de Diego Hernandez, capítulo diez y nueve; y poco antes dél, hablando en el mismo propósito, dice lo que se sigue: y era la flor de su juego matar á muchos sin les tomar confesion, porque no descubriesen sus tratos y conciertos; y á los que eran muy culpados en la conjuracion pasada, si dellos tenian entera confianza que guardarian secreto de aquella preñez que tanto tiempo habian traido, con estos tales disimulaban con penas livianas y con darles de mano y ayudándolos para su viage. Lo cual hacian torciendo la justicia hácia la parte que sus intereses mas los guiaban.

Hasta aquí es de Diego Hernandez con que acaba el capítulo diez y ocho; y tiene mucha razon aquel autor de decirlo así, y aun mucho mas se deben abominar las crueldades y maldades que aquellos hombres en sus mas amigos hicieron, habiéndolas ellos mismos inventado, trazado y ejecutado con la muerte de Pedro de Hinojosa, que mas de tres años antes la tenian pensada hacer si él no se hacia caudillo dellos. Que cierto no sé cómo se pueda intimar, ni decir bastantemente que para encubrir sus propias bellaquerías, y para matar á los que las sabian, se hiciesen elegir por superiores y ministros mayores en paz y en guerra para poder castigar y quitar la vida á los que ellos mismos con sus traiciones y maldades habian hecho culpados. Pero no les faltó el castigo del cielo como adelante verémos.

CAPÍTULO XXVII.

Los sucesos que hubo en Potocsì. Egas de Guzman arrastrado y hecho cuartos; y otras loquras de soldados con la muerte de otros muchos de los famosos. El apercibimiento del Cozco contra los tiranos.

Todo lo que se ha referido y mucho mas (que no se pueden contar por entero cosas tan estrañas y abominables) pasó en la ciudad de la Plata. Dirémos ahora lo que hubo en Potocsi, donde saquearon el tesoro de su magestad, que con ser una suma tan grande, de que valia mas de millon y medio de pesos de plata, se convirtió en un poco de aire, porque no se cobró blanca de todo ello; y sucedió, como atrás se dijo, la muerte de Hernando de Alvarado, contador de su magestad, que Antonio de Lujan, haciéndose justicia mayor de aquella villa y su distrito, lo mató con pregon de que habia sido con el general Pedro de Hinojosa para alzarse con el reino. Agora es de saber que á este Antonio de Lujan le escribió un amigo suyo, que se decia Juan Gonzalez, una carta en que le avisaba la muerte de don Sebastian, y la prision de don García, y la ida de Juan Ramon, y otros con él á juntarse con el mariscal Alonso de Alvarado. Envióle la carta con un yanacuna (que es indio, criado en casa), que son los mejores espías dobles que en aquella tierra ha habido. El cual la llevó metida en una suela del calzado que ellos traen; de manera que pudo pasar por las guardas que por el camino habia. Deciale en la carta que diese luego de puñaladas á Egas de Guzman, porque la pretension de todos ellos se habia atajado con la muerte de don Sebastian. Antonio de Lujan, como justicia mayor que se habia hecho de aquella villa, mandó tocar arma y formar escuadron en la plaza. A lo cual acudió Egas de Guzman; y le preguntó que ¿qué era aquello? Antonio de Lujan, por hacer esperiencia si la carta era cierta ó echadiza, y tambien porque Egas de Guzman se fiase dél, teniéndole por amigo le mostró en presencia de los que allí estaban la carta que le escribieron. Dudóse si la firma era de Juan Gonzalez ó falsa; pero al cabo se tuvo antes por de Juan Gonzalez que no agena; con lo cual Egas de Guzman se mostró turbado porque le vieron en su rostro la afliccion de su corazon. Por lo cual los que pretendian mostrarse servidores de su magestad, trocaron el ánimo para volverse de su bando, que era lo que Antonio de Lujan procuraba saber cuando mostró la carta, que era que todos supiesen la muerte de don Sebastian para que trocasen las manos y los pensamientos, y hiciesen lo que la carta les mandaba que matasen á Egas de Guzman. Y así en aquella junta con mirarse unos á otros se entendieron sin hablarse palabra; y aunque hubo algunos del bando de Egas de Guzman (por ser los mas en contra) se atrevió Antonio de Lujan y otros con él á echar mano de Egas de Guzman, y prenderle y soltar á Gomez de Solís, y á Martin de Almendras; y los grillos y prisiones que ellos tenian, se los echaron á Egas de Guzman; y una cota que tenia puesta, se la quitó Gomez de Solís y se la puso él; y dentro de seis horas arrastraron y hicieron cuartos á Egas de

Guzman (que no le valió nada toda su valentía), y á otro con él que se decia Diego de Vergara.

Esto sucedió en Potocsi por la carta que escribió Juan Gonzalez. Los de la ciudad de la Plata, que los principales eran Vasco Godinez, Baltasar Velazquez y el licenciado Gomez Hernandez, habiéndolo consultado con los demas vecinos y soldados de aquella ciudad, acordaron ir todos ellos en forma de guerra á la villa de Potocsi contra Egas de Guzman no sabiendo lo que dél pobre caballero se habia hecho. Vasco Godinez iba por general y justicia mayor de aquel ejército, que así le llamaron, aunque no iban cien soldados en él, que parece juego de muchachos. Fueron dos capitanes de infantería, y otro de la caballería con teniente, que llamaban del campo; y á dos leguas que habian caminado, les llegó nueva que Egas de Guzman era muerto, y la villa reducida al servicio de su magestad. Con lo cual acordaron que Vasco Godinez se volviese á la ciudad de la Plata, y que Baltasar Velazquez y el licenciado Gomez Hernandez con cincuenta soldados escogidos fuesen á Potocsi y pasasen adelante en busca de Gabriel de Pernia, que como se ha dicho, Egas de Guzman lo habia enviado con cincuenta y cinco soldados á la ciudad de la Paz á matar al Mariscal Alonso de Alvarado. Gabriel de Pernia, habiendo caminado con su gente muchas leguas, supo que Juan Ramon habia desarmado á don García; por lo cual la bandera que llevaba contra el mariscal, la alzó en su servicio, y le avisó con Ordoño de Valencia como iba á servirle. Pocas leguas masadelante sus propios soldados prendieron á Gabriel de Pernia, y alzaron la bandera por don Sebastian, y se volvian con ella dejando á Pernia y á otros tres con él para que se fuesen donde quisiesen. Los cuales fueron á juntarse con el mariscal, y lo acertaron. Aquellos soldados de Pernia, caminando sin capitan ni consejo propio ni ageno, tuvieron nueva que don Sebastian era muerto; con lo cual, como lo escribe el Palentino por estas palabras, capítulo veinte y uno.

Volvieron á decir que aquella bandera alzaban en nombre de su magestad. De manera que la bandera hacia el oficio de veleta que se muda siempre con el viento que corre mas fresco hácia la parte do viene: y en fin podemos decir que hacia lo que la gente poco leal, que es andar á viva quien vence. Venidos pues estos á encontrarse con Baltasar Velazquez, Alonso de Arriaza, que traía la bandera con Pedro Xuarez y otros dos soldados, se hicieron adelante con ella; y obra de treinta pasos de la bandera de Baltasar Velazquez, la abatieron tres veces, y se la entregaron luego. Baltasar Velazquez envió de allí á Riba-Martin, y á Martin Monge á la ciudad de la Paz, haciendo saber al mariscal como el asiento y villa de la Plata estaba todo pacífico y reducido al servicio de su magestad; y él se volvió para el asiento, llevando presos Alonso de Arriaza, y Francisco Arnao, Pero Xuarez, Alonso de Marquina, Francisco Chaves, mulato, y Juan Perez; y llegado legua y media del asiento, mandó hacer cuartos á Francisco de Arnao; y entrado que fue, hizo arrastrar y hacer cuartos á Alonso de Marquina; y aquella misma noche entró en el monesterio de la Merced y sacó á Pedro del Corro, que se habia metido fraile (por haberse hallado en la muerte del general), y fue ahorcado.

Hasta aquí es de Diego Hernandez. Y por abreviar que va muy largo, decimos que Baltasar Velazquez entregó los demas presos que llevaba á Vasco Godinez (que se habia hecho justicia mayor) para que hiciese dellos lo que quisiese, que era matar todos los que eran sabidores de sus tramas; y así desterró á muchos á diversas partes lejos de la ciudad de la Plata, cuatrocientas, quinientas y setecientas leguas. Hizo cuartos á Garci-Tello de Vega, que fue capitan de don Sebastian; y el mismo Vasco Godinez lo habia elegido por tal. A otro soldado, llamado Diego Perez, mandó deszocar de ambos pies y condenarlo á que sirviese en galeras: muy bien sirviera el pobre galeote sin pies; parecen désatinos estudiados. Despachó á Baltasar Velazquez y á otro soldado famoso, que se decia Pedro del Castillo, que viniesen á Lima á encarecer y exagerar el servicio que Vasco Godinez y ellos habian hecho. Palabras son del Palentino con que acaba el capítulo alegado.

Esta ausencia que Baltasar Velazquez hizo de los Charcas, le escapó de la muerte que Alonso de Alvarado le diera; pero no le escapó de otra muerte mas rigurosa que vino por sentencia del cielo. La nueva del levantamiento de don Sebastian de Castilla corrió por todo aquel imperio con mucho escándalo de todos los vecinos que lo oyeron; porque estos eran los que lastaban en las guerras que en aquella tierra se ofrecian. Que por una parte como señores de vasallos gastaban sus haciendas en ellas; y por otra traían sus vidas colgadas de un cabello: que los enemigos hacian todas sus diligencias por matarlos para heredar los indios. Luego que llegó esta nueva á la ciudad del Cozco, se apercibió para resistir al enemigo. Entraron en cabildo, y eligieron á Diego Maldonado, que llamaron el Rico, por general, por ser el regidor mas antiguo que habia; y á Garcilaso de la Vega, y á Juan de Saavedra por capitanes de gente de caballo; y á Juan Julio de Hojeda, y á Tomás Vasquez, y á Antonio de Quiñones, y á otro vecino, cuyo nombre se me ha ido de la memoria, eligieron por capitanes de infantería. Los cuales todos á toda diligencia hicieron gente, y Juan Julio de Hojeda fue tan solícito, que dentro en cinco dias salió á la plaza acompañado de trecientos soldados muy bien armados y aderezados, que causó admiracion la brevedad del tiempo. Pasados otros tres dias, que por todos fueron ocho, llegó la nueva de la muerte de don Sebastian, con que se acabó la guerra por entonces. Lo mismo sucedió en la ciudad de los Reyes, como lo dice Diego Hernandez, capitulo veinte y dos por estas palabras.

Tenia relacion el audiencia de estas revoluciones y tormenta que habia corrido, porque en fin de marzo habia venido la nueva de la muerte del general y tiranía de don Sebastian de Castilla; y de allí á seis dias del suceso y rebelion de Egas de Guzman en el asiento de Potocsi: y dentro de otros cuatro vino la nueva de las muertes de los tiranos; por lo cual se hicieron en Lima grandes fiestas y regocijos. Hasta aquí es de Diego Hernandez. En el capítulo siguiente dirémos la provision que se hizo para el castigo de lo que se ha referido

CAPÍTULO XXVIII.

La audiencia real provee al mariscal Alonso de Alvarado por juez para el castigo de los tiranos. Las prevenciones del juez, y otras de los soldados. La prision de Vasco Godinez y de otros soldados y vecinos.

Pasadas las fiestas y regocijos que en la ciudad de los Reyes se hicieron por la muerte de don Sebastian de Castilla, y destruicion de aquella tiranía; de la cual el mejor librado fue Ordoño de Valencia, que aunque se halló en el un bando y en el otro; como muchas veces le nombra en su historia Diego Hernandez. Su buena fortuna ordenó que llevase las nuevas de la muerte de don Sebastian. En albricias de las cuales le dieron los oidores un repartimiento de indios en la ciudad del Cozco de cinco ó seis mil pesos de renta, donde yo le dejé gozando dellos cuando me vine á España.

Otros libraron y adquirieron en contra; para castigo y muerte, de los cuales proveyeron los oidores de aquella chancillería real una provision en que remitieron la comision del castigo de aquella tiranía al mariscal Alonso de Alvarado, por conocerle por juez severo y riguroso, como convenia que lo fuese el que hubiese de castigar tantas y tan grandes maldades como se habian hecho en servició de Dios nuestro Señor, y del emperador Carlos Quinto, rey de España. Mandaron asimesmo los oidores que el licenciado Juan Fernandez, que era fiscal en aquella chancillería, fuese á los Charcas á hacer su oficio con aquellos delincuentes. Libraron otra provision en secreto, en que hacian corregidor y justicia mayor de todas aquellas provincias al dicho Alonso de Alvarado, y capitan general para que hiciese gente, y gastase de la hacienda real lo necesario si la tiranía no estaba acabada. Dieron estas provisiones á Alonso de Alvarado en la ciudad de la Paz, donde luego entendió en el castigo de los rebelados. Envió personas de confianza á diversas partes á prender los culpados que se habian huido y escondido en los pueblos de los indios. Uno destos comisarios, que se decia Juan de Henao, los persiguió hasta entrar con balsas en la laguna grande de Titicaca, y los buscó por las isletas, y entre las eneas, espadañas y juncales que en aquella laguna se crian, donde prendió mas de veinte dellos de los mas culpados, y los entregó á Pedro Enciso, que era corregidor de Chucuytu. El cual, habiéndoles tomado sus confesiones, los remitió al mariscal, enviándoselos muy bien aprisionados y con buena guarda. Sabiéndose en los Charcas y en Poctosi que el mariscal iba por juez de comision de lo pasado en aquellas provincias, muchos soldados que se hallaban culpados aconsejaron á Vasco Godinez (cuyos delitos les parecia que no eran de perdonar) que se recatase y mirase por sí, y se rehiciese de gente para resistir al mariscal (como lo dice Diego Hernandez, capítulo veinte y dos por estas palabras), pues sería parte para podello bien hacer; y aun le persuadieron que publicase que el mariscal, y Lorenzo de Aldana, y Gomez de Alvarado, se querian alzar y tiranizar la tierra; y que con este color y fingimiento los matase, que para ello le darian favor bastante; porque de esta suerte no le podia despues recrecer contraste alguno. Empero Vasco Godinez confiado en el gran servicio que á su magestad habia hecho, y aun tambien porque entendiendo esto Juan Ramon, dió algunas reprensiones, así á Vasco Godinez como á los autores; no se trató de ponello en efecto. Teniendo pues el mariscal alguna noticia destas cosas, acordó guiar el negocio por maña; y fue publicar que juntamente con su comision habian tambien venido algunas provisiones para gratificacion de algunos que habian servido en la muerte de don Sebastian y en deshacer la tiranía; y que en una provision venia la encomienda de los indios de Alonso de Mendoza para Vasco Godinez y Juan Ramon. Publicada esta nueva, despachó á Alonso Velazquez con algunos recaudos para Potocsi, y con mandamiento para prender á Vasco Godinez, y echó fama que llevaba la provision de la encomienda, en que le daban los indios á Vasco Godinez.

Hasta aquí es de Diego Hernandez, sacado á la

letra del capítulo alegado. Vasco Godinez estaba entonces en la ciudad de la Plata, donde tuvo nueva por carta de un pariente suyo, que Alonso Velazquez le llevaba la provision de los indios que los oidores le habian proveido, que eran los de Alonso de Mendoza. De lo cual Vasco Godinez se mostró muy enfadado y aun ofendido, porque no eran los del general Pedro de Hinojosa, que él se habia aplicado por sus tiranías y maldades; y así se quejó á los que estaban presentes cuando le dieron la carta; y aunque ellos le consolaban diciendo que traía buenos principios para mejorarle adelante, él blasfemaba como un herege, y lo mismo hacian otros soldados con él, que tambien pretendian repartimientos de indios de los mejores del Perú; porque cada uno tenia los méritos que él se imaginaba. Poco despues que Vasco Godinez tuvo la carta con la nueva falsa de los indios (que no imaginaban darle), entró Alonso Velazquez en la ciudad de la Plata, y acompañado de algunos amigos suyos fue á la posada de Vasco Godinez, y entre ellos pasaron algunas palabras y razones de buenos comedimientos. A los cuales respondió Vasco Godinez por una parte muy entonado, y por otra muy melancólico y triste, porque no le daban todo el Perú por suyo. Alonso Velazquez, porque no pasasen adelante razones tan impertinentes, le dió una carta del mariscal con otras mas negras, porque eran fingidas para asegurarle. Y estándolas leyendo, se llegó á él Alonso Velazquez, y echándole mano del brazo, le dijo: sed preso, señor Godinez. El cual con mucha turbacion dijo, que le mostrase por donde. Alonso Velazquez, como lo refiere Diego Hernandez, capítulo veinte y dos por estas palabras, le respondió se fuese con él, que allá lo mostraria á quien era obligado. Vasco Godinez dijo, que entrase en cabildo con los que allí estaban, y que se viesen los despachos que traía, y lo que en tal caso se debia hacer. Entonces ya con mas cólera le dijo Alonso Velazquez, que no curase de réplicas sino que se fuese con él: y le comenzó á llevar con mas violencia camino de la cárcel; y llevándole así mostrando Godinez gran desesperacion, se asió de la barba con la mano derecha alzando los ojos al cielo. Por lo cual algunos lo consolaron diciendo, que tuviese paciencia en aquella prision, pues sería para que mas se aclarase su justicia, y el servicio señalado que á su magestad habia hecho. A lo cual replicó Vasco Godinez dando pesares y diciendo: que ya le llevasen los diablos pues á tal tiempo lo habian traido. Finalmente Alonso Velazquez le metió en la cárcel y le echó cadena y grillos; y poniendo buen recaudo en su guarda, escribió luego al mariscal lo que pasaba. El cual se vino á la hora á Potocsi, y comenzó á entender en el castigo, prendiendo mucho número de soldados y vecinos; y procedió en la causa contra Martin de Robles, Gomez de Solís, y Martin de Almendras, y otros, guardando á todos sus términos, y admitiéndoles sus descargos y probanzas, principalmente á los vecinos. Los cuales y otros muchos, por justificar tanto sus causas, y darles largos términos, ganaron las vidas mas que por disculpas y descargos que diesen, como adelante dirémos.

Hasta aquí es de Diego Hernandez sacado á la letra, con que acaba el capítulo veinte y dos. En cuyas últimas razones muestra haber recebido la relacion de algun apasionado contra los vecinos, señores de vasallos del Perú, ó que él lo era, porque no habiendo escrito delito alguno contra los que el mariscal prendió, antes habiendo dicho que los tiranos prendieron á Gomez de Solís, y á Martin de Almendras, y que Martin de Robles se escapó huyendo en camisa, dice ahora que por los muchos y largos términos que les dieron ganaron las vidas, mas que por disculpas y descargos que diesen. Lo cual cierto parece notoria pasion, como tambien adelante la muestra en otros pasos que notarémos.

CAPÍTULO XXIX.

El juez castiga muchos tiranos en la ciudad de la Paz y en el asiento de Potocsi, con muertes, azotes y galeras; y en la ciudad de la Plata hace lo mismo. La sentencia y muerte de Vasco Godinez.

El mariscal dió principio al castigo de aquella tiranía en la ciudad de la Paz, donde él estaba de asiento. Condenó todos los presos que Pedro de Enciso le envió, que sacaron de la laguna grande, y á otros que prendieron en otras partes. A muchos de ellos ahorcaron, y á otros degollaron, y á otros condenaron á azotes y á galeras; de manera que todos quedaron bien pagados. De la ciudad de la Paz se fue el mariscal á Potocsi, donde halló muchos presos de los valientes y famosos amigos de Egas de Guzman, y de don Sebastian de Castilla. A los cuales semejantemente dió el mismo castigo que á los pasados, condenando parte dellos á degollar, y otra gran parte á ahorcar, y los menos fueron azotados y condenados á galeras. Prendió al comendador Hernan Perez de Parraga, que era del hábito de San Juan; y en pago de la carta que atrás dijimos que escribió á don Sebastian, pidiéndole que enviase veinte arcabuceros á prenderle, porque no pareciese que él de su grado se le iba á entregar, le quitaron los indios que tenia en la ciudad de la Plata, y su persona remitieron al gran maestre de Malta, y se lo enviaron á buen recaudo con prisiones y guarda. Hecho el castigo en Potocsi, se fue el mariscal á la ciudad de la Plata, donde Vasco Godinez estaba preso, y otros muchos con él de los mas famosos y belicosos soldados que hubo en aquellas provincias. Los cuales padecieron las mismas penas y castigo que los de Potocsi, y los de la ciudad de la Paz que fueron degollados, y los mas ahorcados, y los menos azotados y condenados á galeras. Condenaban los menos á galeras, porque les parecia que era cosa muy prolija traerlos á España y entregarlos á los ministros de galeras: que hasta entonces no se cumplia el tenor de la sentencia, y los mas de los condenados se huian en el camino tan largo, como lo hicieron los que entregaron á Rodrigo Niño, que de ochenta y seis no llegó mas de uno á Sevilla. No se pone el número de los castigados, muertos y azotados, porque fueron tantos que no se tuvo cuenta con ellos, á lo menos para que se pudiese escribir, porque fueron muchos. Que dende los últimos de junio de mil y quinientos y cincuenta y tres años, hasta los postreros de noviembre de el dicho año, que llegó allá la nueva de el levantamiento de Francisco Hernandez Giron, todos los dias feriales salian condenados cuatro, y cinco y seis soldados, y luego el dia siguiente se ejecutaban las sentencias. Y era así menester para desembarazar las cárceles, y asegurar la tierra, que estaba muy escandalizada de tanto alboroto y ruina como aquella tiranía habia causado, que nadie se tenia por siguro; aunque los maldicientes lo aplicaban á crueldad, y llamaban al juez Neron, por ver que tan sin duelo se ejecutasen tantas muertes en personas y soldados tan principales, que los mas dellos fueron engañados y forzados. Decian que dejando cada dia condenados á muerte cinco ó seis soldados, se iba el juez dende la cárcel hasta su casa riendo y chuflando con su teniente y fiscal, como si los condenados fueran pavos y capones para algun banquete. Otras muchas libertades y desvergüenzas decian contra la justicia, que fuera razon que hubiera otro castigo como el de la tiranía. Por el mes de octubre del dicho año, como lo dice Diego Hernandez, capítulo veinte y tres por estas palabras.

Mandó arrastrar y hacer cuartos á Vasco Godinez, haciéndole cargo y culpa de muchos y grandes y calificados delitos, los cuales están espresados en la sentencia; y es cierto que al mariscal le pesó mucho de no hallar á Baltasar Velazquez (que era ido á Lima), que si allí estuviera, sin falta hiciera de él lo mismo que de Vasco Godinez &c. Los delitos y traiciones de Vasco Godinez se calificaron en breves palabras en el pregon, con que lo llevaron arrastrando á hacer cuartos, que decia: A este hombre por traidor á Dios, y al rey y á sus amigos, mandan arrastrar y hacer cuartos. Fue una sentencia la mas agradable que hasta hoy se ha dado en aquel imperio, porque contenia en las tres palabras la suma de lo que no se podia decir ni escribir en muchos capítulos. Pasó adelante la ejecucion de la justicia en otros culpados, que fueron muchos los muertos y mas muertos hasta los últimos de noviembre, que (como dijimos) llegó la nueva de el levantamiento de Francisco Hernandez Giron, con que cesó la peste y mortandad de aquellos soldados. Que fue menester que hubiese otra rebelion y motin en otra parte, para que el temor del segundo aplacase el castigo del primero. Del cual motin dieron pronóstico á voces los indios de el Cozco, como yo lo ví, y fue la noche antes de la fiesta de el Santísimo Sacramento, que yo como muchacho salí aquella noche á ver adornar las dos plazas principales de aquella ciudad; que entonces no andaba la procesion por otras calles como me dicen que las anda ahora, que es al doble de lo que solia. Estando yo junto á la esquina de la capilla mayor de la iglesia de nuestra Señora de las Mercedes, que sería la una ó las dos de la madrugada, cayó una cometa al Oriente de la ciudad hácia el camino real de los Antis, tan grande y tan clara, que alumbró toda la ciudad con mas claridad y resplandor que si fuera la luna llena á media noche. Todos los tejados hicieron sombra mas que con la luna, cayó derecha de alto á bajo; era redonda como una bola, y tan gruesa como una gran torre. Llegando cerca del suelo como dos torres en alto, se desmenuzó en centellas y chispas de fuego sin hacer daño en las casas de los indios, en cuyo derecho cayó. Al mismo punto se oyó un trueno bajo y sordo, que atravesó toda la region del aire de Oriente á Poniente. Lo cual visto y oido los indios que estaban en las dos plazas, á voces altas y claras, todos á una dijeron: auca, auca, repitiendo esta palabra muchas veces, que en su lengua significa tirano, traidor, fementido, cruel, alevoso, y todo lo que se puede decir á un traidor, como en otras partes hemos dicho. Esto pasó á los diez y nueve de junio del año de mil y quinientos y cincuenta y tres, que se celebró la fiesta del Señor, y el pronóstico de los indios se cumplió á los trece de noviembre de el mismo año, que fue el levantamiento de Francisco Hernandez Giron, que luego dirémos en el libro siguiente.

LIBRO SÉPTIMO.

Contiene la rebelion de Francisco Hernandez Giron. Las prevenciones que hizo para llevar su tiranía adelante. Su ida en busca de los oidores. La eleccion que ellos hacen de capitanes contra el tirano. Sucesos desgraciados de la una parte y de la otra. El alcance y victoria de Francisco Hernandez Giron en Villacori. La venida del mariscal Alonso de Alvarado con ejército en busca del enemigo. Los sucesos de aquella jornada hasta la batalla de Chuquiynca que el mariscal perdió. Los ministros que Francisco Hernandez envió á diversas partes de el reino. Los robos que los ministros hicieron. La ida de los oidores en seguimiento del tirano. Los sucesos que de ambas partes hubo en aquel viage hasta la batalla de Pucara. La huida de Francisco Hernandez y de los suyos por haber errado el tiro de la batalla. La prision y muerte de todos ellos. Contiene treinta capítulos.

CAPÍTULO PRIMERO.

Con la nueva del riguroso castigo que en los Charcas se hacia, se conjura Francisco Hernandez Giron con ciertos vecinos y soldados para rebelarse en aquel reino.

La fama publicó por todo aquel imperio el castigo severo y riguroso que en los Charcas se hacia de la tiranía de Vasco Godinez y don Sebastian de Castilla, y de sus consortes: juntamente publicaba con verdad ó con mentira (que ambos oficios sabe hacer esta gran reina) que el mariscal hacia informacion contra otros delincuentes de los que vivian fuera de su juridicion; y que decia, como lo refiere el Palentino por estas palabras, capítulo veinte y cuatro, que en Potocsi se cortaban las ramas: empero que en el Cozco se destroncarian las raices, y dello habia venido carta al Cozco: la cual dijeron haber escrito sin malicia alguna Juan de la Arreynaga. Venidas estas nuevas, Francisco Hernandez Giron vivia muy recatado y velábase, poniendo espías por el camino del Potocsi para tener aviso de quien venía, por tener temor que el mariscal enviaria gente para prenderle. Y tenia prevenidos sus amigos para que asimismo tuviesen cuenta si al corregidor Gil Ramirez que á la sazon era, le venian algunos despachos de el mariscal. Hasta aquí es de aquel autor sacado á la letra. Y poco mas adelante dice que se alborotaron todos los vecinos del Cozco por un pregon que en él se dió acerca de quitar el servicio personal de los indios; y que el corregidor les rompió una peticion firmada de todos ellos que acerca desto le dieron &c.

Cierto me espanto de quien pudiese darle relaciones tan agenas de toda verisimilitud: que ningun vecino de toda aquella ciudad se escandalizó por el castigo ageno, sino Francisco Hernandez Giron por los dos indicios de tiranía y rebelion que habia dado, de que la historia ha hecho mencion. Ni el corregidor, que era un caballero muy principal y se habia criado con un príncipe tan santo y tan bueno como el visorey don Antonio de Mendoza habia de hacer una cosa tan odiosa y abominable, como era romper la peticion de una ciudad que tenia entonces ochenta señores de vasallos, y era la cabeza de aquel imperio. Que si tal pasára, no fuera mucho que (salva la magestad real) le dieran cincuenta puñaladas, como el mismo autor y en el mismo capítulo alegado una columna mas adelante dice: que Francisco Hernandez Giron y sus conjurados tenian concertado de dárselas dentro en el cabildo, ó en el oficio de un escribano do solia el corregidor hacer audiencia.

Hasta aquí es del Palentino. Y porque no es razon que contradigamos tan al descubierto lo que este autor escribe, que en muchas partes debió de ser de relacion vulgar y no auténtica, será bien lo dejemos y digamos lo que conviene á la historia y lo que sucedió en el Cozco, que lo ví yo todo personalmente. El escándalo de la justicia que se hacia de la tiranía que hubo en los Charcas, no tocó á otro vecino del Cozco, sino á Francisco Hernandez Giron, por lo dicho y por la mucha comunicacion y amistad que tenia con soldados y ninguna con los vecinos, que era bastante indicio para sospechar mal de su intencion y ánimo. Por lo cual se recató con las nuevas que le dieron de que el mariscal hacia pesquisa contra él; y así acusado de sus mismos hechos, procuró ejecutar en breve su tiranía. Para lo cual habló á algunos soldados amigos suyos, que no pasaron de doce á trece, que fueron Juan Cobo, Antonio Carrillo, de quien hicimos mencion en nuestra Florida, Diego Gavilan y Juan Gavilan, su hermano, y Nuño Mendiola, y el licenciado Diego de Alvarado que presumia mas de soldado valenton que de jurista, y tenia razon, que no habia que hacer caso de sus letras, porque nunca en paz ni en guerra se mostraron. Estos eran soldados y pobres, aunque nobles y honrados. Sin estos habló Francisco Hernandez á Tomás Vazquez, que era un vecino rico y de los principales de aquella ciudad, de los primeros conquistadores que se hallaron en la prision de Atahuallpa. Tuvo ocasion de hablarle para su tiranía por cierta pasion que Tomás Vazquez y el corregidor Gil Ramirez de Avalos tuvieron pocos meses antes. En la cual el corregidor se hubo apasionadamente, que con poca ó ninguna razon prendió á Tomás

Vazquez, y lo puso en la cárcel pública, y procedió mas como parte que como juez. De lo cual Tomás Vazquez se dió por agraviado, porque á los vecinos de su calidad y antigüedad se les hacia mucha honra y estima. Por esta via le entró Francisco Hernandez incitándole con la venganza de sus agravios; y Tomás Vazquez, ciego de su pasion, aceptó ser de su bando. Tambien habló Francisco Hernandez á otro vecino, llamado Juan de Piedrahita, que era de los menores de la ciudad, de poca renta; y así lo mas del año vivia fuera della allá con sus indios. Era hombre fácil, con mas presuncion de soldado belicoso que de vecino pacífico. Alióse con Francisco Hernandez con mucha facilidad, porque su ánimo inquieto no pretendia otra cosa.

Estos dos vecinos, y otro que se decia Alonso Diaz, fueron con Francisco Hernandez en su levantamiento: aunque el Palentino nombra á otro que se decia Rodrigo de Pineda. Pero éste y otros que fueron con él á la ciudad de los Reyes, no se hallaron con Francisco Hernandez en su conjuracion y levantamiento, sino que despues le siguieron (como la historia lo dirá) mas de miedo que por otro respeto ni interés alguno; y así le negaron todos en pudiendo, y se pasaron al bando de su magestad, y fueron causa de la destruicion de Francisco Hernandez Giron.

El Palentino habiendo nombrado sin distincion de vecinos á soldados, todos los que en la conjuracion de Francisco Hernandez hemos nombrado, dice que se conjuró con otros vecinos y soldados de matar al corregidor y alzarse con la ciudad y el reino. Lo cual cierto debió de escrebir de relacion de algun mal intencionado, ó ofendido de algun vecino ó vecinos del Perú: que siempre que habla dellos procura hacerlos traidores, ó á lo menos que queden indiciados y sospechosos por tales.

Yo soy hijo de aquella ciudad, y asimismo lo soy de todo aquel imperio; y me pesa mucho de que sin culpa de ellos, ni ofensa de la magestad real condenen por traidores, ó á lo menos hagan sospechosos della á los que ganaron un imperio tan grande y tan rico que ha enriquecido á todo el mundo, como atrás queda largamente probado. Yo protesto como cristiano decir verdad sin pasion ni aficion alguna; y en lo que Diego Hernandez anduviere en la verdad del hecho le alegaré, y en lo que anduviere oscuro, y confuso, y equívoco le declararé; y no seré tan largo como él, por huir de impertinencias. Francisco Hernandez Giron se conjuró con los que hemos nombrado, y con otro soldado llamado Bernaldino de Robles, y otro que se decia Alonso Gonzalez, un hombre vil y bajo, así de su calidad, como de su persona, rostro y talle. Salió despues andando la tiranía el mayor verdugo del mundo, que con su espada mataba á los que Francisco Hernandez perdonaba, y los degollaba antes que llegase á él la nueva del perdon por decir que ya lo tenia muerto cuando llegó el mandato. Vivia antes de la tiranía de criar puercos en el valle de Sacsahuana, repartimiento de indios de el mismo Francisco Hernandez Giron; y de aquí se conocieron para ser despues tan grandes amigos como lo fueron.

Hecha la conjuracion, aguardaron á ejecutarla el dia de una boda solemne que se celebraba á los trece de noviembre de el año de mil y quinientos y cincuenta y tres. Eran los velados Alonso de Loaysa, sobrino del arzobispo de los Reyes, que era de los principales y ricos vecinos de aquella ciudad, y doña María de Castilla, sobrina de don Baltasar de Castilla, hija de su hermana doña Leonor de Bobadilla, y de Nuño Tobar, caballero de Badajoz; de los cuales hicimos larga mencion en nuestra historia de la Florida. Y en el capítulo siguiente dirémos el principio de aquella tiranía, tan costosa, trabajosa y lamentable para todo aquel imperio.

CAPÍTULO II.

Francisco Hernandez se rebela en el Cozco. Los sucesos de la noche de su rebelion. La huida de muchos vecinos de aquella ciudad.

Llegado el dia de la boda salieron á ella todos los vecinos y sus mugeres lo mas bien aderezados que pudieron para acompañar los novios, porque en todas las ocasiones que se les ofrecian de contento y placer, ó de pesar y tristeza, se acudian todos, honrándose unos á otros como si fueran hermanos; sin que entre ellos se sintiese bando ni parcialidad ni enemistad pública ni secreta. Muchos de los vecinos y sus mugeres comieron y cenaron en la boda, porque hubo banquete solene. Despues de comer hubo en la calle un juego de alcancías de pocos caballeros, porque la calle es angosta. Yo miré la fiesta de encima de una pared de cantería de piedra que está de frente de las casas de Alonso de Loaysa. Vide á Francisco Hernandez en la sala que sale á la calle sentado en una silla, los brazos cruzados sobre el pecho, y la cabeza baja, mas suspenso é imaginativo que la misma melancolía. Debia de estar imaginando en lo que habia de hacer aquella noche; aunque aquel autor diga que Francisco Hernandez se habia regocijado aquel dia en la boda &c.

Quizá lo dijo porque se halló en ella, mas no por que mostrase regocijo alguno. Pasadas las alcancías, y llegada la hora de la cena, se pusieron á cenar en una sala baja, donde hubo mas de sesenta de mesa, y la sala era muy larga y ancha. Las damas cenaban mas adentro en otra sala grande; y de una cuadra que habia entre las dos salas servian con la vianda las dos mesas. Don Baltasar de Castilla, que era tio de la novia, y de suyo muy galan, hacia oficio de maestre sala. Yo fuí á la boda casi al fin de la cena para volverme con mi padre y con mi madrastra que estaban en ella. Y entrando por la sala, fuí hasta la cabecera de la mesa donde estaba el corregidor sentado. El cual por ser caballero tan principal y tan cortesano (aunque yo era muchacho que andaba en los catorce años) echó de ver en mí, y me llamó que me acercase á él, y me dijo: no hay silla en que os senteis, arrimaos á esta donde yo estoy, alcanzad de estas suplicaciones y clarea, que es fruta de muchachos. A este punto llamaron á la puerta de la sala, diciendo que era Francisco Hernandez Giron el que venia. Don Baltasar de Castilla que se halló cerca, dijo: ¿tan tarde aguardó vuesa merced á hacernos merced? Y mandó abrir la puerta. Francisco Hernandez entró con su espada desnuda en la mano, y una rodela en la otra, y dos compañeros de los suyos entraron con él á sus lados con partesanas en las manos.

Los que cenaban, como vieron cosa tan no imaginada, se alborotaron todos y se levantaron de sus asientos. Francisco Hernandez dijo entonces: esténse vuesas mercedes quedos que esto por todos va. El corregidor sin oir mas, se entró por una puerta que estaba á su lado izquierdo, y se fue donde estaban las mugeres. Al otro rincon de la sala habia otra puerta por donde entraban á la cocina y á todo lo interior de la casa. Por estas dos puertas se entraron todos los que estaban en la acera dellas.

Los que estaban á la otra acera hácia la puerta principal de la sala corrieron mucho peligro, porque no tuvieron por donde irse. Juan Alonso Palomino estaba sentado de frente de la puerta de la sala, las espadas á ella; y como el licenciado Diego de Alvarado y los que con él iban le conocieron, le dieron cinco heridas; porque todos ellos iban avisados que lo matasen, y á Gerónimo Costilla su cuñado, por el alboroto que causaron en el otro motin que Francisco Hernandez hizo, como atrás se ha referido. De las heridas murió Juan Alonso Palomino, otro dia siguiente en las casas de Loaysa, que no pudo ir á las suyas á curarse.

Mataron asímismo á un mercader rico, muy hombre de bien, que se decia Juan de Morales, que cenaba en la boda, y cabia por su bondad entre aquellos vecinos. El cual sin saber lo que se hacia, quiso apagar las velas que habia en la mesa, por parecerle que á escuras podria escaparse mejor. Tiró de los manteles, y de once velas cayeron las diez, y se apagaron todas: sola una quedó encendida. Uno de los de Francisco Hernandez, que llevaba una partesana, le dió por la boca, diciendo: ó traidor, ¿quieres que nos matemos aquí todos? Y le abrió la boca por un lado y por otro hasta las orejas. Y otro soldado de los tiranos le dió una estocada por la tetilla izquierda, de que cayó luego muerto. Y así no tuvo el triste tiempo ni lugar de atarse á la cinta el jarro de oro que los maldicientes dieron en relacion, á quien lo escribió como ellos dijeron. Yo le ví otro dia las heridas como se ha dicho. Y despues los mismos que hicieron estas cosas las hablaban muy largamente como loándose de haberlas hecho.

Mi padre y Diego de los Rios, y Vasco de Guevara, y dos caballeros hermanos, cuñados suyos, que se decian los Escalantes, y Rodrigo de Leon, hermano de Pero Lopez de Cazalla, y otros vecinos y soldados, que por todos llegaban al número de treinta y seis, entraron por la puerta que el corregidor entró, y yo con ellos; mas no fueron donde estaban las mugeres, sino que echaron á mano derecha á buscar salida por los corrales de la casa. Hallaron una escalera de mano para poder subir á los tejados. Supieron que la casa, pared en medio, era la de Júan de Figueroa, otro vecino principal, cuya puerta salia á otra calle diferente de la de Alonso de Loaysa. Mi padre viendo que habia buena salida, dijo á los demas compañeros: vuesas mercedes me esperen, que yo voy á llamar al corregidor para que se remedie este mal hecho. Diciendo esto fue donde estaba el corregidor, y le dijo que tenia salida de la casa, y gente que le sirviese y socorriese, que se remediaria aquel alboroto en llegando su merced á la plaza, y repicando las campanas y tocando arma, porque los rebelados habian de huir luego. El corregidor no admitió el consejo, ni dió otra respuesta sino que le dejasen estar allí. Mi padre volvió á sus compañeros, y hallólos subidos todos en un tejado que salia á la casa de Juan de Figueroa. Volvió á rogarles que le esperasen, que queria volver á importunar al corregidor. Y así entró segunda vez, pero no alcanzó mas que la primera por mucho que se lo porfió é importunó, dándole razones bastantes para salir de donde estaba. Mas el corregidor cerró los oidos á todo temiendo que le querian matar, y que eran todos en la trampa como lo dijo Francisco Hernandez á la puerta de la sala.

Garcilaso, mi señor, salió perdida toda su esperanza, y al pie de la escalera se quitó los pantufos que llevaba calzados, y quedó en plantillas de borceguíes como habia jugado las alcancías. Subió al tejado, y yo en pos dél. Subieron luego la escalera, y la llevaron por el tejado adelante y la echaron en la casa de

Juan de Figueroa, y á ella bajaron, todos y yo con ellos. Y abriendo la puerta de la calle, me mandaron que yo fuese delante haciendo oficio de centinela, que por ser muchacho no echarian de ver en mí; y que avisase con un silvo á cada encrucijada de calle para que ellos me siguiesen. Así fuimos de calle en calle, hasta llegar á las casas de Antonio de Quiñones, que era cuñado de Garcilaso, mi señor, casados con dos hermanas. Hallámosle dentro, de que mi padre recibió grandísimo contento, porque tenia mucha pena de no saber que se hubiese hecho dél. A Antonio de Quiñones le valió uno de los conjurados, que se decia Juan Gavilan, á quien el Quiñones habia hecho amistades en ocasiones pasadas. El cual hallándole junto á la puerta principal de la sala, lo sacó fuera á la calle, y á Juan de Saavedra con él, que estaban juntos, y hablando con Antonio de Quiñones le dijo: váyase vuesa merced á su casa y llévese consigo al señor Juan de Saavedra, y no salgan della hasta que yo vaya allá mañana; y así los halló mi padre en ella, de que todos recibieron contento. Apenas habian entrado en la casa de Antonio de Quiñones, cuando acordaron todos de irse aquella misma noche á la ciudad de los Reyes.

A Juan de Saavedra convidaron con lo necesario para la jornada, ofreciéndole cabalgadura, sombrero, capa de grana, y botas de camino; porque al principio se escusaba con decir que le faltaban aquellas cosas para caminar; mas cuando se las trujeron delante, se escusó con achaques de poca salud é imposibilitó el viaje; de manera que no le porfiaron mas en la jornada, y así se quedó en la ciudad. Adelante dirémos la causa principal de su escusa, por la cual perdió su hacienda y su vida. Los demas vecinos y soldados que iban con mi padre, se fueron á sus casas para apercebirse y hacer su jornada á la ciudad de los Reyes. Garcilaso, mi señor, me envió á su casa, que estaba cerca de estotra, á que le llevasen un caballo el mejor de los suyos, el cual todavía estaba ensillado de las alcancías pasadas. A la ida á pedir el caballo pasé por la puerta de Tomás Vazquez, y ví en la calle dos caballos ensillados, y tres ó cuatro negros con ellos que estaban hablando unos con otros, y á la vuelta de haber pedido el caballo los hallé como los dejé. De lo cual dí cuenta á mi padre y á los demas, y todos se escandalizaron, sospechando si los caballos y esclavos eran de los conjurados. A este punto me llamó Rodrigo de Leon, hermano de Pero Lopez de Cazalla, y me dijo que fuese á casa de su hermano, que era en la misma calle, aunque lejos de donde estábamos. Y que al indio portero le dijese, que la cota y celada que tenia en su aposento la escondiese, temiendo que los tiranos habian de saquear la ciudad aquella noche. Yo fuí apriesa al mandado, y cuando volví hallé que mi padre y sus dos parientes Diego de los Rios, y Antonio Quiñones se habian ido y rodeado mucha tierra y malos pasos por no pasar por la puerta de Tomás Vazquez; y yo me volví á casa de mi padre, que está enfrente de las dos plazas; y entonces no estaban labradas las casas que hoy están el arroyo abajo, en la una plaza y en la otra. Allí estuve mirando y esperando el suceso de aquella terrible y desventurada noche.

CAPÍTULO III.

Francisco Hernandez prende al corregidor, sale á la plaza, suelta los presos de la cárcel, hace matar á don Baltasar de Castilla y al contador Juan de Cáceres.

Francisco Hernandez Giron y los suyos, que quedaron en casa de Alonso de Loaysa con deseo de prender al corregidor, pareciéndoles que teniéndole preso toda la ciudad se les rendiría, hicieron gran instancia por saber dél. Y siendo avisados que estaba en la sala de las mugeres, rompieron las primeras puertas con un banco, y llegando á las segundas les pidieron de dentro que les diesen la palabra que no matarian al corregidor ni le harian otro daño; y habiéndosela dado Francisco Hernandez, le abrieron las puertas y él prendió al corregidor, y lo llevó á su casa donde le dejó debajo de buenas guardas y prisiones, y salió á la plaza con todos sus compañeros que no pasaban de doce ó trece.

La prision del corregidor, y llevarlo Francisco Hernandez á su casa, y dejarlo á recaudo, y salir á la plaza no se hizo tan en breve que no pasaron mas de tres horas en medio. De donde se vé claro que si el corregidor saliera cuando se lo pidieron mi padre y sus compañeros, y tomára la plaza, y tocára al arma llamando á los del rey, huyeran los tiranos y se escondieran donde pudieran. Así lo decian despues todos los que supieron todo el hecho. A este tiempo fuí yo á la plaza á ver lo que en ella pasaba. Hallé aquellos pocos hombres bien desamparados si hubiera quien los contradijera; pero la escuridad de la noche, y la osadía que tuvieron de entrar en una casa tan llena de gente como estaba la de Alonso de Loaysa, acobardó al corregidor y ahuyentó de la ciudad á los vecinos y soldados que pudieran acudir á servir á su magestad y favorecer á su corregidor. Mas de media hora despues que yo estuve en la plaza vino Tomás Vazquez á caballo, y otro con él con sus lanzas en las manos, y Tomás Vazquez dijo á Francisco Hernandez: ¿qué manda vuesa merced que hagamos? Francisco Hernandez les dijo: ronden vuesas mercedes esas plazas, y á la gente que saliere á ellas les digan, que no hayan miedo, que se vengan á la plaza mayor, que yo estoy en ella para servir á todos mis señores y amigos. Poco despues vino Alonso Diaz, otro vecino de la ciudad, encima de su caballo, y su lanza en la mano, al cual le dijo Francisco Hernandez lo mismo que á Tomás Vazquez. Solos estos tres vecinos, que fueron Tomas Vazquez, Juan de Piedrahita y Alonso Diaz, acudieron aquella noche á Francisco Hernandez; y el otro que vino con Tomás Vazquez, no era vecino sino uno de sus huéspedes; de donde se vé claro que no fueron mas los conjurados con él; y aunque despues le siguieron otros vecinos, mas fue (como lo hemos dicho) de temor, que de amistad; así le negaron en pudiendo. Los pobres rebelados viéndose tan pocos y que no les acudia nadie, fueron á la cárcel y soltaron todos los presos, y los trujeron consigo á la plaza por hacer mayor número y mas bulto de gente, y en ella estuvieron hasta el dia; y entre todos no pasaban de cuarenta hombres. Y aunque el Palentino, capítulo veinte y cuatro, diga que salieron á la plaza apellidando libertad, y que trujeron número de picas y arcabuces, y que arbolaron bandera, y que Francisco Hernandez mandó dar bando, que so pena de la vida todos acudiesen á la plaza; y que aquella noche acudió alguna gente, y que pusieron velas y guardas por la ciudad porque nadie se huyese.

Digo que aquella noche no hubo mas de lo que hemos dicho, que yo como muchacho anduve toda la noche con ellos; que ni aun para guardarse ellos no tenian gente, cuanto mas para poner velas y guardas por la ciudad; la cual tenia entonces mas de una legua de circuito. Otro dia fueron á la posada del corregidor, y le tomaron su escritorio donde dijeron que hallaron diez y siete provisiones de los oidores, en las cuales mandaban cosas contra los vecinos y soldados en perjuicio dellos, acerca del servicio personal, y que no echasen indios á las minas, ni tuviesen soldados por huéspedes, ni los mantuviesen en público ni en secreto. Todo lo cual fue inventado por los amotinados, para indignar los soldados y provocarlos á su opinion.

El dia tercero de su levantamiento dió Francisco Hernandez en vesitar los vecinos mas principales en sus mismas casas; y entre otras fue á la de mi padre: y yo presente habló á mi madrasta; y entre otras cosas le dijo: que él habia hecho aquel hecho, que era en beneficio de todos los soldados y vecinos de aquel imperio; pero que el cargo principal pensaba darlo á quien tuviese mas derecho, y lo mereciese mejor que no él. Y que le rogaba hiciese con mi padre que saliese á la plaza, y no estuviese retirado en su casa en tiempo que tanta necesidad tenian dél.

Estas mismas razones dijo en otras casas que visitó, sospechando que estaban escondidos los que decian haberse huido á la ciudad de los Reyes, porque no creyó que tal hubiese sido. Y así cuando mi madrasta le certificó que dende la noche de la boda no le habia visto ni él habia entrado en su casa, se admiró Francisco Hernandez, y para que lo creyese se lo dijo mi madrasta cuatro veces, y la postrera con grandes juramentos, pidiéndole que mandase buscar la casa y cualquiera otro lugar do sospechase que podia estar mi padre. Entonces lo creyó y se mostró muy sentido dello: y acortando razones se fue á hacer las demas visitas, y en todas halló lo mismo. Verdad es que no todos los que faltaban se fueron aquella noche, sino tres y cuatro y cinco noches despues; que como no habia quien guardase la ciudad, tuvieron lugar de irse cuando pudieron.

Pasados ocho dias de la rebelion de Francisco Hernandez Giron, le dió aviso uno de los suyos, que se decia Bernardino de Robles, hombre bullicioso y escandaloso, que don Baltasar de Castilla y el contador Juan de Cáceres, trataban de huirse y de llevar consigo alguna gente de la que tenian, de la cual tenian hecha copia, y que tenian su plata labrada, y la demas hacienda de sus muebles puesta en un monasterio. Francisco Hernandez habiéndolo oido, envió a llamar á su licenciado Diego de Alvarado, y consultándolo con él, le remitió la causa para que castigase los culpados. El licenciado no tuvo necesidad de mucha averiguacion, porque dos meses antes habian reñido en la plaza principal de aquella ciudad él y don Baltasar de Castilla, y salieron ambos heridos de la pendencia; y aunque no hubo ofensa de parte alguna, el licenciado quedó enojado de no haberlo muerto: porque como hemos dicho, presumia mas de valiente que de letrado. Y usando de la comision, ejecutó su enojo aunque sin culpa de los pobres acusados; porque fue general fama que no la tuvieron. El mismo licenciado fue por ellos aquella noche y los llevó á su casa, y les mandó confesar brevemente; y no dándoles todo el término que habian menester para la confesion, mandó darles garrote, y se lo dió Juan

Enriquez, pregonero, el verdugo que degolló á Gonzalo Pizarro, y ahorcó y hizo cuartos á sus capitanes y maese de campo. El cual luego que Francisco Hernandez se rebeló, salió otro dia (presumiendo de su buen oficio), cargado de cordeles y garrotes para ahogar y dar tormento á los que los tiranos quisiesen matar y atormentar. Tambien sacó un alfange para cortar las cabezas que le mandasen cortar; pero él lo pagó despues como adelante dirémos. El cual ahogó brevemente á aquellos pobres caballeros, y por gozar de su despojo los desnudó; á don Baltasar hasta dejarlo como nació; y á Juan de Cáceres le dejó sola la camisa, porque no era tan galana como la de su compañero. Y así los llevaron á la plaza y los pusieron al pie del rollo donde yo los ví, y sería esto á las nueve de la noche. Otro dia, segun se dijo, reprendió Francisco Hernandez á su letrado por haber muerto aquellos caballeros sin comunicarlo con él. Pero esto mas fue por acreditarse con la gente, que porque le pesase de que los hubiese muerto, que en su secreto antes se holgó de ver el temor y asombro que causó aquel buen hecho, porque el uno dellos era contador de su magestad, y el otro habia sido su capitan en las guerras pasadas; y tenia cincuenta mil ducados de renta en un repartimiento de indios. Por este hecho tan cruel se rindieron todos los vecinos de la ciudad, y juzgaron que los mejores librados eran los que se habian huido de ella, pues los mataban tan sin culpa; y que los matadores se quedaban mas ufanos y mas soberbios que antes estaban.

CAPÍTULO IV.

Francisco Hernandez nombra maese de campo y capitanes para su ejército. Dos ciudades le envian embajadores. El número de los vecinos que se huyeron á Rimac.

Francisco Hernandez habiéndosele juntado alguna gente de los soldados de la comarca de la ciudad, viéndose ya poderoso, porque tenia mas de ciento y cincuenta compañeros, acordó nombrar maese de campo, y elegir capitanes, ministros y oficiales para su ejército. Nombró por maese de campo al licenciado Diego de Alvarado; y por capitanes de caballo á Tomás Vazquez, y á Francisco Nuñez, y á Rodrigo de Pineda. A estos dos últimos, que eran vecinos de la ciudad, acarició Francisco Hernandez despues de su levantamiento; y por les obligar les convidó con los oficios de capitan; y ellos lo aceptaron mas por temor de la tiranía, que por la honra ni provecho de las condutas. Eligió por capitanes de infantería á Juan de Piedrahita, y á Nuño Mendiola, y á Diego Gavilan; y por alferez general á Albertos de Orduña; y por sargento mayor á Antonio Carrillo. Los cuales con toda diligencia acudieron á sus oficios, llamando y acariciando gente y soldados para sus compañías.

Hicieron banderas muy galanas con blasones y apellidos muy bravatos que todos atinaban á libertad, y así llamaron á su ejército de la libertad. Estos mismos dias habiéndose publicado por las ciudades comarcanas que el Cozco se habia alzado, no diciendo cómo ni quién, entendiendo que toda la ciudad era á una: la de Huamanca y la de Arequepa enviaron sus embajadores pidiendo al Cozco las admitiese debajo de su hermandad y proteccion; pues era madre y cabeza dellas, y de todo aquel imperio: que juntamente con ella querian hacer á su magestad la súplica de tantas provisiones tan perjudiciales como los oidores les enviaban á notificar cada dia. El embajador de Arequepa se decia fulano de Valdecabras, que yo conocí; aunque el Palentino dice, que un fraile llamado fray Andres de Talavera: pudo ser que viniesen ambos. El de Huamanca se decia Hernando del Tiemblo. Los cuales embajadores fueron muy bien recebidos, y acariciados por Francisco Hernandez Giron, que se ufanaba y jactaba de haber tomado una empresa tal y tan importante que acudia todo el reino con tanta brevedad y prontitud á favorecerla. Y para mas engrandecer su hecho, publicó y echó fama que en los Charcas habian muerto al mariscal Alonso de Alvarado por acudir los matadores al hecho de Francisco Hernandez. Las ciudades de Huamanca y Arequepa, certificadas de que el levantamiento del Cozco no habia sido general de toda la ciudad, sino particular de un hombre temeroso de sus delitos pasados, y que los mas de los vecinos se habian huido della; y sabiendo quiénes y cuántos eran, mudaron parecer, y de comun consentimiento los de la una ciudad y de la otra se fueron todos los que pudieron á servir á su magestad, como lo habian hecho los del Cozco. Los cuales fueron Garcilaso de la Vega, mi señor, Antonio de Quiñones, Diego de los Rios, Gerónimo Costilla, Garci Sanchez de Figueroa, primo hermano de mi padre, que no era vecino sino soldado antiguo y benemérito en la tierra. Estos cinco caballeros salieron de la ciudad del Cozco para la de los Reyes la misma noche del levantamiento de Francisco Hernandez Giron. Los demas que nombrarémos salieron dos, tres, cuatro, cinco noches despues como se les aliñaba la jornada. Vasco de Guevara, vecino, y los dos Escalantes sus cuñados, que no eran vecinos, salieron dos noches despues: Alonso de Hinojosa, y Juan de Pancorvo, que eran vecinos, salieron á la cuarta noche; y Alonso de Mesa, vecino á la quinta, porque se detuvo poniendo en cobro una poca de plata que despues gozaron los enemigos, como dirémos á su tiempo. Garcilaso, mi señor y sus compañeros, siguiendo su camino, á nueve leguas de la ciudad hallaron á Pero Lopez de Cazalla en una heredad suya que allí tenia; de la cual hicimos mencion en el libro nono de la primera parte de nuestra historia, capítulo veinte y seis. Estaba con él Sebastian de Cazalla, su hermano, y ambos eran vecinos. Los cuales sabiendo lo que pasaba en el Cozco, determinaron irse en compañía de aquellos caballeros á servir á su magestad. La muger de Pero Lopez, que se decia doña Francisca de Zuñiga, muger noble y hermosa de toda bondad y discrecion, quiso hacer la misma jornada por servir, no á su magestad sino á su marido; y aunque era muger delicada y de poca salud, se esforzó á ir en una mula ensillada con un sillon; y pasó toda la aspereza y malos pasos de aquellos caminos con tanta facilidad y buen suceso, como cualquiera de los de la compañía. Y á las dormidas los regalaba á todos con proveerles la cena y el almuerzo de otro dia, pidiendo recaudo á los indios, y dando traza y órden á las indias como lo habian de aderezar.

Todo esto y mucho mas oí contar de aquella famosa señora á sus propios compañeros. Siguiendo estos caballeros su viage hallaron en Curampa, veinte leguas de la ciudad, á Hernan Bravo de Laguna, y á Gaspar de Sotelo, vecinos della, que tenian sus indios en aquel parage y los llevaron consigo; y así hicieron a los demas vecinos y soldados que toparon por el camino hasta llegar á Huamanca. Los de aquella ciudad se esforzaron muy mucho de ver hombres tan principales en ella, y se ratificaron en su primera determinacion de ir á servir á su magestad en compañía de tales varones. Y así fueron con ellos todos los que pudieron; y los que entonces no pudieron, fueron despues como se les iba aliñando la jornada. Volviendo algo atrás decimos que cuando Garcilaso, mi señor y sus compañeros pasaron la puente del rio Apurimac, considerando que habia de salir gente de la ciudad de el Cozco, y de otras partes, é ir en pos dellos á servir á su magestad, y que no era bien cortarles el camino con quemar la puente, porque quedaban atajados y en poder de los tiranos, acordaron que quedasen dos compañeros en guarda della para recebir los que viniesen aquellos cinco ó seis dias primeros, y despues la quemasen, porque caminasen seguros de que los tiranos no pudiesen seguirlos. Así se hizo como se ordenó; de manera que los que salieron tarde de la ciudad del Cozco pudieron pasar la puente aunque llevaban mucho temor de hallarla quemada. Otros vecinos principales del Cozco fueron á los Reyes por otros caminos; porque se hallaron en aquella coyuntura en sus repartimientos de indios hácia el Poniente de la ciudad. Los cuales fueron, Juan Julio de Hojeda, Pedro de Orve, Martin de Arbieto y Rodrigo de Esquivel; los cuales pasando por el repartimiento de don Pedro de Cabrera se juntaron con él para irse todos juntos.

CAPÍTULO V.

Cartas que se escriben al tirano, y él destierra al corregidor del Cozco.

El Palentino en este paso, capítulo veinte y cinco, dice lo que se sigue. Llegó en esta sazon al Cozco Miguel de Villafuerte con una carta de creencia para Francisco Hernandez, de don Pedro Luis de Cabrera, que estaba en Cotabamba al tiempo del alzamiento con algunos soldados amigos suyos. Entre los cuales estaban Hernando Guillada, y Diego Mendez, y otros algunos de los culpados en la rebelion de don Sebastian de Castilla. La creencia era en efecto que pues don Pedro no habia podido ser el primero, y le habia ganado por cuatro dias y la mano, que Francisco Hernandez prosiguiese á tomar la empresa por todo el reino para la suplicacion general; y que él habia alzado bandera en su nombre, y se iba camino de la ciudad de los Reyes, y procuraria el nombramiento de capitan general por el audiencia. Y que luego como estuviese en el cargo, prendería los oidores y los embarcaría para España. Despues de recibida esta carta, le envió otra don Pedro con un hijo de Gomez de Tordoya, la cual asímismo era de creencia. Y envió á decir á Francisco Hernandez que tuviese por cierto que si Garcilaso de la Vega, y Antonio Quiñones y otros se habian ido á la ciudad de los Reyes, no era por favorecer este negocio, sino porque no pudieron ellos y don Pedro efectuar lo que tenian pensado, por haberse él anticipado. Y ansímismo decia que al tiempo que salió de sus pueblos habia hecho decir misa, y que despues de haberla oido, habia hecho sacramento sobre una ara consagrada, diciendo á los que con él estaban se sosegasen con él; porque él no iba á Lima para otro efecto que para prender los oidores y enviarlos á España. Empero Francisco Hernandez teniendo á don Pedro por hombre sagaz y doblado, consideró en sí ser estos recaudos para le asegurar, y poder mejor á su salvo (y sin contraste) irse con los soldados que allí consigo tenia. Por lo cual despachó á Juan de Piedrahita con algunos arcabuceros, para que sacase de la ciudad á Gil Ramirez, quitada la vara de justicia, y le llevase á buen recaudo hasta le poner mas de veinte leguas del Cuzco, para que libremente se fuese á la ciudad de los Reyes, sin le haber tomado Francisco Hernandez cosa alguna. Y dióle á Piedrahita instruccion que procurase alcanzar á don Pedro, y le dijese que no curase de tomar el camino de Lima, y que le hiciese merced de volverse al Cuzco. Y que si don Pedro esto rehusase y no lo quisiese hacer, le trujese preso consigo y á buen recaudo. Empero ya don Pedro era partido, y dificultosamente lo podia alcanzar. Por lo cual Piedrahita se volvió con la gente al Cuzco &c.

Hasta aquí es de aquel autor sacado á la letra. Y porque unas cosas están anticipadas y otras pospuestas declarando al autor dellas, dirémos cómo sucedieron aquellos hechos, y por qué camino llevó Piedrahita preso al corregidor. Es así que don Pedro de Cabrera no tenia necesidad de enviar recaudos á Francisco Hernandez para ser con él; porque nunca tal pensó ni imaginó por la contradicion que en su persona, y en su trato, conversacion y manera de vivir tenia para no seguir la guerra; porque de su persona era el mas grueso hombre que allá ni acá he visto, particularmente del vientre. En cuya prueba digo que dos años poco mas ó menos, despues de la batalla de Sacsahuana, un negro, esclavo de mi padre, lindo oficial sastre, hacia un coleto de cordovan para don Pedro de Cabrera, guarnecido con muchas franjas de oro. Teniéndolo ya á punto para lo guarnecer, entrámos tres muchachos, y yo con ellos, casi todos de una edad de diez á once años, en el aposento del maestro, y hallamos el coleto sobre una mesa, cerrado por delante con un cordón de seda; y viéndolo tan ancho (como muchachos traviesos) entramos en él todos cuatro y nos arrimamos á las paredes del coleto, y enmedio dél quedaba campo y lugar para otro muchacho de nuestro tamaño. Sin lo dicho por el mucho vientre no podia andar á caballo en silla gineta, porque el arzon delantero no lo consentia. Andaba siempre á la brida ó en mula. Nunca jugó cañas, ni corrió á caballo á la gineta ni á la brida. Y aunque en la guerra de Gonzalo Pizarro fue capitan de caballos, fue porque se halló en la entrega de la armada de Gonzalo Pizarro al presidente, y le cupo en suerte la compañía de caballos, y despues de la guerra, el repartimiento de indios tan aventajado de que atrás dimos cuenta. Y en lo que toca al regalo y manera de vivir, y su trato y conversacion, era el hombre mas regalado en su comida, y de mayores donaires, y mejor entretenimiento que se puede imaginar, con cuentos y entremeses graciosísimos, que los inventaba él mismo burlándose con sus pages, lacayos y esclavos, que pudiéramos contar algunos de mucho donaire y de mucha risa que se me acuerdan; pero no es bien que digamos ni contemos niñerías, baste la del coleto. Su casa era cerca de la de mi padre, y entre ellos habia deudo; porque mi señora doña Elena de Figueroa su madre, era de la casa de Feria; por lo cual habia mucha comunicacion entre los dos, y á mí me llamaba sobrino, y no sabia darme otro nombre. Adelante cuando tratemos de su fallecimiento, que fue en Madrid año de mil y quinientos y sesenta y dos, repetirémos algo desto que hemos dicho. Por todo lo cual afirmo que estaba muy lejos de seguir á Francisco Hernandez Giron, ni de ser tirano, que no tenia para qué pretenderlo; porque tenia todo el regalo, contento y descanso que se podia desear, y no tuvo trato ni conversacion con Francisco Hernandez Giron, porque mucha parte del año se estaba en sus indios con media docena de amigos. Los mensageros que envió fue para que supiesen certificadamente cómo babia sido el levantamiento de Francisco Hernandez Giron, y lo que despues dél habia sucedido, y qué vecinos habian huido, y quiénes eran con el tirano; porque como él y sus compañeros deseaban ir á los Reyes, querian saber lo que habia pasado en el Cozco, para dar cuenta dello por los caminos y no ir tan á ciegas. Y para que Francisco Hernandez no sospechase de los mensageros, los envió con cartas de creencia, y tambien para que con la respuesta se los volviese á enviar. El camino para ir á los Reyes lo tenia don Pedro muy seguro; porque sus indios donde él estaba, están mas de quince leguas del Cozco hácia los Reyes, y el rio Apurimac está en medio de aquel camino; y teniendo quemadas las puentes como las tenia, aseguraba que no pasasen los enemigos; y así don Pedro y los suyos con la nueva de lo que deseaban saber, se fueron á los Reyes haciendo burla de los tiranos.

A Juan de Piedrabita dió órden Francisco Hernandez, que con una docena de arcabuceros llevase al corregidor Gil Ramirez de Avalos, no por el camino de Lima, que es hácia el Norte, sino por el de Arequepa, que es al Mediodia; mandóle que habiéndole sacado cuarenta leguas de la ciudad, lo dejase ir libre donde quisiese. Y este viage de Piedrabita no fue en aquellos primeros dias del levantamiento, cuando vinieron los mensageros de don Pedro de Cabrera, que vinieron y se fueron dentro de los ocho ó diez dias despues del levantamiento; y el viaje de Piedrabita fue mas de cuarenta dias despues. Y enviar al corregidor por Arequepa y no por el camino derecho, fue porque no llegase tan presto á los Reyes ni fuese tan á su placer, como fuera ir en compañía de los vecinos que iban á Rimac. Por todo lo cual se ve claro, que la relacion que dieron á Diego Hernandez fue la del vulgo, que por la mayor parte habla cada uno lo que se le antoja, y lo que oye á otros que no lo vieron, y no lo que pasa en hecho de verdad.

CAPÍTULO VI.

Francisco Hernandez se hace elegir procurador y capitan general de aquel imperio. Los oidores eligen ministros para la guerra. El mariscal hace lo mismo.

Pasados los quince dias del levantamiento de Francisco Hernandez Giron, viéndose él ya con pujanza de gente, y temido de todos por la crueldad que en don Baltasar de Castilla ejecutó, le pareció sería bien dar mas autoridad á su tiranía para proceder en ella (segun su poco juicio) con mejor título y mejor nombre para que las gentes viéndole elegido y abonado por aquella ciudad, cabeza del imperio, siguiesen su profesion, que él mismo no sabia cual era. Para lo cual mandó que hubiese cabildo abierto de toda la ciudad, en el cual se hallaron veinte y cinco vecinos, señores de indios, que nombra Diego Hernandez; y yo los conocí todos. Entre ellos no hubo mas de un alcalde ordinario, y dos regidores, que todos los demas no eran ministros del cabildo. Pidióles que para librarse de las molestias que cada dia los oidores les hacian con sus provisiones, le nombrasen y eligiesen por procurador general de todo el imperio, para que ante su magestad suplicase y pidiese lo que bien les estuviese. Asimismo pidió que le nombrasen por capitan general y justicia mayor de aquella ciudad y de todo el reino, para que los gobernase y mantuviese en paz y justicia. Todo lo cual se le concedió muy cumplidamente (como dicen los niños) mas de miedo que de vergüenza; porque tenia en la plaza delante de la puerta del cabildo un escuadron de mas de ciento y cincuenta arcabuceros con dos capitanes; el uno era Diego Gavilan, y el otro Nuño Mendiola. Apregonóse luego en la plaza (pasado el cabildo) el poder que se le habia dado á Francisco Hernandez Giron. El cual no solamente pretendió ser nombrado por cabildo para tener mas autoridad y mando; pero su principal intencion fue que todos los vecinos y moradores de aquella ciudad metiesen prendas, fiasen y abonasen su buen hecho como si ellos de su libre voluntad se hubieran convidado con lo que él les pidió y forzó que hiciesen. Entre tanto que en la ciudad del Cozco pasaban estas cosas, llegó á la ciudad de los Reyes la nueva dellas: los oidores al principio la tuvieron por falsa, entendiendo que era algun trato doble; porque el que la llevó era grandísimo amigo, y segun decian, hermano de leche de Francisco Hernandez Giron.

Imaginaron que iba á tentar la ciudad, á ver cómo tomaban los vecinos aquel hecho; y cuáles se mostraban del bando de Francisco Hernandez, y cuáles en contra. Y con esta sospecha prendieron á Hernando Chacon, que fue el que llevó la buena nueva, mas luego lo soltaron; porque por otras muchas partes vino la certificacion della. Con la cual los oidores nombraron capitanes, y proveyeron ministros para la guerra que se temia: no decimos quiénes fueron los nombrados, porque algunos dellos no quisieron aceptar los oficios y cargos; porque les parecia que merecian ser generales, y aun mas y mas. Dejarlos hemos así, porque adelante dirémos los que se eligieron y sirvieron en toda la guerra, aunque las elecciones fueron con muchas pasiones, bandos y molestias, como los suele haber donde no hay cabeza, y pretenden mandar muchos que no lo son. Tambien llegâron las nuevas del levantamiento de Francisco Hernandez á Potocsi, donde el mariscal Alonso de Alvarado estaba ejecutando el castigo en los delincuentes de la muerte del general Pedro de Hinojosa y secuaces de don Sebastian de Castilla; la cual ejecucíon paró luego, aunque habia muchos culpados que merecian pena de muerte como la habian llevado los pasados que hasta entonces habian sido castigados. Pero con el nuevo levantamiento convenia perdonar á los culpados, y aplacar á los leales: que los unos y los otros estaban escandalizados de tanto rigor y muertes como se habian hecho. A los que estaban condenados á muerte les comutaron la pena en que sirviesen á su magestad á su costa. Entre estos condenados á muerte, estaba un soldado que se decia fulano de Vilbao, al cual visitó un amigo suyo, y le dió el parabien de su vida y libertad; y le dijo que diese muchas gracias á Dios nuestro Señor que tanta merced le habia hecho: el soldado dijo, yo se las doy á su divina Magestad, y á San Pedro, y á San Pablo, y á San Francisco Hernandez Giron, por cuyos méritos se me hizo la merced; y propuso de irse á servirle donde quiera que le viese; y así lo hizo como adelante verémos.

Sin este soldado salieron libres de la cárcel otros cuarenta y tantos, de los cuales se temia que los mas dellos habian de llevar pena de muerte; y los mejor librados habian de remar en galeras. A los vecinos y á otros muchos soldados que no merecian tanta pena, quiso soltar libres sin sentenciarlos; mas no lo consintieron los presos, como lo dice el Palentino, capítulo cuarenta por estas palabras.

Entendiendo esto algunos de los presos, sospecharon que los querian soltar sin sentencia, á fin de poder despues (en cualquier tiempo) volver al castigo. Y ansí algunos de los principales no quisieron que ansí se hiciese sin tener primero sentencia en su causa. Visto esto comenzó á despachar los presos, y condenó á Gomez de Solís en quinientos pesos para las guardas que habian tenido. Martin de Almendras fue condenado en otro tanto, y lo mismo Martin de Robles. Otros fueron condenados á docientos, y otros á ciento, otros á cincuenta y veinte, segun se juzgaba la posibilidad de cada uno; y no segun la pena que merecian.

Hasta aquí es de Diego Hernandez. Sin esto se apercibió el mariscal de armas: mandó que en las provincias comarcanas donde habia madera, se labrasen picas y se hiciese pólvora para lo que sucediese. Pocos dias despues le llegaron dos provisiones de los oidores; la una en que mandaban suspender por dos años el servicio personal de los indios, y las demas cosas que habian proveido en daño y perjuicio de los vecinos y soldados de aquel imperio: que bien veían los mismos gobernadores que estas cosas eran las que alteraban la tierra, y no los ánimos de los moradores della. La otra provision era que nombraban al mariscal por capitan general de aquella guerra contra Francisco Hernandez, con poder y general administracion para gastar de la hacienda de su magestad lo que fuese menester; y pedir prestado cuando faltase la del rey. El mariscal eligió capitanes de infantería y caballería, y los demas ministros que adelante nombrarémos. Convidó á Gomez de Alvarado con la plaza de maese de campo, mas él no lo aceptó, porque la pretendia un caballero, cuñado del mismo mariscal, hermano de su muger, que se decia don Martin de Avendaño, por quien la muger hacia grande instancia; de manera que el marido le concedió la plaza, aunque contra su voluntad, porque era muy mozo y con poca ó ninguna esperiencia de milicia. Mas él la proveyó así por no meter la guerra dentro en su casa. Mandó á los curacas que apercibiesen mucho bastimento para la gente, y previniesen ocho ó nueve mil indios para llevar cargas cuando caminase el ejército. Envió ministros á diversas partes á recoger la gente, armas y caballos, y esclavos que hallasen. Dejarlos hemos en sus prevenciones por decir de Francisco Hernandez Giron, que nos conviene acudir aquí, allí, y acullá, por ir con la sucesion de la historia.

Entre tanto que en la ciudad de los Reyes y en Potocsi pasaban las cosas referidas, Francisco Hernandez Giron no se descuidaba de lo que convenia á su empresa. Envió á Tomás Vazquez con cincuenta soldados bien armados á la ciudad de Arequepa para que en su nombre tomase la posesion della, y tratase con los vecinos, que el cabildo lo eligiese por capitan general y justicia mayor del reino como lo habia hecho el Cozco. Asimismo envió á Francisco Nuñez, vecino del Cozco, á quien con caricias y aplauso, y con una compañía de hombres de á caballo que le dió, lo hizo de su bando. Empero para hacer estas amistades, mas podia el miedo que los beneficios. Envió con él á Juan Gavilan, y otros cuarenta soldados que fuesen á la ciudad de Huamanca á que procurase y hiciese lo propio que Tomás Vazquez, y que dijese á aquella ciudad, que pues la una y la otra se habian conformado con su intencion y le habian enviado embajadores acerca dello, le concediesen por cabildo lo que ahora les pedia; porque era autorizar y calificar mas su hecho. Envió Francisco Hernandez estos sus capitanes á lo que hemos dicho, mas por dar nombre y fama por todo el imperio de que aquellas ciudades eran con él y de su bando, que por esperar ni imaginar que le habian de conceder lo que les pedia; porque bien sabia que aquellas dos ciudades se habian apartado y revocado todo lo que al principio de su levantamiento le habian enviado á decir y ofrecer. Sin la comision que dió á estos capitanes, les dió muchas cartas para personas particulares, vecinos de aquellas ciudades, y él escribió á los cabildos en su nombre aparte; y mandó que la ciudad del Cozco tambien les escribiese que favoreciesen aquel bando, pues era tan en provecho de todos ellos, y de todo el imperio. Hizo asímismo que tambien escribiese á la ciudad de la Plata lo que á las otras; y Francisco Hernandez en particular escribió á muchos vecinos de los Charcas, y al mariscal Alonso de Alvarado, y á su muger doña Ana de Velasco: cosas que son mas para reir que para hacer caso dellas; y así ninguno le respondió. Quien las quisiere ver, las hallará en la historia de Diego Hernandez pasado el capítulo veinte y siete.

CAPÍTULO VII.

Los capitanes y ministros que los oidores nombraron para la guerra. Los pretensores para el oficio de capitan general. Francisco Hernandez sale del Cozco para ir contra los oidores.

Los oidores determinaron elegir capitanes, oficiales y ministros para el ejército, porque supieron que Francisco Hernandez iba creciendo de dia en dia en gente, reputacion y autoridad. Nombraron á Pablo de Meneses por maese de campo; y por capitanes de caballos, á don Antonio de Rivera, y á Diego de Mora, y á Melchior Verdugo, del hábito de Santiago, y á don Pedro Luis de Cabrera. Estos dos últimos repudiaron las condutas por parecerles que merecian ser generales de otros mayores ejércitos. Por capitanes de infantería fueron nombrados, Rodrigo Niño el de los galeotes, Luis de Avalos, Diego Lopez de Zuñiga, Lope Martin, Lusitano, Antonio de Lujan, y Baltasar Velazquez (el que en la rebelion pasada de don Sebastian de Castilla se escapó de la justicia del mariscal Alonso de Alvarado, como atrás quedó apuntado). Salió por alferez general Lope de Zuazo; Melchior Verdugo que repudió su conduta, alcanzó que en su lugar entrase Pedro de Zarate. Y un vecino de Arequepa, llamado Alonso de Zarate, tambien fue nombrado por capitan de caballos. Eligieron por sargento mayor á Francisco de Piña; y por capitan de la guardia de los oidores á Nicolás de Rivera, el mozo; aunque porque no pareciese la presuncion tan al descubierto, dice el Palentino, que fue con cubierta y nombre de capitan de la guardia de el sello real. Todas son palabras suyas del capítulo veinte y ocho. A la eleccion de capitan general hubo mucha confusion, escándalo y alboroto, porque se declararon tres graves pretendientes, que cada uno de por sí escandalizó su parte. El uno fue el licenciado Santillan, oidor de su magestad. Este lo pretendia porque era el mas bien quisto de todos los oidores, y emparentado con muchos caballeros nobles que ganaron aquel imperio, que deseaban su eleccion. El segundo pretensor fue el arzobispo de los Reyes don Gerónimo de Loaysa. La causa que incitase á un religioso de la órden de los predicadores, y arzobispo de la Iglesia de Dios, á pretender ser capitan general de un ejército de cristianos, para hacer guerra á otros cristianos, no se supo. Los soldados mas atrevidos, y con ellos casi todos, decian que no habia sido otra la causa, sino ambicion y vanidad, que á un arzobispo y religioso mejor le estaba estarse en su iglésia orando por la paz de aquellos cristianos, y por la conversion y predicacion del Evangelio á los naturales de aquel imperio, que tan atajado lo tenia el demonio con aquellas guerras civiles. El tercer pretendiente fue el doctor Saravia, oidor de su magestad, de la misma audiencia. El cual aunque estaba desengañado de que no le habian de elegir, hizo mucha instancia en su pretension, así por favorecer con los de su bando al arzobispo Loaysa, como porque hubiese mas pretensores contra el licenciado Santillan, para que no fuese elegido; porque entre estos dos oidores habia emulacion y pasion secreta en su tribunal, y quisiera que ya que él no habia de salir elegido, saliera el arzobispo y no el licenciado Santillan. En esta confusion estuvieron algunos dias sin determinarse á ninguna de las partes. Mas viendo los electores (que eran dos oidores, y algunos vecinos graves de los Reyes) que se perdia tiempo y se menoscababa la autoridad del ejército, acordaron por bien de paz elegir dos generales porque se aplacasen los pretensores y sus bandos. El uno fue el licenciado Santillan, y el otro el arzobispo de los Reyes, que en elegirlo á él les pareció que satisfacian al doctor Saravia, pues era de su bando. En esta coyuntura les llegó nueva á los oidores, y aun cartas de los vecinos de el Cozco, de quiénes y cuántos iban á servir á su magestad. Mas los oidores estaban tan temerosos y tan sospechosos en aquella rebelion, que unos de otros no se fiaban, cuanto mas de los que venian de fuera, y de la parte rebelada que era el Cozco; y así les enviaron á mandar que hiciesen alto, y no pasasen adelante hasta que otra cosa se proveyese. Apenas habian despachado el mensagero con este recaudo, cuando cayeron en el yerro que hacian en repudiar y despedir de sí y del servicio de su magestad hombres tan principales como los que venian, que habian dejado desamparadas sus casas, mugeres y hijos por no ser con el tirano. Temieron que el desdén y el menosprecio que dellos hacian, los volviese al tirano, á mirar por sus casas y haciendas, mugeres y hijos, que tan sin respeto de el oficio paternal los habian dejado y desamparado en poder de sus enemigos. Y así luego á la misma hora despacharon un mensagero con un recaudo muy amigable, agradeciéndoles mucho su venida con las mejores palabras que se sufrió decir. Mandaron al mensagero que se diese priesa en su camino, y alcanzando al primero, le pidiese los recaudos que llevaba y los consumiese que nadie supiese de ellos; y así se hizo todo como se ordenó, y los vecinos del Cozco llegaron á los Reyes, do fueron muy bien recebidos y acariciados como lo merecian.

Hecha la eleccion de los capitanes y generales, enviaron los oidores provisiones á todas las demas ciudades del imperio, avisándolas del levantamiento de Francisco Hernandez Giron, y previniéndoles se aprestasen para el servicio de su magestad. Enviaron nombrados los capitanes que en cada pueblo habian de ser, así de caballos como de infantes. Mandaron pregonar un perdon general para todos los que hubiesen sido culpados en las guerras pasadas de Gonzalo Pizarro y en las de don Sebastian de Castilla, con que viniesen á servir á su magestad; porque supieron que de los unos y de los otros habia muchos escondidos entre los indios que no osaban vivir en el pueblo de españoles. Entre estas provisiones y prevenciones, la primera fue poner recaudo en la mar y señorearse de ella; para lo cual nombraron á Lope Martin que con cuarenta soldados se metiese en un buen galeon que habia en el puerto de aquella ciudad, y mirase por los demas navíos que en él habia. Lope Martin lo hizo así, mas duró pocos dias en el oficio, que no fueron ocho; porque su condicion era mas colérica que flemática. Sucedióle en el cargo Gerónimo de Silva, el cual lo administró como caballero y soldado de mar y tierra; y Lope Martin se volvió á su conduta de infantería, donde los dejarémos por decir de Francisco Hernandez Giron.

El cual viéndose poderoso de gente que le habian acudido de diversas partes, mas de cuatrocientos hombres, sin los que envió á Huamanca y Arequepa, determinó ir á la ciudad de los Reyes á buscar el ejército de los oidores: que él nunca le llamó de otra manera sino ejército de los oidores, por decir que si fuera de su magestad no fuera contra él. Sacó mas de cuatrocientos hombres consigo bien armados y encabalgados, con mucha municion y bastimento, y todo recaudo de armas. Aunque por otra parte iba con pena, dolor y angustia, de ver que no le acudian las ciudades, pueblos y lugares de aquel imperio como lo habia imaginado; siendo su demanda, como él decia, en favor y honra de todos ellos. Antes que se determinase de ir á los Reyes, estuvo dudoso si iria primero contra el mariscal; lo cual le fuera mas acertado para su empresa; porque toda la gente que el mariscal tenia estaba descontenta, así los leales servidores de su magestad como los no leales por el rigor de la justicia pasada; porque muchos de los muertos eran parientes, amigos, y de una misma patria de los leales. Los cuales habian sentido muy mucho la pérdida de los mas dellos, que como ellos decian habia sido mas por sobra de castigo, que por abundancia de delitos. Decian todos los mas esperimentados de la milicia, que si Francisco Hernandez acometiera primero al mariscal le fuera mejor; porque con gente descontenta ningun capitan puede hacer cosa buena. El Palentino hablando en esto, capítulo sesenta, dice lo que se sigue: tuvo Francisco Hernandez adversidad y revés en no elegir antes la ida de Potocsi que no de Lima para señorearse de aquellas provincias, lo cual sin duda le estuviera mejor; porque si fuera contra el mariscal que (tan mal quisto era en aquella sazon) ninguno de los que con él iban le dejáran, como lo hicieron viniendo á Lima. Ni aun tampoco los del mariscal le resistieran, ni tuvieran aparejo para ello por la tardanza que hubo en aprestarse para la guerra, y por los muchos enemigos que el mariscal cabe si tenia &c.

Hasta aquí es de aquel autor. No permitió Dios que Francisco Hernandez acertase en este paso; porque los males y daños que sucedieran fueran irremediables. Siguió el viage de Lima como lo dirá la historia. El licenciado Alvarado, su maese de campo, se quedó en la ciudad á sacar la demas gente que quedaba, porque no pudieron salir todos juntos. Francisco Hernandez Giron, antes de salir del Cozco, usó de una generosidad, y fue dar licencia y permitir que todos los vecinos que quisiesen quedarse en sus casas y no ir con él, lo pudiesen hacer libremente. Hizo esto por parecerle que no les habia agradado su empresa; porque no se le mostraron buenos amigos, y no queria en su compañía gente sospechosa, principalmente si eran vecinos; porque era gente poderosa y habian de ser muchos soldados con ellos en cualquiera ocasion que se ofreciese. Solo á Diego de Silva rogó é importunó que acompañase su ejército para darle valor y autoridad con la de su persona. Diego de Silva obedeció mas de temor que de amor, y así en pudiendo se fue á los suyos como adelante verémos. De manera que fueron seis los vecinos que salieron del Cozco con Francisco Hernandez, los tres que con él se hallaron la noche de su rebelion, que fueron Tomás Vazquez y Juan de Piedrahita, Alonso Diaz; y los otros tres los adquirió despues con caricias y oficios de capitanes; á Francisco Nuñez con una compañía de caballos; y á Rodrigo de Pineda con otra de infantería; y á Diego de Silva, como hemos dicho, con palabras de amistad que encubrian la amenaza. Pasados ocho dias de la ida de Francisco Hernandez, salió de la ciudad su maese de campo con mas de docientos soldados. Entre ellos llevó á Francisco de Hinojosa, que pocos dias antes habia venido de Contisuyu con mas de veinte soldados, que todos los que tenian este nombre soldado, deseaban favorecer y seguir el bando de Francisco Hernandez Giron; y así le acudieron muchos porque eran en favor dellos contra las muchas provisiones que los oidores pregonaban en perjuicio de soldados y vecinos. Sin Hinojosa vino otro soldado de la parte de Arequepa, que se decia Juan de Vera de Mendoza, que habia estado con los del bando del rey: era mozo y muy caballero; y como mozo, aunque no tenia grados de soldado, deseaba con grande ansia ser capitan; y como los del rey no lo eligieron por tal, vino con un amigo suyo, que se decia Mateo Sanchez, al Cozco, donde estaba Francisco Hernandez: y esto pasó pocos dias antes de la salida de Francisco Hernandez, por gozar de nombre de capitan, y su compañero de nombre de alferez; trujeron un paño de manos puesto en una vara en lugar de bandera, con intencion y deseo de que Francisco Hernandez, como capitan general, les confirmase los nombres al uno y al otro. Dirémos en el capítulo que se sigue el suceso de aquellas jornadas.

CAPÍTULO VIII.

Juan de Vera de Mendoza se huye de Francisco Hernandez. Los del Cozco se van en busca de el mariscal. Sancho Dugarte hace gente y se nombra general de ella. El mariscal le reprime. Francisco Hernandez llega á Huamanca. Tópanse los corredores de el un campo y de el otro.

El maese de campo Alvarado alcanzó á su general ocho leguas de la ciudad del Cozco, porque le esperó allí hasta que llegase: siguieron todos juntos su camino, y pasaron el rio Apurimac, y pasaron dos leguas dél á hacer noche. Tardaron en pasar la puente cuatro dias, por la mucha gente, cabalgaduras, municion y bastimento que llevaban. Viendo Juan de Vera de Mendoza que habia mas de quince dias que habia entrado en el ejército de Francisco Hernandez Giron, y que no le promovian ni confirmaban el nombre de capitan que traía, le pareció dejar á Francisco Hernandez, y volverse á los de él rey: que parece mas entremés de farsantes, que hecho de soldados, y por tal lo contamos. Concertó Juan de Vera con otros cuatro soldados tan mozos como él y con su compañero, que por todos fueron seis de huirse aquella noche; y así lo pusieron por obra, y volvieron hácia la puente á toda diligencia; y habiéndola pasado, la quemaron luego por asegurarse de los que podian seguirles. Llegaron al Cozco la noche siguiente, y entraron dando arma; de manera que toda la ciudad se alborotó, temiendo que volvian los tiranos á hacarles algun mal; y así no osó salir nadie á la plaza. Luego que amaneció, sabiendo que era el capitan Juan de Vera de Mendoza, que todavía traía su bandera alzada, salieron los vecinos á él, acordaron entre todos de irse donde el mariscal estaba, que bien sabian que tenia hecho un buen ejército. Eligieron por capitan que los gobernase á Juan de Saavedra, vecino de la ciudad. Juan de Vera de Mendoza determinó aderezarse con los suyos por no ir debajo de otra bandera sino de la suya: y aunque llegó donde estaba el mariscal, no le mejoraron la bandera, ni le dieron nombre de capitan. Así que sus diligencias no le aprovecharon mas que de publicar sus deseos pueriles. Los del Cozco se juntaron, y entre todos se hallaron menos de cuarenta hombres; los quince eran vecinos que tenian indios; y los demas eran mercaderes y oficiales, que por inútiles los habian dejado los tiranos. Todos caminaron hácia el Collao donde estaba el mariscal Alonso de Alvarado. El cual sabiendo que los vecinos del Cozco iban á buscarle, envió á mandarles que no saliesen de su juridicion, sino què lo esperasen en ella que él iba en busca de ellos.

Sancho Dugarte, que entonces era corregidor de la ciudad de la Paz, hizo gente para servir á su magestad; alzó bandera, fue hácia el Cozco con mas de docientos hombres en dos compañías, la una de infantes, y por capitan Martin de Olmos; y la otra de caballos, de los cuales se nombró capitan con renombre de general. Llegó á la puente de el desaguadero, donde estuvo pocos dias; y sabiendo que Francisco Hernandez habia salido de el Cozco, y que iba á los Reyes, pasó adelante en su camino con intencion de llegar al Cozo, é ir adelante en seguimiento de Francisco Hernandez; porque cada uno pretendia mandar, y no ser mandado; y su intencion era ir huyendo de el mariscal por no ser su soldado. Lo cual sabido por él, le envió un recaudo duplicado. El primero fue una carta, pidiéndole por ella que se volviese á su juridicion y le esperase en ella; porque no convenia al servicio de su magestad que hubiese tantos ejércitos diminuidos. Con la carta dió al mensagero (como capitan general) un mandamiento riguroso; y mandó al que lo llevaba, que si Sancho Dugarte no hiciese lo que por la carta le pedia le notificase el mandamiento. Lo cual se hizo así; y Sancho Dugarte volvió muy obediente á entrarse en su juridicion; aunque antes de ver el mandamiento habia tentado eximirse de la carta y seguir su pretension. Dejarlos hemos en este puesto, por decir de Francisco Hernandez Giron que lo dejamos en Apurimac. El cual siguió su camino; y en Athauylla supo que todos los vecinos y soldados de Huamanca se habian ido á servir al rey; y que Juan Alonso de Badajoz, maese de campo que se habia nombrado de aquella gente, iba con el capitan Francisco Nuñez; y con los pocos soldados que este capitan sacó de el Cozco para venir á Huamanca. De lo cual Francisco Hernandez se sintió malamente, y se quejó á los suyos de que las ciudades que á los principios habian aprobado su hecho, ahora le negasen con tanta facilidad y sin causa alguna. Pasó en su viage hasta el rio Villca, donde los suyos descubrieron corredores del ejército de su magestad; porque los oidores sabiendo que Francisco Hernandez iba hácia ellos, proveyeron al capitan Lope Martin que fuese cuadrillero de treinta soldados, y procurase saber nuevas del enemigo, y en qué parage quedaba; y volviese con diligencia á dar aviso de todo. Así lo cumplió Lope Martin, que luego que vió los contrarios, se volvió retirando, y dió nueva de donde quedaban. Francisco Hernandez siguió su camino hasta la ciudad de Huamanca, donde paró por esperar á Tomás Vazquez; porque cuando le envió á Arequepa le dijo que no pasaria de aquella ciudad hasta que él volviese. Tomás Vazquez habiendo hecho poco mas que nada en Arequepa, se volvió por la costa hasta alcanzar á Francisco Hernandez; que aunque aquella ciudad al principio de este levantamiento, entendiendo que todos los vecinos de el Cozco eran á una para elegir procurador general que hablase y pidiese á su magestad y á la audiencia real lo que bien les estuviese, envió su embajador al Cozco como atrás se dijo; pero sabiendo despues que era particular tiranía, se arrepentió de lo hecho, y todos sus vecinos se fueron á servir á su magestad; y así Tomás Vazquez no hallando con quien negociar, se volvió á su general en blanco; y por no ir tan en blanco, mató en el camino á Martin de Lezcano, que era gran compañero suyo, porque tuvo sospecha dél que queria matarle y alzar bandera por su magestad. Ahorcó á otro soldado principal, que se decia Alonso de Mur, porque imaginó que se queria huir habiendo recebido de Francisco Hernandez cabalgadura y socorro. Sabiendo Francisco Hernandez que Tomás Vazquez iba cerca de la ciudad, salió á recebirle con golpe de gente sin órden de guerra ni concierto, y así entraron todos juntos. Hizo esto Francisco Hernandez porque no se viese ni se supiese la poca gente que Tomás Vazquez traía consigo. El capitan Francisco Nuñez, que salió del Cozco con cuarenta soldados para tomar posesion de Huamanca, y hacer los demas autos que le fue mandado, halló en ella lo mismo que Tomás Vazquez en Arequepa, que todos los vecinos arrepentidos de su primera determinacion se huyeron á los Reyes á servir á su magestad: solo quedó con él Juan Alonso de Badajoz, y Sancho de Tudela, un viejo de ochenta y seis años que siguió á Francisco Hernandez hasta que se acabó su tiranía, y despues della le mataron por él.

Con estos dos y con sus pocos soldados salió Francisco Nuñez á recebir á su general, y le halló muy sentido de que le negasen los que al principio habian aprobado su empresa. Para alivío de esta congoja de Francisco Hernandez, se fueron á él dos soldados famosos de Lope Martin, que el uno dellos fue despues alferez del maese de campo licenciado Alvarado; de los cuales soldados se informó Francisco Hernandez de todo lo que deseaba saber del campo de su magestad; y habiéndose informado salió de Huamanca con mas de setecientos hombres de guerra: llegó al valle de Sausa, envió dos cuadrilleros capitanes suyos que fuesen á correr por diversas partes. El uno fue Juan de Piedrahita, que llevó sesenta soldados; y el otro Salvador de Lozana, que llevó otros cuarenta. Del campo de su magestad enviaron á Gerónimo Costilla, vecino del Cozco, con veinte y cinco soldados, que fuese á correr la tierra y saber donde quedaba el enemigo. Acertó á ir por el camino que Juan de Piedrahita traia, y sabiendo que estaba cuatro leguas de allí, y que eran sesenta soldados los del enemigo, se retiró no pudiendo resistirle. Por otra parte, sabiendo Piedrahita por el aviso de los indios (que como hemos dicho hacen á dos manos) que Gerónimo Costilla estaba tan cerca dél, y la poca gente que traia, dió una trasnochada, y al amanecer llegó donde estaban; y hallándolos desapercebidos los desbarató, y prendió tres dellos, y se volvió con ellos á su ejército.

CAPÍTULO IX.

Tres capitanes del rey prenden á otro del tirano, y á cuarenta soldados. Remítenlos á uno de los oidores. Francisco Hernandez determina acometer al ejército real: húyensele muchos de los suyos.

Como los sucesos de la guerra sean varios y mudables, sucedió que yéndose retirando Gerónimo Costilla, topó con Gerónimo de Silva que los oidores habian enviado en pos dél; y retirándose ambos, porque sospechaban que Francisco Hernandez con todo su ejército iba en seguimiento dellos, acertaron á prender un indio de servicio del capitan Salvador de Lozana, y apretándole en las preguntas que le hicieron, supieron que su señor Lozana estaba en tal puesto, y el número de la gente que tenia. Con lo cual avisaron á los oidores, y pidieron gente para ir sobre él y prenderle. Los oidores proveyeron que Lope Martin fuese con sesenta hombres al socorro; los cuales juntándose con Gerónimo Costilla, y Gerónimo de Silva, se dieron tan buena maña, que aunque los contrarios eran famosos soldados, y todos llevaban arcabuces y estaban en un fuerte, los rindieron prometiéndoles perdon de sus delitos si se pasaban al rey. Los cuales se desordenaron y salieron de su fuerte, y se dejaron prender todos, que no escapó mas de uno que llevó la nueva á Francisco Hernandez Giron. El cual sintió aquella pérdida muy mucho; porque hacia mucha confianza de Lozana, y los soldados eran de los escogidos de su campo. Llevaron los presos al ejército del rey: los oidores mandaron que los ahorcasen todos. Lo cual sabido por los soldados de su magestad, se querellaron del auto diciendo, que ellos no saldrian á correr la tierra, ni hacer otra cosa alguna que contra los enemigos se les mandase; porque tambien los contrarios como los oidores, ahorcarian los que prendiesen aunque no hubiesen hecho por qué. Esta querella de los soldados favorecieron algunos capitanes por dar contento á sus soldados, y suplicaron á la audiencia se moderase el mandato. Con lo cual por quitarlos del ejército, enviaron á Lozana y á los suyos al licenciado Altamirano, oidor de su magestad que estaba en la mar, que hiciese dellos lo que bien visto le fuese. El cual mandó ahorcar á Lozana y á otros dos de los mas culpados; y los demas desterró de el reino.

Francisco Hernandez Giron, aunque lastimado de la pérdida del capitan Lozana y de sus soldados, pasó adelante con su ejército, confiado en las trazas y ardides de guerra que llevaba imaginadas. Llegó al valle de Pachacamac, cuatro leguas de la ciudad de los Reyes, donde llamó á consulta para determinar lo que se hubiese de hacer. Entre otras cosas determinó con los de su consejo, que una noche de aquellas primeras acometiesen al ejército real (que estaba fuera de la ciudad) llevando por delante las vacas que habia en aquel valle, que eran muchas, con mechas encedidas atadas á las cuernas, y con muchos indios y negros, y algunos soldados arcabuceros que fuesen con ellas aguijándolas para divertir el escuadron del rey, y acometerle por donde mejor les estuviese. Esto quedó determinado entre ellos para ejecutarlo de allí á cuatro noches.

Hallóse en esta consulta Diego de Silva, vecino del Cozco, á quien Francisco Hernandez, como atrás dijimos, pidió que autorizase su campo con su compañía, y por obligarle mas le llamaba á todas sus consultas. Los corredores del un ejército y del otro se vieron luego y avisaron de lo que habia. Los oidores y sus dos generales se apercibieron para cualquier suceso que se ofreciese; los capitanes hicieron lo mismo, que tenian sus soldados bien ejercitados, que muchos dias habia escaramuza entre ellos; y otros dias les mandaba tirar al terrero, señalando joyas y preseas para los mejores tiradores. Habia en este campo mas de mil y trecientos soldados, los trecientos de á caballo y cerca de seiscientos arcabuceros, y otros cuatrocientos y cincuenta piqueros.

Es de saber que teniendo nueva los oidores que Francisco Hernandez Giron pasaba de Huamanca y que iba á buscalles, les pareció que sería bien agradar á los suyos, y aplacar toda la demas comunidad de vecinos y soldados de la tierra, con suspender las provisiones que habian mandado pregonar acerca del servicio personal de los indios, y de que no los cargasen por los caminos, ni caminasen los españoles con indias ni indios aunque fuesen criados suyos, y otras cosas de que todos los moradores de aquel imperio estaban muy agraviados y descontentos. Por lo cual acordaron los oidores suspenderlo todo, y consultaron con todos los vecinos que consigo tenian, y acordaron que para mayor satisfacion dellos, eligiesen dos procuradores que en nombre de todo aquel imperio viniesen á España á suplicar á su magestad, y pedirle lo que bien les estuviese. Eligieron á don Pedro Luis de Cabrera, vecino del Cozco, que como atrás hemos dicho, por su mucho vientre era impedido para andar en la guerra, y á don Antonio de Rivera, vecino de Rimac, por tales procuradores; los cuales se aprestaron para venir á España. Don Antonio de Rivera llegó á ella, y Don Pedro Cabrera paró en el camino y no pasó adelante.

Dos dias despues que Francisco Hernandez llegó á Pachacamac salió parte de su gente á escaramuzar con los del rey: trabóse poco á poco la escaramuza, y fue creciendo mas y mas; porque de la una parte y de la otra habia muy buenas ganas de probar las fuerzas del contrario. Salió á ella Diego de Silva mostrándose mucho del bando de Francisco Hernandez; mas viendo buena coyuntura, se pasó al campo de su magestad, y llevó consigo otros cuatro soldados famosos; uno dellos, llamado fulano Gamboa, era alferez del capitan Nuño Mendiola: el alferez con su huida causó mucho mal á su capitan, como adelante dirémos. Sin los de Diego de Silva se huyeron aquel dia otros muchos soldados, y se pasaron al rey, con lo cual cesó la escaramuza.

Lo mismo hicieron el dia siguiente y los demas que Francisco Hernandez estuvo en Pachacamac, que de veinte en veinte, y de treinta en treinta, se pasaban al rey sin poderlo remediar los contrarios; lo cual visto por Francisco Hernandez Giron, determinó retirarse y volverse al Cozco antes que todos los suyos le desamparasen; porque la traza de acometer con las vacas por delante, le pareció que no seria de ningun provecho; porque ya Diego de Silva habria dado aviso della, y los oidores estarian prevenidos para resistirle y ofenderle.

Con esta determinacion hizo una liberalidad, mas por tentar y descubrir los ánimos de los suyos, que por hacer magnificencia. Díjoles que los que no gustasen de seguirle se pasasen luego al campo de los oidores, que él les daba toda libertad y licencia. Algunos la tomaron, pero eran de los muy inútiles; mas no por eso dejó el maese de campo licenciado Alvarado de quitarles las cabalgaduras, y las armas, y los vestidos si eran de algun provecho para los suyos. Así salió Francisco Hernandez del valle de Pachacamac con el mejor concierto que pudo, que lo ordenó mas de miedo de los suyos, que no se le huyesen, que de temor de los contrarios que le siguiesen: porque era notorio que por haber tantos que mandaban en el campo de los oidores, no se determinaba cosa alguna con tiempo y sazon como era menester segun verémos luego.

CAPÍTULO X.

Francisco Hernandez se retira con su ejército. En el de su magestad hay mucha confusion de pareceres. Un motin que hubo en la ciudad de Piura, y cómo se acabó.

Francisco Hernandez salió de Pachacamac con determinacion de retirarse, y así lo hizo: dejaron en el alojamiento sus soldados cosas inútiles que no pudieron llevar: todo lo cual saquearon los del rey, saliendo desmandados de su ejército. Los oidores entraron en consulta con los que eran del consejo de guerra, que demas de los capitanes llamaban muchos vecinos del reino, los cuales como mas esperimentados eran mas acertados; pero en tanta multitud de pareceres, cada uno pretendia y hacia fuerza para que el suyo saliese á plaza. Determinaron al fin de muchos pareceres que Pablo de Meneses con seiscientos hombres, los mejores de el campo, siguiese á Francisco Hernandez á la ligera. Estando otro dia la gente apercebida para salir, mandaron los dos generales que no llevase mas de cien hombres, diciendo que no era bien que el campo quedase tan desflorado de gente útil y lucida. Los oidores y los consejeros remediando esta variedad, volvieron á mandar que llevase los seiscientos hombres que estaban elegidos. Sobre lo cual sucedió lo mismo que el dia antes que los generales desmandaron lo mandado, y que no llevase mas de cien hombres para dar arma al enemigo y recoger los que quisiesen huirse dél. Así salió Pablo de Meneses bien desabrido y descontento de tanta mudanza de provisiones y de tanto rigor de los generales, que aun no consintieron que fuesen con él algunas personas particulares, amigos suyos, que deseaban acompañarle. Dejarlos hemos por contar lo que en estos mismos dias pasó en la ciudad de San Miguel de Piura.

En aquella ciudad vivia un soldado de buen nombre y de buena reputacion, llamado Francisco de Silva. Los oidores, como atrás se dijo, enviaron sus provisiones á todos los corregidores de aquel reino, avisándoles del levantamiento de Francisco Hernandez Giron, mandándoles que se apercibiesen y llamasen gente para resistir y castigar al tirano. El corregidor de Piura, llamado Juan Delgadillo, dió su comision á Francisco de Silva, y le mandó que fuese á Tumpiz, y por aquella costa recogiese los soldados que hallase y los trujese consigo. Francisco de Silva fue como se le mandó, y volvió á Piura con una escuadra de veinte y seis ó veinte y siete soldados: los cuales habiendo estado en aquella ciudad doce ó trece dias, viendo que no les daban posada, ni de comer, y que ellos eran pobres que no podian mantenerse, fueron al corregidor llevando por caudillo á Francisco de Silva, y le suplicaron les diese licencia para ir á la ciudad de los Reyes á servir á su magestad en aquella ocasion. El corregidor se la dió, aunque forzado de ruegos é importunidades que toda la ciudad le hizo. Estando los soldados otro dia para caminar, el corregidor sin ocasion alguna, revocó la licencia y les mandó en particular que se fuesen á sus posadas, y no saliesen dellas ni de la ciudad sin licencia suya. Francisco de Silva y sus compañeros viendo que no les aprovechaban ruegos ni protestaciones que al corregidor hicieron, acordaron entre todos de matarle y saquear la ciudad, é irse á servir á Francisco Hernandez Giron, pues no les dejaban ir á servir á su magestad. Con este concierto y bien apercebidos de sus armas, fueron doce ó trece dellos á casa del corregidor, y lo prendieron y mataron á un alcalde de los ordinarios. Robaron la casa del corregidor, donde hallaron arcabuces, montantes, espadas y rodelas, lanzas y partesanas, y pólvora en cantidad. Sacaron el estandarte real: pregonaron que saliesen todos so pena de la vida á meterse debajo de la bandera. Decerrajaron la caja real; robaron lo que habia dentro, hasta la hacienda de difuntos: lo mismo hicieron por todas las casas de la ciudad, que las saquearon sin dejar en ellas cosa que les fuese de provecho: y con la venida de un soldado, que en aquella coyuntura llegó á Piura, que iba desterrado de Rimac, y se huyó en el camino, publicaron y echaron fama (concertándolo primero con el soldado) que dijese que Francisco Hernandez Giron venia muy pujante á la ciudad de los Reyes, y que todo el reino era en su favor hasta el oidor Santillan, que se le habia pasado con muchos amigos y deudos suyos. Sin esto dijo otras mentiras tan grandes y mayores, si mayores podian ser. Con lo qual quedaron los tiranillos mas ufanos que si fueran verdades, y ellos señores del Perú. Y porque el soldado dijo que deseaba ir en busca de Francisco Hernandez Giron para servirle, tomaron todos el mismo deseo y lo pusieron por obra.

Llevaron al corregidor preso con una buena cadena de hierro, y otros ocho ó nueve vecinos y hombres principales de aquella ciudad en colleras y cadenas, como los que llevan á galeras. Así caminaron mas de cincuenta leguas con toda la desvergüenza posible hasta que llegaron á Cassamarca; donde hallaron dos españoles que vivian de su trabajo y grangería, de los cuales supieron el estado de Francisco Hernandez Giron; y como iba huyendo y los oidores en pos dél, y que á aquella hora estaria ya el tirano muerto y consumido. Con las nuevas quedaron del todo perdidos. Francisco de Silva y sus compañeros lloraron su locura y desatino, acordaron volverse á la costa para huirse en algun navío si lo pudiesen haber. Soltaron al corregidor y á los demas presos bien desacomodados, porque no pudiesen hacerles daño. Y los tiranos que eran mas de cincuenta, se dividieron en cuadrillas pequeñas de tres, cuatro compañeros cada una, por no ser sentidos por do quiera que pasasen.

El corregidor viéndose libre, llamó gente con la voz del rey, prendió algunos dellos y los hizo cuartos. Los oidores sabiendo las desvergüenzas y atrevimientos de aquellos hombres enviaron un juez llamado Bernardino Romani á que los castigase; el cual prendió y ahorcó casi todos ellos, algunos echó á galeras. Francisco de Silva y otros compañeros suyos, se fueron á Trujillo, y entraron en el convento del divino San Francisco, y tomaron su hábito, y con él salieron de aquella ciudad y fueron á la mar, y se embarcaron en un navío que los sacó fuera de aquel imperio con que escaparon sus vidas.

En estos mismos dias vino del reino de Chile un vecino de la ciudad de Santiago, llamado Gaspar Orense, con las nuevas tristes y lamentables del levantamiento de los indios araucos de aquel reino, y la muerte del gobernador Pedro de Valdivia y de los suyos; de que dimos larga cuenta en el libro séptimo de la primera parte de estos nuestros comentarios. Las cuales nuevas sintieron muy mucho todos los del Perú, por la alteracion de los indios: la cual se principió á los postreros dias del año de mil y quinientos y cincuenta y tres, y hoy que es casi el fin del año de mil y seiscientos y once (cuando escribimos esto) no se ha acabado la guerra; antes están aquellos indios mas soberbios y pertinaces que á los principios, por las muchas victorias que han habido, y ciudades que han destruido. Dios nuestro Señor lo remedie como mas á su servicio convenga. Quizá en el libro siguiente dirémos algo de aquellas hazañas de los araucos.

CAPÍTULO XI.

Sucesos desgraciados en el un ejército y en el otro. La muerte de Nuño Mendiola, capitan de Francisco Hernandez, y la de Lope Martin, capitan de su magestad.

Volviendo á los sucesos del Perú, decimos: que Francisco Hernandez Giron habiendo salido de Pachacamac, caminaba muy recatado con escuadron formado y recogida su gente y bagage, como hombre temeroso que sus contrarios no le siguiesen y persiguiesen hasta acabarle. Mas cuando vió que los primeros tres y cuatro dias no le seguian, y supo por sus espías la mucha variedad de opiniones que habia en cada consulta que sus contrarios hacian, y que lo que los oidores ordenaban y proveian los generales lo desmandaban y descomponian, y que en todo habia confusion, bandos y diferencias, se alentó y caminó con mas seguridad y menos sobresalto. Mas no por eso dejaron de sucederle enojos y pesadumbre con sus mayores amigos: que en llegando al valle llamado Huarcu, ahorcó dos soldados principales de los suyos, no mas de por sospecha que se querian huir, que ya entre ellos no era menester otro fiscal sino la sospecha para matar al mas confiado. Pasando Francisco Hernandez mas adelante en su jornada, llegó al valle llamado Chincha, abundante de comida y de todo regalo, donde el capitan Nuño Mendiola le dijo: que sería bien que pasasen allí tres ó cuatro dias para que la gente descansase y se proveyese de lo necesario para el camino. Francisco Hernandez no quiso admitir el consejo, y mirando en quien se lo daba, le pareció que el Mendiola no habia hecho buen semblante al repudio del consejo: á lo cual no faltaron otros buenos terceros que dijeron á Francisco Hernandez que Mendiola se quería pasar al rey. Lo cual creyó el tirano con mucha facilidad, trayendo á la memoria que su alferez Gamboa se habia huido con Diego de Silva pocos dias antes, y que debió de llevar recaudos á los oidores, para asigurar la ida de su capitan cuando se huyese. Sola esta sospecha bastó para que Francisco Hernandez mandase á su maese de campo que le quitase las armas y caballo, y le dejase ir donde quisiese. Mas el maese de campo cumplió el mandato hasta quitarle la vida: y así acabó el pobre capitan Nuño Mendiola, que tal paga le dieron con ser de los primeros confederados con el tirano. Demas de lo dicho no dejaron de írsele algunos soldados á Francisco Hernandez Giron, que fueron á parar con Pablo de Meneses, y le dijeron, que Francisco Hernandez iba muy desbaratado; que se le habia huido mucha gente, que casi no llevaba trecientos hombres, llevando mas de quinientos.

Con estas nuevas se esforzó Pablo de Meneses, y consultó con los suyos de dar una trasnochada en los enemigos y desbaratarlos; y teniéndolo así determinado, yendo ya marchando en su jornada, advirtieron en la que fuera razon que miráran antes, que fue ver que no llevaban maiz para sus cabalgaduras ni sabian de donde haberlo. Entonces se ofreció un soldado de los que se habian huido de Francisco Hernandez, llamado Francisco de Cuevas, diciendo: que él sabia donde habia mucho maiz y traeria cuanto fuese menester. Pablo de Meneses lo envió con una docena de indios que los trujese cargados de maiz. El soldado hizo su viage y envió los indios con el maiz y les dijo: que en acabando de comer su caballo iria en pos dellos, y cuando se vió solo, en lugar de irse á Pablo de Meneses, se fue á Francisco Hernandez y le dió cuenta de los enemigos, cuantos eran, y como iban determinados á dar sobre él la noche venidera; pidióle perdon de habérsele huido: dijo que entendia que habia sido permision de Dios, para que le diese noticia de la venida de sus enemigos, porque no le tomasen de sobresalto. El volverse aquel soldado á Francisco Hernandez, fue porque uno de los de Pablo de Meneses hablando en general de los tiranos, dijo que el mejor librado dellos acabada la guerra, aunque se hubiese pasado al rey, habian de ir azotados á galeras. Lo cual oido por aquel soldado, acordó volverse á su capitan, y para merecer perdon, le dió cuenta de todo lo que sabia. Francisco Hernandez se apercibió luego y estuvo toda aquella tarde y la noche siguiente puesto en escuadron esperando sus enemigos. Pablo de Meneses y Lope Martin y todos los suyos, viendo que Francisco de Cuevas no volvia, sospecharon lo que fue, que se habia vuelto á Francisco Hernandez y avisádole de como iban á buscarle, y que el enemigo sabiendo cuán pocos eran vendria á buscarlos. Acordaron retirarse; mandaron que caminase luego la gente á un pueblo llamado Villacori, que está cinco leguas de donde ellos estaban, que era en el rio de Yca: y que treinta de á caballo de los mejores caballos quedasen en retaguardia, para dar aviso de lo que fuese menester. A esto se ofreció el capitan Lope Martin de quedar con otros tres compañeros, para mirar por los enemigos y servir de centinela y corredores, para dar aviso de lo que fuese menester. Con esto se fue Pablo de Meneses, y todos los suyos le siguieron hasta Villacori, y Lope Martin y sus compañeros se subieron á un cerro alto que está sobre el rio de Yca, para descubrir mejor á los enemigos. Pero salióles en contra porque todo aquel valle tiene mucha arboleda, que no deja ver lo que hay debajo della. Estando así atentos acertó un indio Cañari de los de Francisco Hernandez á ver á Lope Martin y á sus tres compañeros, y dió aviso dello á los suyos. Los cuales salieron por la una banda y por la otra del cerro do estaba Lope Martin, para tomarle las espaldas, y así lo hicieron, que Lope Martin y los suyos mirando á lejos no vieron lo que tenian cerca de sí. Pudieron los enemigos hacer bien este lance, porque aquel rio pasa por debajo del cerro (donde estaba Lope Martin) y se entra tan debajo dél, que de lo alto no se descubre la gente que por el un lado y el otro del cerro pasa hasta que están en lo alto dél. Yo y otros compañeros, caminando por aquel camino, subimos aquel cerro para ver como le sucedió á Lope Martin y á los suyos la desgracia que luego dirémos; y vimos que habiéndose puesto donde se pusieron, no pudieron ver subir los enemigos hasta que les tuvieron ganadas las espaldas. Viéndose atajados Lope Martin y sus compañeros, dieron en huir por una parte y otra dél camino, y aunque hicieron sus diligencias, no pudieron escaparse los tres dellos, que fueron presos, y entre ellos Lope Martin: y no le conociendo los enemigos, llegó un moro berberisco que habia sido de Alonso de Toro, cuñado de Tomás Vazquez, que eran casados con dos hermanas, y le dijo á Alonso Gonzalez que mirase que era Lope Martin el que llevaban preso. Regocijáronse con la buena nueva del prisionero, y lleváronselo á Francisco Hernandez Giron; mas él no lo quiso ver: antes acordándose de la muerte de su capitan Lozana, que el oidor Altamirano mandó ahorcar, dijo que con toda brevedad lo matasen y á otro soldado de los que con él prendieron, que se le habia huido á Francisco Hernandez; todo se cumplió así.

A Lope Martin cortaron la cabeza, y la pusieron en la punta de una lanza, y la llevaron por trofeo y estandarte á la jornada de Villacori, que luego dirémos. Así acabó el buen Lope Martin, de los primeros conquistadores de aquel imperio, que se halló en la prision de Atahuallpa, y fue vecino de la ciudad del Cozco.

CAPÍTULO XII.

Los oidores envian gente en socorro de Pablo de Meneses. Francisco Hernandez revuelve sobre él: y le da un bravo alcance. La desgraciada muerte de Miguel Cornejo. La lealtad de un caballo con su dueño.

Yendo Pablo de Meneses como atrás se dijo siguiendo á Francisco Hernandez Giron, escribió á los generales del ejército, que eran el oidor Santillan, y el arzobispo de los Reyes don Gerónimo de Loaysa; que porque el enemigo llevaba mucha gente y él iba con falta della, le enviasen socorro con toda brevedad; porque pensaba de aquel viage destruir al tirano. Los generales cumplieron luego su demanda, que le enviaron mas de cien hombres muy bien armados y apercebidos, y entre ellos fueron muchos vecinos de los Reyes, del Cozco, Huamanca y Arequepa; y con la diligencia que en su camino hicieron llegaron á Villacori poco antes que Pablo de Meneses entrase en él, donde se alentaron los unos y los otros con verse juntos: supieron que el enemigo estaba cinco leguas de allí, y que Lope Martin y tres compañeros con él quedaban por atalayas y corredores para avisar de lo que fuese menester. Con esta nueva se quietaron todos entendiendo que estaban seguros; pero en la guerra los capitanes para hacer bien su oficio, no deben asigurarse aunque estén los enemigos lejos cuanto mas tán cerca, porque no les suceda lo que á los presentes. Francisco Hernandez habiendo sabido de Lope Martin y de sus compañeros, dónde y cómo estaba Pablo de Meneses, apercibió su gente para ir en pos dél á toda diligencia. A lo cual para que saliese con la victoria le ayudó su buena ventura; porque el soldado compañero de Lope Martin que escapó de los tiranos, con el miedo que les cobró se metió en un algarrobal, para esconderse y librarse de la muerte, y no pudo ir á dar aviso á Pablo de Meneses, que le fuera de mucha importancia. El cual estaba bien descuidado de pensar que viniesen los enemigos, porque teniendo á Lope Martin y á sus compañeros por atalayas, que los tenia por hombres diligentes y de todo buen recaudo, dormian descuidados y sin recelo alguno, y sin centinelas. Al amanecer un soldado que habia salido del real, á buscar por aquellas hoyas un poco de maiz que le faltaba, sintió ruido de gente; y mirando en ello vió una quadrilla de treinta caballos que Francisco Hernandez envió delante para dar arma á Pablo de Meneses, y que lo entretuviesen escaramuzando con los del rey hasta que él y todos los suyos llegasen á pelear con ellos. El soldado tocó arma y dió aviso de los que venian. Pablo de Meneses entendiendo que no iba en pos dél mas gente que la que el soldado decia, no quiso retirarse, antes mandó hacer alto para pelear con los que le seguian, y no quiso creer á los que se lo contradecian, que le fue de mucho daño, porque dieron lugar á que los enemigos se les acercasen. Estando en esto vieron asomar por aquellos arenales mas y mas gente de los enemigos. Entonces mandó Pablo de Meneses que se retirasen á toda priesa, y él quedó en la retaguardia á detener los contrarios. Los cuales escaramuzaron con los del rey, donde hubo algunos heridos y muertos de una parte y otra: fueron así escaramuzando muy gran parte del dia, que los enemigos no los dejaban caminar; en esto llegó todo el escuadron de Francisco Hernandez Giron, donde hubo mucha revuelta y confusion de gente, así de la que huia como de la que seguia; que con el polvo y alboroto no se conocian unos á otros. Duró el alcance mas de tres leguas: salió herido el capitan Luis de Avalos y otros cinco ó seis con él; quedaron muertos catorce ó quince, y entre ellos el buen Miguel Cornejo, vecino de Arequepa, de los primeros conquistadores, á quien Francisco de Carvajal, maese de campo de Gonzalo Pizarro por las obligaciones que le tenia, le hizo la amistad que atrás contamos. El cual llevaba una celada borgoñona calada la visera, y con el mucho polvo de los que huian y seguian, y con el mucho calor que en aquellos valles y su region perpetuamente hace, le faltó el aliento, y no acertando á alzar la visera por la priesa y temor de los enemigos, se ahogó dentro en la celada, que lastimó á los que le conocian, porque era un hombre de mucha estima y de mucha bondad, como la usó con Francisco de Carvajal y su muger y familia viéndolos desamparados en la Plaza de Arequepa, sin posada ni quien se la diese. Los enemigos llamaron á recoger, porque sintieron que aunque iban victoriosos iban perdiendo de su gente porque vieron que mucha della, á vueltas de los que huian se les iba al rey, con lo cual cesaron de su alcance y á toda priesa volvieron atrás antes que entre ellos hubiese algun motin. Entre los que se le huyeron á Francisco Hernandez aquel dia, fue un vecino del Cozco, llamado Juan Rodriguez de Villalobos, á quien Francisco Hernandez despues de su levantamiento por prendarle, casó en el Cozco con una cuñada suya hermana de su muger; pero no le aprovechó al tirano el parentesco, que con la revuelta de aquel dia se pasó al bando de su magestad. Francisco Hernandez cuando lo supo en satisfacion de que le hubiese negado, dijo por desden y menosprecio: que votaba á tal, que le pesaba mas por una espada que le llevaba que no por su ausencia: y engrandeciendo mas su presuncion, dijo, que todos los que no quisiesen seguirle se fuesen libremente á los oidores, que él les daba libertad, que no queria compañía de hombres forzados, sino de amigos voluntarios. Pablo de Meneses con la priesa que los enemigos le dieron, se apartó de los suyos con otros tres compañeros y fueron á parar á Chincha; como lo dice el Palentino, capítulo treinta y ocho, por estas palabras.

Viendo Pablo de Meneses perdida su gente, y que iban huyendo á rienda suelta, desvióse del camino y fue por Leganos de Arena al rio de Pisco con otros tres que le siguieron y de allí se fue á Chincha &c.

Hasta aqui es de aquel autor. Los enemigos á la vuelta de su alcance fueron recogiendo cuanto por el camino hallaron, que los leales por aligerar sus caballos y mulas, habian echado de sí cuanto llevaban hasta las capas y capotes, y las armas, como hacen los navegantes cuando temen anegarse con la tormenta. Tal la llevaban estos capitanes y soldados reales que en un punto se hallaban poderosos para destruir y arruinar al tirano, y en aquel mismo punto iban huyendo dél como acaeció en esta jornada. Ofréceseme contar un caso que acaeció en ella, que porque semejantes cosas se hallan pocas en el mundo, se me dará licencia que la diga (que fue la lealtad de un caballo que yo conocí). En aquel trance de armas se halló un caballero de la parte de su magestad, vecino del Cozco, de los primeros conquistadores de aquel imperio, que se decia Juan Julio de Hojeda. El cual entre otros caballos suyos, tenia uno bayo de cabos negros: hallóse en él aquel dia del alcance de Villacori. Yendo huyendo todos á rienda suelta (como lo ha dicho el Palentino) Juan Julio de Hojeda cayó de su caballo. El cual viéndole caido, aunque iba corriendo entre mas de otras trecientas cabalgaduras, paró, que no se meneó hasta que su dueño se levantó y subió en él, y escapó con la vida por la lealtad del caballo; lo cual se tuvo á mucho por ser cosa tan rara. Otro paso casi al propio ví yo que este mismo caballo hizo en la ciudad de el Cozco, y fue, que acabada esta guerra, ejercitándose los caballeros de aquella ciudad en su gineta, que por lo menos habia cada domingo carrera pública. Un dia de aquellos yendo á correr un condiscípulo mio, mestizo, llamado Pedro de Altamirano, hijo de Antonio Altamirano, conquistador de los primeros, vió á una ventana á mano izquierda de como él iba, una moza hermosa, que vivia en las casas que fueron de Alonso de Mesa: con cuya vista se olvidó de la carrera que iba á dar; y aunque habia pasado de el derecho de la ventana, volvió dos y tres veces el rostro á ver la hermosa. A la tercera vez que lo hizo, el caballo viéndose ya en el puesto de donde partian á correr, sintiendo que el caballero se rodeaba para apercebirle y llamarle á la carrera, revolvió con grandísima furia para correr su carrera. El caballero que tenia mas atencion en mirar la hermosa que en correr su caballo, salió por el lado derecho, dél y cayó en el suelo. El caballo viéndole caido, aunque habia partido con la furia que hemos dicho y llevaba puesto su pretal de cascabeles, paró sin menearse á parte alguna. El galan se levantó del suelo y subió en su caballo, y corrió su carrera con harto empacho de los presentes. Todo lo cual ví yo desde el corredorcillo de las casas de Garcilaso de la Vega, mi señor, y con este segundo hecho del caballo, se certificó el primero para que lo creyésemos los que entonces no lo vimos. Y con esto volverémos al ejército de los oidores, donde hubo mucha pasion y pesadumbre, y novedades de cargos y oficios, como luego se verá.

CAPÍTULO XIII.

Deponen los oidores á los dos generales. Francisco Hernandez llega á Nanasca. Una espía doble le da aviso de muchas novedades. El tirano hace un ejército de negros.

En el campo de su magestad entre los dos generales habia mucha contradicion y division, tanto que públicamente lo murmuraban y blasfemaban los capitanes y soldados, de ver huir el uno del otro en todas ocasiones y provisiones. Sabida la murmuracion por los generales, comieron un dia ambos juntos por intercesion de muchos hombres principales que trujeron al licenciado y oidor Santillan de dos leguas de allí, que estaba en otro pueblo retirado aparte, y de que comiesen juntos y hubiése amistad entre ellos, dice el Palentino, capítulo treinta y nueve, que el campo recibió mucho contento &c. Luego aquel mismo dia ya tarde llegó la nueva al campo del desbarate y alcance de Villacori, de que se admiraron todos, porque entendian segun las nuevas que por horas tenian, que Pablo de Meneses hacia ventaja al enemigo. Los oidores y capitanes y los demas consejeros, se alteraron mucho de la pérdida de Pablo de Meneses y vieron por esperiencia, que la division y contradicion de los generales habia causado aquella pérdida de la reputacion del ejército imperial; que el daño no se debia estimar en nada, porque en la gente antes ganaron que perdieron con los que del tirano se le pasaron. Pero encarecian mucho, como es razon, el menoscabo de la reputacion y autoridad del ejército real. Por lo cual juntándose todos, acordaron deponer por provision real á los dos generales, y que Pablo de Meneses hiciese el oficio de capitan general; y don Pedro Portocarrero fuese maese de campo. Lo cual tambien se murmuró y blasfemó en todo el campo, diciendo que á un ministro que habia perdido una jornada como aquella en lugar de le castigar y descomponer, le aumentasen en honra y provecho subiéndole de maese de campo á general, en lugar de bajarle hasta el menor soldado del campo. Notificáronse las provisiones del audiencia á los generales, en los cuales hubo alteracion, y no poca; mas ellos se apaciguaron y pasaron por lo proveido. Mandóse que siguiesen al tirano á la ligera con ochocientos hombres. Mas en esto tambien hubo diferencia como en lo pasado, de manera que no salieron de aquel puesto en aquellos tres dias primeros; y porque el licenciado Santillan se volvia á los Reyes, sus parientes y amigos, que eran muchos, le acompañaron en gran número, que eran cerca de ciento y cincuenta personas. No faltó entonces uno de sus amigos que le avisó que no los llevase consigo, porque causaria escándalo, y dirian sus émulos y contrarios que caminaba como hombre temeroso dellos, ó que pretendia rebelarse; por lo cual el licenciado Santillan despidió sus parientes y amigos; y les rogó fuesen al ejército á servir á su magestad, que aquello era lo que convenia: y así se fue á la ciudad con no mas compaña que la de sus criados.

En estos dias estaba Francisco Hernandez en Nanasca, sesenta leguas de los Reyes, donde llegó sin pesadumbre alguna; porque con la confusion que en el campo de su magestad habia, le dejaron caminar en paz sin pesadumbre: y para su mayor contento ordenó el enemigo que un sargento de los del rey, que habia sido soldado de los de la entrada de Diego de Rojas, se ofreció de suyo á ir en hábito de indio al campo de Francisco Hernandez, y saber lo que en él habia, y volver con la nueva de todo ello. Los oidores fiaron del soldado, y le dieron licencia para que hiciese su viage: el cual lo hizo como espía doble porque se fue á Francisco Hernandez, y le dijo que habia hecho aquel trato doble por venirse á su ejército: porque en el campo del rey habia tanta discordia entre los superiores, y tanto descontento entre los soldados, y ninguna gana de pelear, que se entendia por cosa cierta que se habian de perder todos, y que él queria asegurar su persona, y por tanto se venia á servirle.

Con esto le dijo que los oidores estaban tristes y confusos, porque tenian nuevas que la ciudad de San Miguel de Piura se habia rebelado contra su magestad en favor de Francisco Hernandez Giron, y que del nuevo reino venia otro capitan llamado Pedro de

Orsua con mucha gente á lo mismo: y que el reino de Quitu estaba alzado por Francisco Hernandez; de todo lo cual él y toda su gente se holgaron muy mucho, y lo publicaron á pregones como si fueran grandes verdades. Asímismo le dijo que los oidores tenian nueva que el mariscal venia de los Charcas con un ejército muy lucido y poderoso de mas de mil y docientos hombres; pero esto se calló y mandó á la espía doble que dijese que no traía mas de seiscientos hombres, porque los suyos no se acobardasen y perdiesen el ánimo. Juntamente con esto se descubrió que un indio del campo de las oidores traía cartas y recaudos para un soldado de Francisco Hernandez. Prendieron al indio y al soldado, y los ahorcaron á ambos, aunque el soldado no confesó en dos tormentos que le dieron; pero despues de muerto le hallaron al cuello una nómina, y dentro un perdon de los oidores para Tomás Vazquez. El perdon publicó luego Francisco Hernandez, añadiendo grandes dádivas y mercedes de repartimientos de indios, que en nombre de los oidores prometia á quien lo matase á él y á otros personages de su campo. En este viage antes del rompimiento de Villacori hizo Francisco Hernandez una compañía de negros de mas de ciento y cincuenta de los esclavos que prendieron y tomaron en los pueblos y posesiones y heredades que saquearon. Despues adelante siguiendo su tiranía, tuvo Francisco Hernandez mas de trecientos soldados étiopes, y para mas honrarlos y darles ánimo y atrevimiento, hizo dellos ejército formado; dióles un capitan general que yo conocí, que se decia maese Juan, era lindísimo oficial de carpintería; fue esclavo de Antonio Altamirano, ya otras veces nombrado. El maese de campo se llamaba maese Antonio, á quien en la de Villacori rindió las armas un soldado de los muy principales del campo del Rey, que yo conocí: pero no es bien que digamos su nombre, aunque la fama del maese de campo que se las quitó, llegó hasta España, y obligó á un caballero que en Indias habia conocido al soldado, y habia sido su amigo á que le enviase una espada y una daga muy dorada; pero fue mas por vituperar su cobardía, que por la amistad pasada; de todo lo cual se hablaba muy largamente en el Perú despues de aquella guerra de Francisco Hernandez. Sin los oficiales mayores les nombró capitanes; y les mandó que nombrasen alferez y sargentos y cabos de escuadra, pífaros y atambores, y que hiciesen banderas. Todo lo cual hicieron los negros muy cumplidamente, y de los del campo del rey se huyeron muchos al tirano, viendo á sus parientes tan honrados como los traía Francisco Hernandez; y fueron contra sus amos en toda la guerra. De estos soldados se sirvió el tirano muy largamente, que los enviaba con cabos de escuadra españoles á recoger bastimentos: y los indios por no padecer las crueldades que con ellos hacian, se lo daban quitándoselo á sí propios y á sus mugeres y hijos; de que adelante se causó mucha necesidad y hambre entre ellos.

CAPÍTULO XIV.

El mariscal elige capitanes para su ejército. Llega al Cozco. Sale en busca de Francisco Hernandez. La desgraciada muerte del capitan Diego de Almendras.

Entre tanto que en el Cozco y en Rimac y en Villacori sucedieron las cosas que se han referido, el mariscal Alonso de Alvarado, que estaba en el reino y provincias de los Charcas no estaba ocioso: antes como atrás se ha dicho, entendia en llamar gente al servicio de su magestad, y prevenirse de picas y arcabuces, y otras armas, municion de pólvora y bastimento y cabalgaduras para proveer dellas á los soldados. Nombró capitanes y oficiales que le ayudasen en las cosas dichas. Eligió por maese de campo á un caballero cuñado suyo, que se decia don Martin de Avendaño, y por alferez general á un valeroso soldado llamado Diego de Porras; y por sargento mayor á Diego de Villavicencio, que tambien lo fue del presidente Gasca contra Gonzalo Pizarro. Nombró por capitanes de caballo dos vecinos de los Charcas, que son Pero Hernandez Paniagua, y Juan Ortiz de Zarate, y otro caballero nobilísimo de sangre y condicion, llamado don Gabriel de Guzman. Estos tres fueron capitanes de caballo. Al licenciado Gomez Hernandez nombró por auditor de su campo, y á Juan de Riba Martin por alguacil mayor. Eligió seis capitanes de infantería, los tres fueron vecinos, que son el licenciado Polo, Diego de Almendras, y Martin de Alarcon. Los no vecinos fueron Hernando Alvarez de Toledo, Juan Ramon y Juan de Arreyuaga. Los cuales todos entendieron en hacer sus oficios con mucha diligencia: de manera que en muy pocos dias se halló el mariscal con cerca de ochocientos hombres, de los cuales dice el Palentino lo que se sigue, capítulo cuarenta y uno.

Halláronse setecientos y setenta y cinco hombres de la mas buena y lucida gente, así de buenos soldados, armas y ricos vestidos, y de mucho servicio que jamás se vió en el Perú. Que cierto mostraron bien bajar de la parte de aquel cerro que de otro mas rico que él, en el mundo no se tiene noticia &c. Hasta aquí es del Palentino, el cual lo dice muy bien, porque yo los ví pocos dias despues en el Cozco, é iban tan bravos y tan bien aderezados, como aquel autor lo dice. El mariscal viéndose tan poderoso de gente y armas, y de lo demas necesario para su ejército, caminó hácia el Cozco. Por el camino le salian al encueutro los soldados que se juntaban para servir á su magestad, de diez en diez, y de veinte en veinte, como acertaban á hallarse. Y de Arequepa con haber pasado aquella ciudad los trabajos referidos vinieron cerca de cuarenta soldados. Sancho Dugarte y el capitan Martin de Olinos, que estaban en la ciudad de la Paz, salieron á recibir al mariscal con mas de docientos buenos soldados que habian recogido, donde hubo mucha salva de arcabuces de una parte y otra, y mucho placer y regocijo que sintieron de verse juntos y tan lucidos. El ejército pasó adelante hasta llegar á la jurisdiccion de la gran ciudad del Cozco, donde halló al capitan Juan de Saavedra con su cuadrilla, que aunque pequeña en número, grande en valor y autoridad, que no pasaban de ochenta y cinco hombres; y entre ellos iban trece ó catorce vecinos del Cozco, todos de los primeros y segundos conquistadores de aquel imperio, los sesenta de caballo, y los demas infantes, con los cuales holgó el mariscal muy mucho: y mas cuando supo quiénes y cuántos eran los vecinos del Cozco, que huyeron del tirano y se fueron á los Reyes á servir á su magestad. Con lo cual se alentó mucho el mariscal, considerando cuán desvalido andaria Francisco Hernandez Giron, viéndose desamparado de los que él pensaba tener por suyos; y así caminó el mariscal con mas aliento hasta entrar en la ciudad del Cozco con mas de mil y docientos soldados: los trecientos de caballo, y otros trecientos y cincuenta arcabuceros, y los quinientos y cincuenta con picas y alabardas. Entró cada compañía en forma de escuadron de cinco en hilera, y en la plaza se hizo un escuadron grande de todos ellos, donde escaramuzaron infantes y caballeros, y de todos hubo mucha fiesta y regocijo, y los aposentaron en la ciudad. El obispo del Cozco don fray Juan Solano con todo su cabildo salió á recebir al mariscal á su ejército, y les echó su bendicion; pero escarmentado de las jornadas que con Diego Centeno anduvo, no quiso seguir la guerra sino quedarse en su Iglesia rogando á Dios por todos. De la ciudad del Cozco envió el mariscal á mandar que se hiciesen las puentes del rio Apurimac y Amancay, con determinacion de ir á buscar á Francisco Hernandez, que no sabia dónde estaba, ni qué se habia hecho dél. En esta coyuntura le llegó aviso de la audiencia con el mal suceso de Pablo de Meneses en Villacori, y como quedaba el tirano en el valle de Nanasca; con lo cual mudó propósito en su viage, que determinó volver para tras á atajar á Francisco Hernandez, porque no se le fuese por la costa adelante hasta Arequepa; y de allí á los Charcas, que fuera causa de mucho daño á toda la tierra, y la guerra se alargára por largo tiempo. Y así salió del Cozco habiendo mandado que las puentes hechas se quemasen; porque si el enemigo volviese al Cozco, no pasase por ellas, y él fue hácia el Collao, y habiendo caminado catorce ó quince leguas por el camino real, echó á mano derecha de como iba, para ponerse á la mira de Francisco Hernandez, y ver por donde salia de Nanasca para salirle al encuentro; y no teniendo nueva dél, caminó hácia Parihuanacocha, aunque para llegar allá habia de pasar un despoblado muy áspero de mas de treinta leguas de travesía. En este camino se le huyeron cuatro soldados, y se fueron á Francisco Hernandez: llevaron hurtadas dos buenas mulas, la una de Gabriel de Pernia, y la otra de Pedro Franco, dos soldados famosos. El mariscal habiendo sabido cuyas eran las mulas, mandó dar garrote á sus dueños con sospecha de que ellos se las hubiesen dado, de lo cual se alteró el ejército y blasfemaban del mariscal por ello, y fue juzgado por hecho y justicia cruel, como lo dice el Palentino, capítulo cuarenta y uno. Los cuatro soldados que se huyeron, toparon con los corredores de Francisco Hernandez Giron, y se fueron con ellos hasta Nanasca, y en secreto dieron cuenta de la pujanza con que el mariscal iba á buscarle, y que iba camino de Parihuanacocha: mas en público por no los desaminar, dijeron que traía muy poca gente; empero Francisco Hernandez desengañó á los suyos, como lo dice el Palentino por estas palabras.

Señores, no os engañen, que yo os prometo que nos cumple apretar bien los puños, que mil hombres teneis por el lado de abajo, y mil y docientos por el de arriba, y con la ayuda de Dios todos serán pocos; que yo espero en él, si cien amigos no me faltan, desbaratallos á todos. Luego mandó aparejar su gente para la partida, y á ocho de mayo partió de la Nanasca para los Lucanos por el camino de la sierra con intento de tomar á Parihuanacocha primero que el mariscal &c.

Hasta aquí es de Diego Hernandez, capítulo cuarenta y uno. El mariscal Alonso de Alvarado, siguiendo su camino, entró en el despoblado de Parihuanacocha, donde por la aspereza de la tierra é inclemencias del cielo, se le murieron mas de sesenta caballos de los mejores y mas regalados del ejército, que yendo caminando llevándolos de diestro, bien cubiertos con sus mantas se caían muertos sin que los albéitares atinasen á saber que era la causa. Decian que les faltaba el anhelito de que todos iban admirados: y los indios lo tomaron por mal agüero. Diego Hernandez en este paso dice lo que se sigue, capítulo cuarenta y dos. Llegado que fue el mariscal á los chumbibilcas, y hubo proveido su campo de lo necesario, tomó el despoblado de Parihuanacocha, que son treinta y dos leguas de sierras, cienegas, nieves y caminos tan ásperos y malos, y de tantas quebradas, que muchos caballos perecieron de frio por ser en aquella tierra (por entonces) el riñon del invierno, y se padeció grande hambre &c.

Hasta aquí es de aquel autor sacado á la letra, como ha sido y será todo lo que alegaremos de los historiadores españoles. El mariscal dejó enfermo de flujo de vientre en Parihuanacocha al capitan Sancho Dugarte, donde falleció en pocos dias. Siguiendo su viaje el ejército, sus corredores prendieron un corredor de los de Francisco Hernandez, y se lo llevaron al mariscal, y porque no lo mandase matar, le dijeron que se habia venido á ellos por servir á su magestad. De este prisionero supo el mariscal que Francisco Hernandez estaba menos de veinte leguas de aquel puesto. El mariscal mandó á los suyos que caminasen con todo recato, porque los enemigos no se atreviesen á darles alguna trasnochada. Dos jornadas de Parihuanacocha caminando el ejército real dieron una arma bravísima; y fue que el capitan Diego de Almendras caminando con el campo solia apartarse dél á tirar por aquellos campos á los animales bravos que hay por aquellos desiertos. Topóse entre unas peñas con un negro del sargento mayor Villavicencio que andaba huido, quísole atar las manos para llevárselo á su amo. El negro se estuvo quedo por descuidar á Diego de Almendras, y cuando lo vió cerca de sí con la mecha en la mano, se abajó al suelo, y le asió de ambas piernas por lo bajo dellas; y con la cabeza le rempujó para adelante, y le hizo caer de espaldas, y con su propia daga y espada, le dió tantas heridas, que le dejó casi muerto; y el negro se huyó y se pasó á los parientes que andaban con Francisco Hernandez, y les contó la hazaña que dejaba hecha, de que todos ellos se jactaban como si cada uno la hubiera hecho. Un mestizo mozuelo que iba con Diego de Almendras, viendo á su amo caido en el suelo, y que el negro lo maltrataba, asió de él por las espaldas con deseo de librar á su señor. El cual viéndose ya herido de muerte, dijo al mozo que se huyese antes que el negro lo matase: así lo hizo, y los gritos que fue dando causaron el arma y alboroto que hemos dicho. Al capitan Diego de Almendras llevaron á Parihuanacocha, que no le sirvió mas que de apresurarle la muerte, donde en llegando falleció luego el pobre caballero por querer cazar un negro ageno; cuya desgracia, indios y españoles tomaron por mal agüero para su jornada.

CAPITULO XV.

El mariscal tiene aviso del enemigo. Envia gente contra él. Armase una escaramuza entre los dos bandos. El parecer de todos los del rey que no se dé batalla al tirano.

Otro dia siguiente á la desgracia del capitan Diego de Almendras, el mariscal Alonso de Alvarado sabiendo que estaban cerca los enemigos, caminó ocho leguas con su ejército en demanda dellos, porque iba muy á la ligera, que á la partida mandó que nadie llevase mas que sus armas, y de comer para tres dias. Caminaron, como lo dice el Palentino, por un despoblado muy perverso de ciénegas y nieves. Aquella noche durmieron sin algun reparo de tiendas ni toldos: otro dia siguiente anduvo otras ocho leguas, llegó con grande trabajo de la gente á Guallaripa, donde tuvó nueva que Francisco Hernandez habia pasado tres dias hábia, y que estaba en Chuquinga, cuatro leguas de allí reformando su campo; que por causa del áspero camino y despoblado habia asímismo traídole muy fatigado. Luego llegó al mariscal el comendador Romero y García de Melo, con mil indios de guerra cargados de comida, y algunas picas de la provincia de Andaguaylas. Y túvose larga relacion de Francisco Hernandez; y de como habia dado garrote á Diego de Orihuela (natural de Salamanca) porque venia al campo del mariscal á servir á su magestad.

Hasta aquí es del Palentino. El mariscal sabiendo que los enemigos estaban tan cerca, con el deseo que llevaba de verse con ellos, determinó enviar dos capitanes con ciento y cincuenta arcabuceros escogidos, á que la madrugada siguiente le diesen una arma, y recogiesen los que se quisiesen pasar al servicio del rey. Los capitanes y los vecinos que entraban en consulta, que sabian cuán fuerte era el sitio que Francisco Hernandez tenia, se lo contradijeron dándole razones muy bastantes que no se debia acometer el enemigo en el fuerte; porque estaba tan seguro, que muy al descubierto iba perdido el que le acometiese: y que no era bien aventurar ciento y cincuenta arcabuceros los mejores del campo, que perdidos aquellos era perdido todo el ejército. El mariscal replicó diciendo, que él iria con todo el campo á las espaldas dellos dándoles calor porque el enemigo no les ofendiese. Y así resolutamente pidió á los capitanes la copia de sus compañías para escoger los ciento y cincuenta arcabuceros, y mandó que el maese de campo y el capitan Juan Ramon fuesen con ellos, y llegasen lo mas cerca que pudiesen del enemigo. Los capitanes salieron con los ciento y cincuenta arcabuceros á las doce de la noche, y el mariscal salió con todo el campo tres horas despues, y todos caminaron en busca de Francisco Hernandez. El cual sabiendo que tenia tan cerca un enemigo tan riguroso, estaba con cuidado de que no le tomase desapercebido; y así estaba siempre en escuadron guardados los pasos por donde podian entrarle, que no eran mas de dos, que todo lo demas (segun era el fuerte) estaba muy seguro.

Antes de amanecer llegáron los del rey donde el enemigo estaba, y procuraron acercársele lo mas que pudiesen sin que lo sintiesen los contrarios que estaban de la otra parte de el rio Amancay. Estando así quietos los descubrió un indio de los de Francisco Hernandez, que dió aviso á su amo que los enemigos estaban cerca. Francisco Hernandez mandó tocar arma á toda priesa, y puso gente donde le convenia para si le acometiesen. De la una parte y de la otra se saludaron con muchos arcabuzazos sin ningun daño, porque estaban lejos los unos de los otros. A las nueve del dia asomó el mariscal con su ejército á vista de Francisco Hernandez, y como los suyos le vieron, trabaron la escaramuza con los enemigos con mas presuncion y soberbia que buena milicia. Los enemigos habiendo mirado de espacio el sitio que tenian, habian visto dónde y cómo se habian de poner si sus contrarios los acometiesen. En aquel sitio donde los unos y los otros estaban, no hay llano alguno sino muchos riscos y mucha arboleda, peñas grandes, y barrancas altas por donde pasa el rio Amancay. Los de Francisco Hernandez se pusieron derramados y cubiertos con los árboles. Los del mariscal bajaron muy lozanos por una cuesta abajo á trabar la escaramuza; y llegados á tiro de arcabuz por señalarse mas, dijeron quiénes eran y cómo se llamaban.

El alferez de Juan Ramon, que se decia Gonzalo de Mata, dió grandes voces poniéndose cerca de los enemigos, y dijo: yo soy Mata, yo soy Mata. Uno de ellos que estaba encubierto viéndole á buen tiro le dijo: yo te mato, yo te mato; y le dió un arcabuzazo en los pechos, y lo derribó muerto en tierra. Lo mismo les acaeció á otros que sin ver quien les ofendia, se hallaron muertos y heridos; y aunque el mariscal envió gente y capitanes á reforzar la escaramuza, y ella duró hasta las tres de la tarde, no ganaron los suyos nada en la pelea, porque salieron entre muertos y heridos mas de cuarenta personas de los mas principales que escogieron para dar esta arma. Entre ellos fue un caballero mozo de diez y ocho años, que se decia don Felipe Enriquez; hizo mucha lástima al un ejército y al otro; salió herido el capitan Arreynaga, con tanto daño como en la escaramuza recibieron los del rey, perdieron parte de la bravata que traian consigo. Durante la pelea se huyeron dos soldados de los de Francisco Hernandez; el uno se llamaba Sancho de Bayona, y se pasaron al mariscal, y de la parte del mariscal se pasó á Francisco Hernandez aquel soldado llamado fulano de Bilbao, de quien atrás hicimos mencion que prometió de pasarse á Francisco Hernandez donde quiera que le viese.

Retirada la gente de la escaramuza sucedió lo que se sigue, como lo dice el Palentino, capítulo cuarenta y cuatro por estas palabras. El mariscal platicó luego con Lorenzo de Aldana, Gomez de Alvarado, Diego Maldonado, Gomez de Solís, y con otras personas principales de su campo lo que se debia hacer. Y mostró tener gran voluntad de acometer al tirano. Porque Bayona (el soldado que se pasó de Francisco Hernandez) le habia dicho que sin duda Francisco Hernandez huiria. Lo cual referido por el mariscal, Lorenzo de Aldana y Diego Maldonado le tomaron aparte, y le persuadieron á que no diese batalla, rogándole mucho tuviese sufrimiento pues tenia tan conocidas ventajas al tirano, así en la gente, como en la opinion, y sitio tan fuerte como el suyo. Y que allende desto, á él le servian todos los indios y toda la tierra; y que los enemigos no tenian mas de su fuerte, y que desasosegándolos con indios (que por todas partes les diesen su chaya) los traerian á términos que la hambre y necesidad lo constriñeria á una de dos cosas, ó á salir huyendo del fuerte (adonde fácilmente los desbaratase) y él mesmo se desharia, ó á que todos ó la mayor parte de la gente se le pasase sin aventurar un hombre solo de los leales que consigo traía. Y que esto lo podia bien hacer estándose quedo y holgando, solo con tener cuidado de guarda y de buena vela sobre el tirano; principalmente en lo alto de la quebrada ó punta que salia hasta el rio sobre los dos campos; y que guardando aquel paso estaba muy mas fuerte y seguro que no su contrario. Muy bien pareció á muchos de los principales tal parecer, aunque Martin de Robles (á quien ya el mariscal habia encomendado la compañía de Diego de Almendras) con otros algunos insistian en que se diesé batalla. Empero Lorenzo de Aldana insistió tanto en esto, que el mariscal le prometió y dió su palabra de no les dar batalla. Y ansí con este presupuesto despachó luego para el campo que los oidores habian hecho, pidiendo algunos tiros pequeños de artillería y arcabuceros, con intento de ojear de la punta de aquella quebrada los enemigos, para necesitarlos á salir de su fuerte y fatigarlos de tal manera, que se rindiesen ó le viniesen á las manos.

Hasta aquí es del Palentino, donde muestra bien la mucha gana que el mariscal tenia de dar batalla al tirano, y la ninguna que los suyos tenian de que la diese, y las buenas razones que para ello le alegaron; las cuales no se guardaron, y así se perdió todo como luego verémos.

CAPÍTULO XVI.

Juan de Piedrahita da un arma al campo dél mariscal. Rodrigo de Pineda se pasa al rey, persuade á dar la batalla. Las contradiciones que sobre ello hubo. La determinacion del mariscal para darla.

Venida la noche Juan de Piedrahita salió con tres docenas de arcabuceros á dar arma á los del mariscal, y porque estaban divididos la dió en tres ó cuatro partes, sin hacer otro efecto alguno de importancia; y los del mariscal aunque le respondieron con los arcabuces, porque viese que no dormian, no hicieron caso dél, y así al amanecer se volvió Piedrahita á los suyos sin haber ganado cosa alguna, mas que haber dado ocasion y lugar á que Rodrigo de Pineda, vecino del Cozco, capitan de caballos que era de Francisco Hernandez, se huyese al mariscal con achaque de ir á reforzar las armas que Piedrahita andaba dando en diversas partes. Rodrigo de Pineda, como lo dice el Palentino en el mismo capítulo alegado, habló lo que se sigue.

Llegado que fue dijo al mariscal, y lo certificó, que muchos y la mayor parte de los de Francisco Hernandez se pasarian si no fuese por la mucha guarda que tenian. Y ansímismo que aquella noche huiría, y que el rio se podia fácilmente vadear. Luego el mariscal llamó á consulta los vecinos y capitanes, y venidos, el mariscal propuso lo que Rodrigo de Pineda le habia dicho. Por lo cual dijo que estaba determinado de acometer al enemigo dando algunas razones para ello. Muchos de la consulta las repugnaron, dando causas bastantes que no convenia acometerle por ninguna manera en su fuerte. Viendo el mariscal la contradicion de los principales, dijo á Rodrigo Pineda que propusiese allí ante todos lo que á él le habia dicho, y lo que sentia de Francisco Hernandez y de su campo, y lo que creia que Francisco Hernandez queria hacer y la gente que tenia. Rodrigo Pineda dijo: que la gente que Francisco Hernandez tenia, sería hasta trecientos y ochenta hombres, entre ellos docientos y veinte arcabuceros y estos desproveidos, y algunos contra su voluntad, y que tenia mas de mil cabalgaduras. Y que lo que de Francisco Hernandez entendia, era que si no se le daba batalla, huiria aquella noche por no tener comida y tener la gente atemorizada, y que si se huyese y le quisiesen seguir, haria mucho daño á los que le siguiesen por la grande aspereza de la tierra y malos caminos; de que resultaría gran daño en el reino. Y que la gente podia fácilmente vadear el rio para pasar á darle la batalla. El mariscal dijo luego que él queria aquel dia acometerle, por evitar no se le huyese como á los oidores, y porque no hiciese mas daño de lo hecho, pues no le podia seguir despues sin mucho daño. A lo cual le tornaron á replicar diciendo: que les parecia que estando Francisco Hernandez en el fuerte en que estaba, era mas acertado dejarle huir porque huyendo se desbarataria á menos daño y sin aventurar un solo soldado. Empero no satisfaciendo esto al mariscal, dijo que no era cosa acertada ni cumplia con la obligacion que él tenia; y que mucho menos convenia á la honra de tantos caballeros y buenos soldados como allí estában; que Francisco Hernandez anduviese con la gente que tenia desasosegando é inquietando el reino y robándole. Y que no obstante cualquier inconveniente, él estaba dispuesto y determinado darle batalla. Con esto se salieron descontentos muchos de los principales capitanes del campo del toldo del mariscal donde la consulta se hacia. Y al salir dijo Gomez de Alvarado muy desabrido: vamos pues ya, que bien sé que tengo de morir. Hasta aquí es del Palentino sacado á la letra. Salidos de aquella consulta volvieron los vecinos del Cozco y de los Charcas, que por todos eran mas de treinta, y entre ellos Lorenzo de Aldana, Juan de Saavedra, Diego Maldonado, Gomez Alvarado, Pero Hernandez Paniagua, el licenciado Polo, Juan Ortiz de Zarate, Alonso de Loaysa, el fator Juan de Salas, Martin de Meneses, García de Meló, Juan de Berrio, Anton Ruiz de Guevara, Gonzalo de Soto, Diego de Trujillo, que todos eran de los ganadores del Perú, los cuales hablaron aparte al mariscal Alonso de Alvarado, y le suplicaron diciendo se reportase en la determinacion de la batalla: mirase que el sitio del enemigo era fortísimo, y que el suyo no era menos para asigurarse del contrario; que advirtiese que el mismo Rodrigo de Pineda decia, que Francisco Hernandez carecia de bastimento por lo cual la hambre los habia de echar del fuerte dentro de tres dias; que esperase aquellos si quiera, que conforme á las ocasiones se podian aconsejar mejor, que al enemigo tenian delante, que cuando huyese no habia de ir volando por los aires sino por tierra, como ellos siguiéndole, y que con mandar á los indios que les cortasen los caminos, pues eran tan dificultosos, los atajaban para que no se fuesen; y que acometer al enemigo en lugar tan fuerte (demas de aventurar á perder el juego, pues en las batallas no habia cosa cierta ni segura) era enviar sus capitanes y soldados al matadero, para que el enemigo los degollase todos con sus arcabuces. Que mirase bien las ventajas que á su enemigo tenia, pues le sobraba lo que al contrario le faltaba de bastimento, de servicio de indios, y de todo lo demas necesario para estarse quedos; y que la victoria se debia alcanzar sin daño de los suyos, principalmente teniendo al contrario tan sujeto y rendido como estaba, que no era bien aventurar á perder lo que tenian tan ganado. El mariscal (no acordándose de que en aquel mismo rio, como atrás se dijo, perdió otra batalla semejante á esta) respondió con cólera diciendo: que él lo tenia bien mirado todo, y que su oficio le obligaba á ello, que no era razon ni decente á la reputacion suya y de todos ellos, que aquellos tiranillos anduviesen tan desvergonzados, dándoles arma cada noche con que lo tenian muy enojado, y que él estaba determinado darles batalla aquel dia, que á trueque de que le matasen trecientos hombres, los queria tener hechos cuartos antes que el sol se pusiese; que no le hablasen mas en escusar y prohibir la batalla, si no que se fuesen luego aprestarse para ella, que se lo mandaba como su capitan general so pena de darlos por traidores.

Con esta resolucion se acabó la consulta; y los vecinos salieron della bien enfadados, y algunos dellos dijeron: que como los soldados no eran sus hijos, parientes ni amigos, ni le costaba nada, los queria poner al terrero para que el enemigo los matase; y que la desgracia y desdicha dellos les habia dado capitan general tan apasionado y melancólico, que la victoria que tenia en las manos (sin propósito alguno y sin necesidad que le forzase) se la queria dar al enemigo á costa de todos ellos. Sin esto dijeron otras muchas cosas pronosticando su mal y daño, como sucedió dentro de seis horas. Con la desesperacion dicha se apercibieron para la batalla los vecinos, capitanes y soldados mas bien considerados: otros hubo que les parecia que llevarian á los enemigos en las uñas, pues no llegaban á cuatrocientos hombres, ni á trecientos y cincuenta, y ellos pasaban de mil y docientos; pero no miraban el sitio del enemigo, ni las dificultades que habian de pasar para acometerle y llegar á vencerle: que era un rio caudaloso, y tantos andenes y estrechuras y malos pasos como el enemigo tenia por delante en su defensa. Por las cuales dificultades los de á caballo de la parte del mariscal eran inútiles, porque no podian ni habia por donde acometer al enemigo, que los arcabuces eran los que habian de hacer el hecho, y los enemigos los traían muchos y muy buenos, y ellos eran grandes tiradores, que presumian matar pájaros con una pelota; y entre ellos habia algunos mestizos, particularmente un fulano Granado, de tierra de Méjico, que era maestro de todos ellos para enseñarles á tirar de mampuesto ó sobre brazo, ó como quiera que se hallasen. Sin esto habia sospecha y casi certidumbre que Francisco Hernandez echaba alguna manera de tósigo en la pólvora que hacia, porque los cirujanos decian que las heridas de arcabuz (como no fuesen mortales) sanaban con mas facilidad y en menos tiempo que las que hacian las otras armas, como lanza ó espada, pica ó partesana. Pero que las que los enemigos presentes hacian con arcabuces, eran incurables por pequeñas que fuesen las heridas; y que aquello lo causaba la maldad y tósigo de la pólvora. Con todas estas dificultades salieron á la batalla, que á muchos dellos costó la vida.

CAPÍTULO XVII.

El mariscal ordena su gente para dar la batalla. Francisco Hernandez hace lo mismo para defenderse. Los lances que hubo en la pelea. La muerte de muchos hombres principales.

Poco antes de medio dia era cuando el mariscal mandó tocar arma; y habiéndose recogido toda la gente á sus compañias, mandó al capitan Martin de Robles, que con la suya de arcabuceros pasando el rio, se pusiese á la parte siniestra de el enemigo para acometerle por aquella banda: y á los capitanes Martin de Olmos y Juan Ramon, les mandó que asimismo pasando el rio, se pusiesen á la mano derecha del contrario para acometerle, juntamente con Martin de Robles; y á los unos y á los otros mandó que no acometiesen sino á la par; y que fuese cuando oyesen una trompeta que les daba por señal para la arremetida. Dióles esta órden porque el enemigo acometido por dos partes se divirtiese á la una banda, y á la otra para defenderse, y tuviese menos fuerza para ofenderles. Demas desto mandó que la demas infantería y los caballos todos bajasen por una senda muy estrecha, que no habia otro camino para bajar al rio; y que habiéndolo pasado, armasen su escuadron en un llano pequeño que estaba cerca de los enemigos, y de allí los acometiesen á toda furia. Con esta órden salieron todos á la batalla; Francisco Hernandez Giron que de su puesto miraba el órden que sus enemigos llevaban, que parecia le habian de acometer por tres partes, dijo á los suyos: ea, señores, que hoy nos conviene vencer ó morir, porque los enemigos vienen ya á buscarnos con mucha furia. Un soldado plático y de mucha esperiencia, que Francisco Hernandez y los suyos llamaban el coronel Villalva, por esforzar á su general y á los demas sus compañeros, que le pareció que estaban algo tibios, les dijo, como lo refiere el Palentino, que no tuviesen temor alguno, porque el mariscal por ninguna via podia traer órden; y que al pasar del rio forzosamente se habian de desbaratar; y que por esto y por la aspereza de la tierra se habia de quebrar su órden: cuanto mas que ellos venian por diversas partes repartidos, y que el fuerte donde estaban era tal, que podia muy bien esperar, ofender y defender aunque fuese á diez mil hombres, y que todos se perderian si le acometiesen. Con esto que dijo Villalva, Francisco Hernandez y toda su gente se regocijó &c. Lo que el coronel Villalva dijo sucedió sin faltar punto. Francisco Hernandez puso parte de sus arcabuceros, y todos los piqueros en un anden en forma de escuadron; y por capitanes á Juan de Piedrahita y á Sotelo para que tuviesen cuidado de acudir á la defensa divididos, ó ambos juntos como viesen la necesidad. Otra gran banda de mas de cien arcabuceros puso derramados de cuatro en cuatro, y de seis en seis, por los andenes y peñascales, barrancas y arboledas que habia á la orilla del rio, porque no habia sitio para formar escuadron, y los enemigos habian de venir sueltos de uno en uno, y les podian tirar de mampuesto sin ser ofendidos como ello pasó. Martin de Robles con su compañía de arcabuceros pasó el rio, é imaginándose vencedor segun estimaba en poco al enemigo (porque no participase otro alguno de la honra de la victoria) le acometió con tanta priesa, que aun no aguardó á que todos sus soldados pasasen el rio, sino que empezó la batalla con los que lo habian pasado; y el agua á los que iban por ella les daba á la cintura y á los pechos; y á muchos que no se apercibieron, les mojó la pólvora en los frascos: los mas diligentes la llevaban en las manos alzándolas sobre la cabeza con los arcabuces juntamente. El capitan Piedrahita y sus compañeros viendo ir á Martin de Robles tan apriesa y tan sin órden, le salieron al encuentro con grande ánimo, y le dieron una muy buena rociada de arcabuces, y le mataron muchos soldados; de manera que el capitan y los suyos huyeron hasta volver á pasar el rio; y Piedrahita se volvió á su primer puesto. A este punto llegaban cerca del fuerte de Piedrahita los capitanes Martin de Olmos, y Juan Ramon; los cuales viendo que Martin de Robles no habia hecho nada con su arremetida, quisieron ellos ganar lo que el otro habia perdido, y así arremetieron á los enemigos con mucha furia; mas ellos que estaban vitoriosos de el lance pasado, los recibieron con otra gran rociada de arcabuces, y aunque la pelea duró algun rato, al fin hubo la victoria el capitan Juan de Piedrahita, que los hizo retirar hasta el rio con muerte y heridas de muchos de ellos; y algunos volvieron á pasar el rio, viendo cuán mal los trataba el enemigo. El capitan Juan de Piedrahita, muy ufano de sus dos buenos lances, se volvió á su puesto para acudir de allí adonde le conviniese. Entre tanto que al mariscal le sucedieron estas dos desgracias por no querer Martin de Robles esperar el sonido de la trompeta, ni guardar el órden que se le habia dado, los demas capitanes y soldados reales bajaron al rio, y procuraron pasarlo aunque con mucho trabajo; porque estaba por allí el agua mas honda que por las otras partes, y les mojaba á los infantes los arcabuces y la pólvora, y los piqueros perdian sus picas. Los arcabuceros de Francisco Hernandez, que como atrás dijimos, estaban derramados por los andenes, barrancas y peñascales de el rio, viendo que sus enemigos lo pasaban con tanto trabajo, les salieron al encuentro y los recibieron con sus arcabuces, y mataron muchos dellos dentro en el mismo rio, que no los dejaron pasar, porque les tiraban de mampuesto, y les daban con las pelotas donde querian: fueron muchos los muertos y heridos en aquel paso y en el llano que iban á tomar para plantar su escuadron, que no los dejaron poner en efecto. Los hombres principales que allí murieron fueron Juan de Saavedra, y el sargento mayor Villavicencio, Gomez de Alvarado, el capitan Hernando Alvarez de Toledo, don Gabriel de Guzman, Diego de Ulloa, Francisco de Barrientos, vecino del Cozco, y Simon Pinto, alferez: todos estos fueron muertos. Salieron heridos el capitan Martin de Robles, y el capitan Martin de Alarcon, y Gonzalo Silvestre, de quien atrás hemos hecho larga mencion, el cual perdió en aquel lance un caballo que le mataron, por el cual dos dias antes le daba Martin de Robles (á quien el presidente, como atrás dijimos, dió cuarenta mil pesos de renta) doce mil ducados, y él no lo quiso vender por hallarse en la batalla en un buen caballo. Este paso referimos en el libro nueve, capítulo diez y seis de la primera parte de estos comentarios, y no nombramos á los susodichos, y ahora se ofreció poner aquí sus nombres. Gonzalo Silvestre con una pierna quebrada, que su caballo se la quebró al caer en el suelo, se escapó de la batalla, porque un indio suyo que traía otro caballo tan bueno, le socorrió con él, y le ayudó á subir, y fue con él hasta Huamanca; y le sirvió en toda esta guerra hasta el fin della como propio hijo. Sin los principales que hemos nombrado que mataron y hirieron los enemigos, mataron mas de otros sesenta soldados famosos que no llegaron á golpe de espada ni de pica. Estos lances fueron los mas notables que en aquel rompimiento de la batalla sucedieron, que todo lo demas fue desórden y confusion; de manera que mucha parte de los soldados del mariscal no quisieron pasar el rio á pelear con los enemigos de miedo de sus arcabuces; porque en hecho de verdad desde la escaramuza que tuvieron el primer dia que se vieron los dos ejércitos, quedaron amedrentados los del mariscal de los arcabuces contrarios; y aquel miedo les duró siempre hasta que se perdieron. Un soldado que se decia fulano Perales, se pasó á los del mariscal, y les pidió un arcabuz cargado para tirar á Francisco Hernandez, diciendo que le conocia bien y sabia de qué color andaba vestido; y habiéndosele dado, tiró y mató á Juan Alonso de Badajoz, creyendo que era Francisco Hernandez, porque estaba vestido del mismo color, y le semejaba en la disposicion de la persona. Loóse en público de haberlo muerto; y despues cuando se reconoció la victoria por Francisco Hernandez se volvió á él diciendo que le habian rendido; mas no tardó mucho en pagar su traicion, que pocos dias despues estando Perales en el Cozco con su maese de campo, el licenciado Diego de Alvarado, Francisco Hernandez habiendo sabido que Perales se habia loado de haberle muerto, escribió al licenciado Alvarado que lo ahorcase: y así se hizo, que yo le ví ahorcado en la picota de aquella ciudad. Volviendo á la batalla, decimos, que viendo el capitan Juan de Piedrahita la desórden, confusion y temor que en el campo del mariscal andaba, mandó que los suyos le siguiesen á priesa, y con los arcabuceros que pudieran seguirle, que fueron menos de cincuenta, salió corriendo de su fuerte cantando victoria, y disparando sus arcabuces, donde quiera que habia junta de veinte ó treinta hombres, y mas y menos, y todos se le rendian hasta darle las armas, y la pólvora, que era lo que los enemigos mas habian menester: y desta manera rindió mas de trecientos hombres, y los volvió consigo, y los rendidos no osaban apartarse dél porque otros de los enemigos, no los maltratasen.

CAPÍTULO XVIII.

Francisco Hernandez alcanza victoria. El mariscal y los suyos huyen de la batalla. Muchos dellos matan los indios por los caminos.

El mariscal don Alonso de Alvarado viendo que, muchos de los suyos no acudian á la batalla ni querian pasar el rio, lo volvió él á pasar con deseo de recogerlos y traerlos á la pelea. Empero cuanto él mas lo procuraba con voces y gritos, tanto menos le obedecian, y tanto mas huian del enemigo, que era el capitan Juan de Piedrabita que iba en los alcances en pos dellos. Algunos amigos del mariscal le dijeron que no se fatigase por recogerlos, que gente que empezaba á huir del enemigo, nunca jamás volvia á la batalla, si no se ofrecia nuevo accidente ó nuevo socorro.

Con esto se alejó el mariscal y le siguieron los que pudieron, y los demas huyeron por diversas partes donde les parecia tener mejor guarida. Unos fueron á Arequepa, otros á los Charcas, otros al pueblo Nuevo, otros á Huamanca, otros fueron por la costa á juntarse con el ejército de su magestad donde estaban los oidores. Los menos fueron al Cozco, que no fueron mas de siete soldados, de los cuales darémos cuenta adelante.

Por aquellos caminos, tantos y tan largos, mataron los indios muchos españoles de los que iban huyendo, que como iban sin armas ofensivas pudieron matarlos sin que hiciesen defensa alguna. Mataron entre ellos á un hijo de don Pedro de Alvarado, aquel gran caballero que fue al Perú con ochocientos hombres de guerra, de quien dimos larga cuenta en su lugar. Llamábase el hijo don Diego de Alvarado, que yo conocí, hijo digno de tal padre: cuya muerte tan desgraciada, causó mucha lástima á todos los que conocian á su padre. Atreviéronse los indios á hacer esta insolencia y maldad, porque los ministros del campo del mariscal (no nombremos á nadie en particular) teniendo la victoria por suya; deseando que no se escapase alguno de los tiranos, mandaron á los indios que matasen por los caminos todos los que huyesen, y así lo hicieron, que fueron mas de ochenta los muertos. Los que murieron en la batalla y en la escaramuza del primer dia fueron mas de ciento y veinte, y de los que quedaron heridos, que (segun el Palentino) fueron doscientos y ochenta, murieron otros cuarenta por mala cura y falta de cirujanos, medicinas y regalos, que en todo hubo mucha mala ventura. De manera que fueron los muertos de la parte del mariscal cerca de docientos y cincuenta hombres, y de los tiranos no murieron mas que diez y siete. Robaron, como lo dice aquel autor, el campo mas rico que jamás hubo en el Perú, á causa que el mariscal metió en la batalla cien vecinos de los ricos y principales de los de arriba, y muchos soldados que habian gastado á seis y siete mil pesos, y otros á cuatro y á tres, y á dos mil.

Al principio desta batalla mandó Francisco Hernandez á su sargento mayor Antonio Carrillo, que con otros ocho ó nueve de caballo guardasen un portillo por donde temia se huirian algunos de los suyos; porque estaba algo lejos de la batalla. Andando la furia della mas encendida, llegó á ellos Albertos de Orduña, alferez general de Francisco Hernandez con el estandarte arrastrando, y les dijo que huyesen, que ya su general era muerto, y su campo destruido; con lo cual huyeron todos y caminaron aquella noche ocho ó nueve leguas: otro dia supieron de los indios que el mariscal era el vencido, y Francisco Hernandez vencedor. Con esta nueva volvieron á su real con harta vergüenza de su flaqueza, aunque dijeron que habian ido en alcance de muchos del mariscal que huian por aquellas sierras. Empero bien se entendió que ellos eran los huidos; y Francisco Hernandez por abonarlos, dijo que él les habia mandado que rindiesen y volviesen á los que por aquella parte huyesen. Habida la vitoria por Francisco Hernandez, su maese de campo Alvarado, aunque en la batalla no se mostró en nada maese de campo, ni aun soldado de los menores, quiso con la vitoria mostrarse bravo y hazañoso; que trayendo los suyos preso un caballero de Zamora, que llamaban el comendador Romero, que cuatro dias antes llegó al campo del mariscal con mil indios cargados de bastimento, como atrás dijimos, sabiendo el maese de campo que lo traian, envió á su ministro Alonso Gonzalez (ministro de tales hazañas) con órden que antes que entrase en el real lo matase, porque sabia que Francisco Hernandez le habia de perdonar si intercediesen por él. El verdugo cruel lo hizo como se le mandó. Luego trujeron otro prisionero ante Francisco Hernandez, llamado Pero Hernandez el leal, que por haberlo sido tanto en el servicio de su magestad mereció este renombre; porque sirvió con muchas veras en toda la guerra de Gonzalo Pizarro, y fue uno de los que fueron con el capitan Juan Vazquez Coronado, vecino de Méjico, á descubrir las siete ciudades: de la cual entrada dimos cuenta en nuestra historia de la Florida; y en aquella jornada sirvió como muy buen soldado, y despues, como se ha dicho, en la de Gonzalo Pizarro, y en la presente contra Francisco Hernandez Giron, en el ejército del mariscal. Tambien le dieron el apellido Leal, por diferenciarle de otros que se llamaban Pero Hernandez, como Pero Hernandez el de la entrada, de quien poco há hecimos mencion, que le llamaron así por haber ido á la entrada de Musu con Diego de Rojas, de quien atrás se dió larga cuenta. A este Pero Hernandez el leal, dice el Palentino que era sastre, y que Francisco Hernandez despues de haberle perdonado por intercesion de Cristóbal de Funes, vecino de Huamanca, le dió una mala reprension llamándole de bellaco, sastre vil y bajo; y que siendo tal, habia alzado bandera como de taberna en el Cozco en nombre de su magestad. Todo lo cual fue relacion falsa que dieron al autor; porque yo conocí á Pero Hernandez el leal, que todo el tiempo que estuvo en el Perú fue huésped de mi padre; posaba en su casa, y comia y cenaba á su mesa; porque antes de pasar á las Indias, fue criado muy familiar de la ilustrísima y escelentísima casa de Feria; de la cual por la misericordia divina, decendia mi padre, de hijo segundo de ella; y porque Pero Hernandez habia sido criado della, y vasallo de aquellos señores, natural de Oliva de Valencia, le hacia mi padre la honra y el trato que si fuera su propio hermano; y Pero Hernandez se trataba como hombre noble y muy honrado, que siempre le conocí uno, dos caballos: y me acuerdo que uno dellos se llamaba Pajarillo, por la ligereza de su correr; y con el caballo me acaeció despues de la guerra de Francisco Hernandez un caso estraño, en que nuestro Señor por su misericordia me libró de la muerte. A este hombre tal, dice el Palentino que era sastre: no puedo creer sino que el que le dió la relacion debia de conocer otro de el mismo nombre con oficio de sastre; y añadió, que alzó bandera en el Cozco contra Francisco Hernandez. No pasó tal, porque en todo aquel tiempo desta guerra yo no salí de aquella ciudad, y Pero Hernandez, como lo he dicho, posaba en casa de mi padre; y si algo hubiera de bandera ó de otra cosa lo supiera yo como cualquiera otro, y mejor que el autor; pero cierto que no hubo nada de aquello. El muchacho de quien dimos cuenta en el libro segundo, capítulo veinte y cinco de la primera parte de estos comentarios, á quien yo puse la yerba medicinal en el ojo que tenia enfermo para perderlo, era hijo deste buen soldado, y nació en casa de mi padre; y hoy que es año de mil seiscientos once, vive en Oliva de Valencia, tierra de su padre, y se llama Martin Leal; y el escelentísimo duque de Feria, y el ilustrísimo marqués de Villa-Nueva de Barca-Rota, le ocupan en su servicio, que cuando han menester adestrar caballos ó comprarlos, le envian á buscarlos, porque salió muy buen hombre de á caballo de la gineta, que es la silla con que se ganó aquella nuestra tierra &c.

Pero Hernandez el leal, cuando supo el levantamiento de Francisco Hernandez Giron en los Antis, donde trataba y contrataba en la yerba llamada Cuca, y administraba una gruesa hacienda de su magestad llamada Tunu, que en aquel distrito tiene de la dicha yerba, se fue dende allí al campo del mariscal donde anduvo como leal servidor del rey, hasta que le prendieron en la batalla de Chuquinca, y lo presentaron á Francisco Hernandez Giron por prisionero de calidad, por su lealtad y muchos servicios hechos á la magestad imperial. Francisco Hernandez, porque era enemigo de los leales, mandó que le matasen luego, y así lo llevaron al campo para matarle. El verdugo le mandó hincarse de rodillas y le puso la soga al pescuezo para darle garrote. A este tiempo habló un soldado al verdugo preguntándole cierta cosa; el verdugo para responderle volvió el rostro á él, y se puso de espaldas á Pero Hernandez el leal; el cual viéndole ocupado con el soldado, y que no le miraba, se atrevió á levantarse; y aunque era hombre mayor echó á correr con tanta ligereza, que no le alcanzára un caballo, porque no iba en ello menos que la vida. Así llegó donde estaba Francisco Hernandez y se echó á sus pies abrazándole las piernas, suplicándole hubiese misericordia de él. Lo mismo hicieron todos los que se hallaron presentes, que uno de ellos fue Cristóbal de Funes, vecino de Huamanca. Y entre otras cosas le dijeron que ya el triste habia tragado la muerte, pues traía la soga al pescuezo. Francisco Hernandez por dar contento á tantos lo perdonó aunque contra su voluntad. Esto pasó como lo hemos dicho; y en casa de mi padre (despues en sana paz) se refirió vez y veces, unas en presencia de Pero Hernandez el leal, y otras en ausencia; y adelante dirémos como se huyó de el tirano y se fue al rey.

CAPÍTULO XIX.

El escándalo que la pérdida del mariscal causó en el campo de su magestad. Las provisiones que los oidores hicieron para remedio del daño. La discordia que entre ellos hubo sobre ir ó no ir con el ejército real. La huida de un capitan del tirano á los del rey.

De la misma manera que sucedió el hecho de la batalla de Chuquinca, que Antonio Carrillo sargento mayor de Francisco Hernandez, y Albertos de Orduña su alferez general huyeron porque se dijo á voces que Francisco Hernandez era muerto en la batalla, y luego á poco rato salió por vencedor de ella,

Ni mas ni menos llegó al campo de su magestad la nueva del suceso de aquel rompimiento, que algunos españoles que estaban en la comarca, teniendo nueva por los indios que Francisco Hernandez era vencido y muerto, lo escribieron á los oidores á toda diligencia pidiendo albricias por la buena nueva que les enviaban, mas porque no se diesen las albricias de valde, llegó muy aína la fama verdadera de la pérdida del mariscal y de todos los suyos; la cual causó grandísimo alboroto y escándalo en el ejército de su magestad, tanto que (sin dar causa ni razon para ello), escribe el Palentino, capítulo cuarenta y seis, que consultaron entre los tres oidores de matar al licenciado y oidor Santillan, ó prenderlo y enviarlo á España, y que no se efectuó por la contradicion de el doctor Saravia, como si el licenciado Santillan hubiera causado la pérdida de aquella batalla. Y no hay que espantarnos desto, porque la victoria de Francisco Hernandez Giron fue tan en contra de la imaginacion y esperanza de todos los hombres prácticos del Perú, que todos sospecharon y aun creyeron que los suyos habian vendido al mariscal, é imaginaban en los que pudieran haberlo hecho; y en esta imaginacion estuvieron tan firmes y certificados, como que hubiera sido revelacion de algun ángel, hasta que vieron muchos de los sospechados que huyendo de la batalla fueron á parar al campo de su magestad; y los mas dellos iban heridos y muy maltratados. Con lo cual se acreditaron en su lealtad, y desengañaron á los sospechosos, que no habia sido traicion sino desventura de todos ellos. Aplacado el alboroto mandaron los oidores que Antonio de Quiñones, vecino de el Cozco, fuese con sesenta arcabuceros á la ciudad de Huamanca, á socorrer y amparar los que por aquella via viniesen huyendo de los perdidosos de la batalla; y tambien para que la ciudad tuviese quien la defendiese si Francisco Hernandez enviase gente á ella, que era cierto la habia de enviar, para que le lleváran algunas cosas de las muchas que habia menester para socorrer su gente. Y es así que poco despues de la batalla Francisco Hernandez envió á su capitan Juan Cobo á la dicha ciudad para que le llevára algun socorro de medicinas para los heridos y enfermos; mas Juan Cobo sabiendo que Antonio de Quiñones iba sobre él, se retiró de Huamanca sin haber hecho cosa alguna en ella. En este tiempo llegaron dos cartas de diversas partes á manos de los oidores casi en una misma hora; la una del mariscal don Alonso de Alvarado, en que se quejaba de su mala fortuna y de su gente que no le hubiese querido obedecer ni guardar el órden que les habia dado para la batalla, como ello pasó en hecho de verdad. La otra carta era de Lorenzo de Aldana, en la cual escribe en muy pocas palabras todo el suceso de la batalla, y como se dió contra toda la opinion de todos los principales del campo, que segun lo escribe el Palentino, capítulo cuarenta y siete, es la que se sigue sacada á la letra.

El lunes pasado escrebí á vuesa señoría y dije lo que sospechaba y temia. Y acabado de despachar, entró lucifer en el mariscal, y luego se determinó de dar la batalla á Francisco Hernandez en el fuerte en que estaba, contra el parecer y opinion de todos, y mas de la mia; y no obstante todo esto lo hizo de manera que Francisco Hernandez de su fuerte nos desbarató y mató mucha gente y harto principal en ella; la cantidad no sabre decir, porque como era en su mismo fuerte y se retiró el mariscal no se pudo entender. Él salió herido, y no por pelear ni por animar su gente &c. Hasta aquí es del Palentino.

Con la certificacion de la pérdida del mariscal, ordenaron los oidores que el campo marchase y siguiese á Francisco Hernandez Giron, y que la audiencia fuese con el ejército, como lo dice el Palentino por estas palabras. Así por le dar mayor autoridad, como porque la gente no murmurase de que ellos se quedaban holgando. Y tratado esto en su acuerdo hubo contradicion por el licenciado Altamirano diciendo que el audiencia no podia salir fuera porque su magestad los mandaba residir en Lima. Y que sin espreso mandamiento no podian salir, ni tampoco valdria lo que el audiencia fuera de la ciudad mandase. É insistiendo el doctor Saravia sobre que el audiencia habia de salir, dijo el licenciado Altamirano que por alguna via él no saldria, porque el rey no le habia mandado venir á pelear, sino á sentarse en los estrados y sentenciar los procesos y causas que hubiese. El doctor Saravia dijo que le suspenderia del oficio si no iba con el campo, y mandaría á los oficiales reales no le pagasen salario alguno. Y así se le notificó, aunque despues vino cédula de su magestad para que se le pagase.

Hasta aquí es de Diego Hernandez Palentino. Con las dificultades dichas determinaron que los tres oidores, el doctor Saravia, el licenciado Santillan y el licenciado Mercado, fuesen con el ejército real, y que el licenciado Altamirano, pues se daba por rendido á las armas, y que no queria sino guerra civil, mandaron que quedase en la ciudad de los Reyes por justicia mayor della; y á Diego de Mora, vecino de Trujillo, que vino como se ha dicho con una buena compañía de arcabuceros, dejaron por corregidor de aquella ciudad; y su compañía dieron á otro capitan llamado Pedro de Zarate. Ordenado todo esto y lo que convenia á la guarda de la mar, caminó el ejército real hasta Huamanca. En aquel viage se les vino un soldado famoso, que se decia Juan Chacon, que habian preso los tiranos en la rota de Villacori; al cual por ser tan buen soldado, Francisco Hernandez Giron, por obligarle á que fuese su amigo, le habia dado una compañía de arcabuceros; pero Juan Chacon siendo leal servidor de su magestad, trataba en secreto con otros amigos suyos de matar al tirano; y como entonces no se usaba otra lealtad sino venderse unos á otros, dieron noticia dello á Francisco Hernandez, lo cual supo Juan Chacon, y antes que le prendiesen, se huyó á vista de Francisco Hernandez y de todos los suyos; y en el camino corrió mucho peligro de su vida, porque como los indios tenian mandato de atrás que matasen todos los que se huyesen, tomándolo ellos sin distincion de leales á traidores, apretaron malamente á Juan Chacon, y le matáran, si no fuera por un arcabuz que llevó con que los ojeaba á lejos; pero con todo eso llegó herido al campo de su magestad, donde dió cuenta de todo lo que Francisco Hernandez pensaba hacer, con que los oidores y todo su ejército recibieron mucho contento, y así caminaron hasta Huamanca, donde los dejarémos por decir lo que Francisco Hernandez hizo en aquellos mismos dias.

CAPÍTULO XX.

Lo que Francisco Hernandez hizo despues de la batalla. Envia ministros á diversas partes del reino á saquear las ciudades. La plata que en el Cozco robaron á dos vecinos della.

Francisco Hernandez Giron estuvo mas de cuarenta dias en el sitio donde venció aquella batalla, así por gozar de la gloria que sentia de verse en él, como por la necesidad de los muchos heridos que quedaron de los del rey. A los cuales regalaba y acariciaba todo lo mas que podia por hacerlos amigos, y así ganó á muchos dellos que le siguieron hasta el fin de su jornada. En aquel tiempo proveyó que su maese de campo Alvarado fuese al Cozco en alcance de los que hubiesen huido hácia allá. Proveyó asimismo que su sargento mayor Antonio Carrillo (porque perdiese algo de la mucha melancolía que traía por haber huido de la batalla de Chuquinca) fuese á la ciudad de la Paz, á Chucuito, á Potocsi y á la ciudad de la Plata, y corriese todas aquellas provincias recogiendo la gente, armas y caballos que hallase. Particularmente le envió á que recogiese la plata y oro, y mucho vino escondido, que un soldado de los del mariscal, llamado Francisco Boloña, le dijo que sabia donde todo aquello quedaba escondido. A lo cual fue Antonio Carrillo con veinte soldados, y llevó consigo á Francisco Boloña; y de los veinte soldados que fueron con él, no fueron mas de dos de los prendados de Francisco Hernandez, que todos los demas eran de los del mariscal: por lo cual se sospechó en público y se murmuró en secreto, que Francisco Hernandez enviaba su sargento mayor á que lo maltratasen, y no á cosa de provecho suyo, como ello sucedió segun verémos adelante. Asimismo proveyó Francisco Hernandez que su capitan Juan de Piedrahita fuese á la ciudad de Arequepa á recoger la gente, armas y caballos que hallase. Y para este viage le nombró y dió título de maese de campo del ejército de la libertad, que así llamaba Francisco Hernandez al suyo; y á su maese de campo Alvarado le dió nombre de teniente general. Con estos títulos mejoró á estos dos ministros suyos, para que con mas soberbia y vanagloria hiciesen lo que despues hicieron.

El teniente general licenciado Alvarado fue al Cozco en alcance de los que huyeron de la batalla de Chuquinca, y un dia antes que entrase en la ciudad llegaron siete soldados de los del mariscal, y uno dellos que iba por cabo se decia Juan de Cardona, los cuales dieron aviso de la pérdida del mariscal, de que toda la ciudad se dolió muy mucho; porque nunca se imaginó que tal victoria pudiera alcanzar un hombre que venia tan roto y perdido como Francisco Hernandez. Acordaron huirse todos antes que el tirano los matase. Francisco Rodriguez de Villafuerte, que entonces era alcalde ordinario, recogió la gente que en la ciudad habia, que con los siete soldados huidos apenas llegaban á número de cuarenta, y todos fueron camino del Collao. Unos pararon á hacer noche legua y media de la ciudad, y el alcalde fue uno dellos: otros pasaron adelante tres y cuatro leguas y fueron los mejor librados; porque el buen Juan de Cardona viendo que el alcalde paraba tan cerca de la ciudad, en pudiendo escabullirse huyó dellos, y llegó al Cozco á media noche, y dió cuenta al licenciado Alvarado como Villafuerte y otros veinte con él quedaban legua y media de allí. El licenciado mandó que luego á la hora saliese el verdugo general Alonso Gonzalez por capitan de otros veinte soldados y fuese á prender á Villafuerte; en lo cual puso tan buena diligencia Alonso Gonzalez, que otro dia á las ocho los tenia á todos en el Cozco entregados á su teniente general. El cual hizo ademanes de matar á Francisco de Villafuerte y á algunos de los suyos; pero no hallando culpa los perdonó por intercesion de los suegros y amigos de Francisco Hernandez Giron. Entre otras maldades que por órden y mandado de su capitan general hizo el licenciado Alvarado en la ciudad del Cozco, fue despojar y robar las campanas de la iglesia catedral y de los monasterios de aquella ciudad. Que al convento de nuestra Señora de las Mercedes, de dos campanas que tenia le quitó la una: y al convento del divino Santo Domingo hizo lo mismo, y fueron las mayores que tenian. Al convento del seráfico San Francisco no quitó ninguna, porque no tenia mas de una, y esto fue á ruego de los religiosos, que tambien la queria llevar. A la catedral de cinco campanas quitó las dos, y las llevára todas cinco sino acudiera el obispo con su clerecía á defenderlas con descomuniones y maldiciones. Y estas de la catedral estaban benditas de mano del obispo, y tenian ólio y crisma, y eran muy grandes. De todas las cuatro campanas hizo seis tiros de artillería; y el uno dellos reventó cuando los probaron, y al mayor dellos pusieron en la fundicion unas letras que decian: *Libertas*, que este fue el apellido de aquella tiranía. Estos tiros como hechos de metal que fue dedicado y consagrado al servicio divino, no hicieron daño en persona alguna segun adelante verémos. Con esta maldad hizo aquel teniente general otros muchos sacos y robos de la hacienda de los vecinos que se huyeron, y de otros que murieron en la batalla de Chuquinca que tenian fama de ricos porque no eran tan gastadores (como otros que habia en aquella ciudad) y se sabia que tenian guardadas muchas barras de plata. Con su buena diligencia y amenazas, descubrió el licenciado Alvarado, por via de los indios, dos hoyos que Alonso de Mesa tenia en un orezuelo de su casa, y de cada uno dellos sacó sesenta barras de plata tan grandes, que pasaba cada una de á trecientos ducados de valor. Yo las vi sacar, que como la casa de

Alonso de Mesa estaba calle enmedio de la de mi padre, me pasé á ella á la grita que habia con las barras de plata. Pocos dias despues trujeron de los indios del capitan Juan de Saavedra ciento y cincuenta carneros de aquella tierra, cargados con trecientas barras de plata, todas del mismo tamaño y precio que las primeras. Sospechóse entonces que no haber querido salir Juan de Saavedra de la ciudad del Cozco la noche del levantamiento de Francisco Hernandez Giron, como se lo rogaron mi padre y sus compañeros, habia sido por guardar y poner en cobro aquella cantidad de plata, y por mucho guardar no guardó nada, pues la perdió, y la vida por ella. Estas dos partidas, segun el precio comun de las barras de aquel tiempo, montaron ciento y veinte y seis mil ducados castellanos de á trecientos y setenta y cinco maravedís; y aunque el Palentino dice que entró á la parte de la pérdida Diego Ortiz de Guzman, vecino de aquella ciudad, yo no lo supe mas que de los dos referidos.

CAPÍTULO XXI.

El robo que Antonio Carrillo hizo, y su muerte. Los sucesos de Piedrahita en Arequepa. La victoria que alcanzó por las discordias que en ella hubo.

No anduvo menos bravo (si le durára mas la vida) el sargento mayor Antonio Carrillo, que fue á saquear el pueblo Nuevo y las demas ciudades del distrito Collasuyu, que en la ciudad de la Paz en muy pocos dias sacó de los caciques de aquella jurisdiccion de los tributos que debian á sus amos y de otras cosas, una suma increible, como lo dice el Palentino por estas palabras, capítulo cuarenta y nueve. Prendió Antonio Carrillo los mayordomos de los vecinos y todos los caciques, y túvoles presos poniéndoles grandes temores, hasta que dieron todas las haciendas y tributos de sus amos. Y ansí desto como de muchos hoyos de barras de plata, que sacó del monasterio de señor San Francisco, y de otras partes, ansí dentro de la ciudad como de fuera, en término de cinco dias que allí estuvo, habia recogido y robado mas de quinientos mil castellanos en oro y plata, vino y otras cosas &c.

Hasta aquí es de aquel autor. Todo lo cual se hizo por órden y aviso de Francisco Boloña que sabia bien aquellos secretos; y pasára adelante el robo y saco, si no que él mismo denunciador acusado de su conciencia y por persuasion de Juan Vazquez, corregidor de Chucuitu, lo restituyó á sus dueños; con que él y otros amigos suyos mataron al pobre Antonio Carrillo á estocadas y cuchilladas que le dieron dentro en su aposento, y redujeron aquella ciudad al servicio de su magestad como antes estaba: así acabó el triste Antonio Carrillo. Al maese de campo de Francisco Hernandez Giron, que dijimos que era Juan de Piedrahita, le fue mejor en la ciudad de Arequepa que á su sargento mayor Antonio Carrillo; por la discordia que hubo entre el corregidor de Arequepa y el capitan Gomez de Solís, á quien los oidores enviaron á ella por general para seguir por aquella parte la guerra contra Francisco Hernandez Giron, de lo cual se enfadó el corregidor muy mucho, porque le hiciesen superior sobre él, teniéndose por soldado mas práctico para la guerra que Gomez de Solís, como lo refiere Diego Hernandez, capítulo cincuenta y uno por estas palabras. Partido que fue Gomez de Solís del campo de su magestad llevando sus provisiones, y por su alferez á Vicencio de Monte, antes que llegase á la ciudad se tuvo aviso de su venida, y apercibiéronse muchos para le salir á recebir. Empero el corregidor Gonzalo de Torres lo estorbó, mostrando tener resabio de aquel proveimiento, diciendo, que los oidores jamás acertaban á proveer cosa alguna. Y ansímismo publicaba que Gomez de Solís no era capaz para tal cargo como se le habia dado; y que estando él por corregidor en aquella ciudad no se debia proveer otra persona de todo el reino: por lo cual mostrando en público su pasion, no quiso ni consintió que le saliesen á recebir &c.

Hasta aquí es de Diego Hernandez. Estando en estas pasiones y bandos los de Arequepa, tuvieron nueva de la ida de Juan de Piedrahita, y que llevaba mas de ciento y cincuenta hombres, y que mas de los ciento eran arcabuceros de los famosos de Francisco Hernandez. Por lo cual se recogieron todos en la Iglesia mayor, llevando sus mugeres y hijos, y los muebles de sus casas, y la cercaron toda en derredor de una pared alta, porque el enemigo no les entrase, y pusieron los pocos arcabuceros que tenian á la boca de dos calles por donde los enemigos podian entrar, para que los ofendiesen dende las puertas y ventanas sin que los viesen. Pero como en tierra donde hay pasion y bando, no haya cosa segura, tuvo Piedrahita aviso de la emboscada que le tenian armada, y torciendo su camino entró por otra calle, hasta ponerse en la casa episcopal, cerca de la Iglesia, donde hubo alguna pelea, pero de poco momento. Entonces vino á ellos de parte de Piedrahita un religioso dominico, y les dijo que Piedrahita no queria romper con ellos, sino que hubiese paz y amistad, y que los soldados de una parte y otra quedasen libres para irse á servir al rey, ó á Francisco Hernandez, y que le diesen las armas que les sobrasen. Gomes de Solís no quiso aceptar este partido por parecerle infamia entregar las armas al enemigo, aunque fuesen de las que les sobrasen; pero otro dia aceptó el partido, y aun rogando porque aquella noche le quemaron unas casas que allí tenia (aunque él era vecino de los Charcas) y otras principales de la ciudad: y aunque habia treguas puestas por tres dias, los tiranos las quebrantaron, porque tuvieron aviso que se habian huido algunos de los de Gomez de Solís, y que los que quedaban no querian pelear. Con esto se desvergonzaron tanto, que salieron á combatir el fuerte. Gomez de Solís y los vecinos que con él estaban, viendo que no habia quien pelease, se huyeron como mejor pudieron y dejaron á Piedrahita toda la hacienda que habian recogido para guardalla, la cual tomaron los enemigos y se volvieron ricos y prósperos en busca de su capitan general Francisco Hernandez Giron; y aunque en el camino se le huyeron á Piedrahita mas de veinte soldados, que de los del mariscal llevaba consigo, no se le dió nada, por la buena presa de mucho oro, plata, joyas y preseas, armas y caballos, que en lugar de los huidos le quedaba, y no hizo caso dellos porque eran de los rendidos.

Francisco Hernandez Giron, que lo dejamos en el sitio de la batalla de Chuquinca, estuvo en él cerca de mes y medio por los muchos heridos que de parte del mariscal quedaron. Al cabo deste largo tiempo caminó con ellos como mejor pudo hasta el valle de Antahuaylla, con enojo que llevaba de los indios de las provincias de los Chancas, por la mucha pesadumbre que en la batalla de Chuquinca le dieron, que se atrevieron á pelear con los suyos, y les cargaron de mucha cantidad de piedras con las hondas, y descalabraron algunos de los de Francisco Hernandez. Por lo cual luego que llegó á aquellas provincias, mandó á sus soldados, así negros como blancos, que saqueasen los pueblos, y los quemasen, y talasen los campos, y hiciesen todo el mal y daño que pudiesen. De Antahuaylla envió por doña Mencia su muger, y por la de Tomás Vazquez, á las cuáles hicieron los soldados solemne recebimiento: y á la muger de Francisco Hernandez, llamaban muy desvergonzadamente, como lo dice el Palentino, reina del Perú. Estuvieron pocos dias en la provincia de Antahuaylla: contentáronse con haberse satisfecho del enojo que contra aquellos indios tenian. Caminaron hácia el Cozco porque supieron que el ejército real caminaba en busca dellos: pasaron los dos rios Amancay y Apurimac. Viendo Francisco Hernandez los pasos tan dificultosos que hay por aquel camino tan dispuestos para los defender y resistir á los que contra él fuesen. Decia muchas veces, que si no hubiera enviado á su maese de campo Juan de Piedrahita con la gente escogida que llevó, que esperára, y aun diera la batalla á los oidores en algun paso fuerte de aquellos. Caminando Francisco Hernandez un dia de aquellos, se atrevieron seis soldados principales de los del mariscal á huirse á vista de todos los contrarios: llevaban cabalgaduras escogidas, y sus arcabuces, y todo buen recaudo para ellos. Salieron con su pretension porque Francisco Hernandez no quiso que fuesen en pos dellos, porque no se huyesen todos: contentóse con que no fuesen mas de seis los que le negaban; que al principio de la revuelta temió que la huida era de mucha mas gente, pues se hacia tan al descubierto y con tanto atrevimiento. Aquellos seis soldados llegaron al campo de su magestad y dieron aviso de como Francisco Hernandez iba al Cozco, y que pretendia pasar adelante al Collao. Los oidores con la nueva mandaron que el ejército caminase con diligencia y recato; y así caminaron, aunque por las diferencias y pasiones que entre los superiores y ministros principales habia, se cumplía mal y tarde lo que al servicio de su magestad convenia.

CAPÍTULO XXII.

Francisco Hernandez huye de entrar en el Cozco. Lleva su muger consigo.

Francisco Hernandez con todo su ejército pasó el rio de Apurimac por la puente, y dejó en guarda della un soldado, llamado fulano de Valderrábano, con otros veinte en su compañía. Dos dias despues no fiando del Valderrábano, envió á Juan Gavilan, y que Valderrábano se volviese donde Francisco Hernandez estaba. Juan Gavilan quedó guardando la puente, y dos dias despues vió asomar corredores del ejército de su magestad; y sin aguardar á ver qué gente era, cuánta y cómo venia, quemó la puente y se retiró á toda priesa donde estaba su capitan general. Al cual, segun lo dice el Palentino, le pesó mucho que la hubiese quemado, y que por ello trató ásperamente de palabra á Juan Gavilan &c. No sé qué razon tuviese para ello, porque no habiendo de volver á pasar la puente, pues se iba retirando, no habia hecho mal Juan Gavilan en quemarla, antes habia hecho bien en dar pesadumbre y trabajo á sus contrarios para haberla de hacer y pasar por ella. Francisco Hernandez pasó al valle de Yucay, por gozar aunque pocos dias de los deleites y regalos de aquel valle ameno. Su ejército caminó hasta una legua cerca del Cozco; de allí rodeó á mano izquierda de como iba, por no entrar en aquella ciudad; porque de sus adivinos, hechiceros, astrólogos y pronosticadores (que dió mucho en tratar con ellos) estaba Francisco Hernandez persuadido á que no entrase en ella porque por sus hechicerías sabian que el postrero que de ella saliese á dar batalla habia de ser vencido; para lo cual daban ejemplos de capitanes, así indios en sus tiempos, como españoles en los suyos que habian sido vencidos; pero no decian los que habian sido vencedores, como lo pudiéramos decir si importára algo. En confirmacion de lo cual escribe Diego Hernandez (capítulo treinta y dos y cuarenta y cinco) y en ellos nombra cuatro españoles y una morisca que eran tenidos por hechiceros y nicrománticos, y que daban á entender que tenian un familiar que les descubria lo que pasaba en el campo de su magestad, y lo que se trataba y comunicaba en el campo de Francisco Hernandez; con lo cual dice que no osaban los suyos tratar de huirse, ni de otra cosa en perjuicio del tirano, porque el diablo no se lo revelase. Yo ví una carta suya que se la escribió á Juan de Piedrahita cuando habia de ir á Arequepa, como atrás se ha dicho, y se la envió al Cozco, en que le decia: vuesa merced no saldrá de esa ciudad tal dia de la semana, sino tal dia, porque el nombre Juan no se ha de escrebir con V, sino con O. Y á este tono decia otras cosas en la carta de que no me acuerdo para poderlas escrebir: solo puedo afirmar, que públicamente era notado de embaidor y embustero. Y este mismo trato y contrato (como paga cierta de los tales) le hiso perderse mas aina, como adelante verémos.

Los mismos de Francisco Hernandez Giron que sabian estos tratos y conciertos que con los hechiceros tenía, decian unos con otros, que ¿por qué no se valia de la hechicería y pronósticos de los indios de aquella tierra, pues tenian fama de grandes maestros en aquellas diabólicas artes? Respondian que se goneral no hacia caso de las hechicerías de los indios, porque las mas dellas eran niñerías antes que tratos ni contratos con el demonio. Y en parte tenian razon, segun dijimos de algunas de ellas en la primera parte destos comentarios, libro cuarto, capítulo diez y seis, sobre el mal agüero ó bueno que tan de veras tomaban en el palpitar de los ojos, á cuya semejanza dirémos otra adivinacion que sacaban del zumbar de los oidos, que lo apuntamos en el dicho capítulo, y lo dirémos ahora; y danos autoridad á ello el confesonario católico, que por mandado de un sínodo que en aquel imperio hubo se hizo.

El cual entre otras advertencias que dá á los confesores, dice que aquellos indios tienen supersticiones en la vista y en los oidos. La que tenian en los oidos es la que se sigue, que yo la ví hacer á algunos dellos; y era que zumbando el oido derecho, decian que algun pariente ó amigo hablaba bien dél, y para saber quien era el tal amigo (tomándolo en la imaginacion) ahahaban con el anhelito la mano derecha, y tan presto como la apartaban de la boca la ponian sobre el oido; y no cesando el zumbido, tomaban en su imaginacion otro amigo, y hacian lo mismo que con el primero, y así con otros, y otros, hasta que cesaba el zumbido, y del postrer amigo con quien cesaba el zumbido, certificaban que aquel amigo era el que decia bien dél.

Lo mismo en contra tenian del zumbido del oido siniestro, que decian que algun enemigo hablaba mal dél; y para saber quien era, hacian en el dicho oido las mismas niñerías que en el pasado, hasta que cesaba de zumbear; y al postrero con quien cesaba, tenian que habia sido el maldiciente, y se confirmaba en su enemistad si habian tenido alguna pasion.

Por ser estas hechicerías y otras, que aquellos indios tuvieron tan de reir, decian los amigos de Francisco Hernandez que no hizo caso dellas para valerse de aquellos hechiceros.

El tirano siguiendo su camino alcanzó su ejército en un llano que está á las espaldas de la fortaleza del Cozco, donde dice el Palentino que le fue á visitar Francisco Rodriguez de Villafuerte, alcalde ordinario de aquella ciudad, á quien dijo Francisco Hernandez grandes maldades de los vecinos del Cozco, y les hizo muchos fieros que los habia de matar y destruir porque no fueron con él en su tiranía, y todo fue mentir y querer hacer culpados á los que no quisieron seguirle. De allí siguió su camino con su ejército por cima de la ciudad del Cozco al Oriente della, como se lo mandaron sus hechiceros; llevó consigo su muger á pesar de sus suegros, que les dijo que no queria dejarla en poder de sus enemigos para que se vengasen en ella de lo que él pudiese haberles ofendido. Y así pasó hasta el valle de Orcos, cinco leguas de la ciudad, donde lo dejarémos por decir lo que un hijo de este caballero Francisco Rodriguez de Villafuerte ha hecho conmigo en España sin habernos visto mas de comunicarnos por nuestras cartas.

Es su hijo segundo: vino á España á estudiar, vive en Salamanca años ha, donde florece en todas ciencias: llámase don Feliciano Rodriguez de Villafuerte, nombre bien apropiado con su galano ingenio. Este año de seiscientos y once al principio dél, me hizo merced de un retablo pequeño tan ancho y largo como un medio pliego de papel, lleno de reliquias santas, cada una con su título, y entre ellas un poco del *Lignum Crucis*, todo cubierto con una vidriera, y guarnecido de madera por todas la cuatro partes, muy bien labrado y dorado á las maravillas, que hay bien que mirar en él. Con el relicario me envió dos relojes hechos de su mano, uno de sol como los ordinarios en su aguja al Norte, y su sombra para ver por ella las horas del dia. El otro relox es de la luna galanamente obrado en toda perfeccion de la astrología, con su movimiento circular repartido en veinte y nueve partes, que son los dias de la luna. Tiene la figura de la misma luna con su creciente y menguante, conjuncion y llena: todo lo cual se ve muy claro en el movimiento circular que tiene hecho para que por él le muevan. Tiene su sombra para ver por ella las horas de la noche poniéndola conforme á la edad de la luna. Tiene otras cosas que por no saber dallas á entender, las dejo de escribir. Todo lo cual es hecho por sus propias manos sin ayuda agena, así lo que es material como lo que es de ciencia; y que ha dado bien que admirar á los hombres curiosos que han visto lo uno y lo otro; é yo me he llenado de vanagloria de ver que un hombre nacido en mi tierra y en mi ciudad haga obras tan galanas y tan ingeniosas que admiren á muchos de los de acá: lo cual es prueba del galano ingenio y mucha habilidad que los naturales del Perú, así mestizos como criollos, tienen para todas ciencias y artes, como atrás lo dejamos apuntado con la autoridad de nuestro preceptor y maestro el licenciado Juan de Cuellar, canónigo que fue de la santa Iglesia del Cozco, que leyó gramática en aquella ciudad aunque breve tiempo. Sea Dios nuestro Señor loado por todo. Amen. Y con tanto nos volverémos al Perú, á decir lo que el ejército de su magestad hizo en su viage, que lo dejamos en la ciudad de Huamanca.

CAPÍTULO XXIII.

El ejército real pasa el rio de Amancay y el de Apurimac con facilidad, la que no se esperaba. Sus corredores llegan á la ciudad de el Cozco.

El ejército de su magestad salió de Huamanca en seguimiento de Francisco Hernandez Giron, porque supo que iba camino del Cozco; caminaba con mucho recato con sus corredores delante. Pasó el rio de Amancay por el vado, y para la gente de á pie y la artillería hicieron la puente, que allí es fácil, porque en aquella parte es angosto el rio; en el cual acaeció una desgracia que lastimó mucho á todos. Y fue que el capitan Antonio Lujan habiéndolo pasado se puso á beber con las manos del agua del rio, y al tiempo de levantarse, se le deslizaron ambos pies de la peña en que se habia puesto y cayó de espaldas, y dió con el colodrillo donde tenia los pies, y de allí en el rio donde nunca mas pareció, aunque hicieron toda la diligencia posible por sacarle. Una cota que llevaba puesta llevaron los indios dende á dos años al Cozco siendo corregidor mi padre en aquella ciudad. La compañía del capitan Lujan que era de arcabuceros dieron á Juan Ramon, aunque perdió la suya en Chuquinca.

Con esta desgracia llegó el ejército al rio de Apurimac, y supo que uno de los corredores llamado Francisco Menacho, que se habia adelantado con otros cuarenta compañeros, como soldado bravo y temerario sin haber habido antes de él quien se hubiese atrevido á pasar aquel rio, se habia arrojado á él por el sitio que ahora llaman el vado, y lo habia pasado sin peligro alguno, y que así lo habia hecho otras tres ó cuatro veces entre tanto que llegaba allí el campo de su magestad. Con esta nueva aunque temerosa se atrevió á pasarlo todo el ejército, por no estar detenido en tan mal puesto mientras hacian la puente, que se perdia mucho tiempo; y para mas seguridad de los peones, é indios de carga, y de los que llevaban el artillería, que la llevaban acuestas, pusieron la caballería por todo el rio adelante en quien quebrase la furia de su corriente; y por las espaldas de la caballería pasó la infantería hasta los indios cargados, y la artillería que la llevaban en hombros, y todos pasaron tan sin peligro, como lo dice el Palentino capítulo cincuenta. Y es mucho de estimar la merced que Dios nuestro Señor les hizo aquel dia en facilitarles aquel paso tan peligroso, que aunque entonces lo pasó todo un ejército, despues acá no se ha atrevido nadie á pasarlo. Luego caminaron por aquella cuesta tan áspera con mucho trabajo y dificultad por la aspereza del camino. Llegaron el segundo dia á Rimactampu, siete leguas de la ciudad. De allí pasaron adelante la misma noche que llegaron con mucha pesadumbre de los ministros del ejército, porque casi siempre en lo que convenia mandar y ordenar que hiciese el ejército, se mostraba la pasion y bando que entre ellos habia, unos en mandar y otros en desmandar; y esto lo causó entonces que los corredores del ejército de su magestad y los de Francisco Hernandez caminaban siempre á vista unos de otros; y el tirano tenia cuidado de remudar los suyos á menudo, porque no pareciese que iba huyendo si no que caminaba á su gusto y placer. Así llegó el ejército á Sacsahuana, cuatro leguas de la ciudad; de allí quisieron ser corredores del campo los vecinos de el Cozco, por visitar sus casas, mugeres y hijos, llegaron á medio dia. Y aquella mañana habia salido della el teniente general licenciado Alvarado. Los vecinos no quisieron dormir la noche siguiente en sus casas, porque el enemigo no revolviese sobre ellos y los hallase divididos; juntáronse todos con los pocos soldados que llevaron, en las casas que eran de Juan de Pancorvo, que son fuertes y no tienen por donde entrarle si no por la puerta principal de la calle. En ella hicieron un reparo con adobes que salia siete ó ocho pasos fuera de la puerta. Hicieron sus troneras para tirar por ellas con sus arcabuces á los que les acometiesen, por tres calles que van á dar á la puerta, la una por derecho y las dos por los lados. Allí estuvieron seguros toda la noche con sus centinelas puestas por las calles que iban á dar á la casa. Y yo estuve con ellos y hice tres ó cuatro recaudos á casas donde me enviaban sus dueños, y en esto gasté la noche.

El dia siguiente estando yo en un corredor de la casa de mi padre, á las tres de la tarde vi entrar por la puerta de la calle á Pero Hernandez el leal en su caballo Pajarillo, y sin hablarle entré corriendo al aposento de Garcilaso, mi señor, á darle la buena nueva. El cual salió apriesa, y abrazó á Pero Hernandez con grandísimo regocijo de ambos. El cual dijo que el dia antes caminando el ejército del tirano poco mas de una legua de la ciudad, se apartó dellos fingiendo necesidad, y se entró por entre unas peñas que hay á mano izquierda del camino, y que encubriéndose con ellas subió por aquella sierra hasta alejarse de los enemigos, y que desta manera escapó dellos. Despues fue con mi padre en el ejército de su magestad, y sirvió en aquella guerra hasta que se acabó y volvió con Garcilaso, mi señor, al Cozco; de todo lo cual soy testigo de vista, y como tal lo digo.

CAPITULO XXIV.

El campo de su magestad entra en el Cozco y pasa adelante. Dáse cuenta de como llevaban los indios la artillería acuestas. Llega parte de la municion al ejército real.

A tercero dia de como entraron los vecinos en la ciudad entró el campo de su magestad cada compañía por su órden. Armaron su escuadron de infantería en la plaza principal; los caballeros escaramuzaron con los infantes con muy buena órden militar, donde hubo mucha arcabucería muy bien ordenada, que los soldados estaban diestros en todo lo que convenia á su milicia; y aunque el Palentino, capítulo cincuenta, dice que al pasar por la plaza don Felipe de Mendoza, que era capitan de la artillería, jugó con toda ella, y que la gente dió vuelta en contorno de la plaza, salvando siempre galanamente los arcabuceros.

En este paso le engañaron sus relatores como en otros que hemos apuntado y apuntarémos adelante; porque la artillería no iba para usar della á cada paso ni á cada repiquete, porque no caminaba en sus carretones, sino que los indios, como lo hemos dicho, llevaban lo uno y lo otro acuestas, que para solo llevar la artillería y sus carretones, iban señalados diez mil indios, que todos ellos eran menester para llevar once piezas de artillería gruesa. Y para que se sepa como la llevaban, lo dirémos aquí: que aquel dia que entraron en el Cozco, yó me hallé en la plaza, y los ví entrar dende el primero hasta el postrero.

Cada pieza de artillería llevaban atada á una viga gruesa de mas de cuarenta pies de largo. A la viga atravesaban otros palos gruesos como el brazo;

iban atados espacio de dos pies unos de otros, y salian estos palos como media braza en largo á cada lado de la viga. Debajo de cada palo destos entraban dos indios, uno al un lado y otro al otro, al modo de los palanquines de España. Recebian la carga sobre la cerviz, donde llevaban puesta su defensa para que los palos con el peso de la carga no les lastimasen tanto; y á cada docientos pasos se remudaban los indios, porque no podian sufrir la carga mas trecho de camino. Ahora es de considerar con cuanto afan y trabajo caminarian los pobres indios con cargas tan grandes y tan pesadas, y por caminos tan ásperos y dificultosos como los hay en aquella mi tierra, que hay cuestas de dos, tres leguas de subida y bajada: que muchos españoles ví yo caminando que por no fatigar tanto sus cabalgaduras se apeaban dellas, principalmente al bajar de las cuestas, que muchas dellas son tan derechas que les conviene á los caminantes hacer esto, porque las sillas se les van á los cuellos de las cabalgaduras, y no bastan las gruperas á defenderlas, que las mas dellas se quiebran por aquellos caminos. Esto es dende Quitu hasta el Cozco, donde hay quinientas leguas de camino, pero del Cozco á los Charcas es tierra llana, y se camina con menos trabajo. Por lo cual se puede entender, que lo que el Palentino dice que al pasar de la plaza don Felipe de Mendoza jugó con toda la artillería, fue mas por afeitar, componer y hermosear su historia, que no porque pasó así si no como lo hemos dicho.

El ejército de su magestad pasó una legua de la ciudad, donde estuvo cinco dias apercibiendo lo que era menester para pasar adelante, principalmente el bastimento, que lo proveian los indios de aquella comarca, y hacer el herrage, que llevaba mucha necesidad dél, y fue menester todo aquel tiempo para juntar lo uno y labrar lo otro; y no por lo que aquel autor dice, capítulo cincuenta por estas palabras. Estuvo el campo en las salinas cinco ó seis dias esperando indios para aviar la gente, y al fin se partió el campo sin ellos, mas antes huyeron algunos de los que antes llevaba la gente de aquellos que eran de repartimientos de los vecinos del Cozco, y sospechóse y aun túvose por cierto que los mismos vecinos sus amos los hacian huir &c.

Mucho me pesa de topar semejantes pasos en aquella historia, que arguyen pasion del autor ú del que le daba la relacion, particularmente contra los vecinos del Cozco, que siempre los hace culpados en cosas que ellos no imaginaron, como en este paso y en otros semejantes. Que á los vecinos mejor les estaba dar priesa á que el ejército pasase adelante, que no estorbarle su camino con mandar que los indios se huyesen; porque era en daño y perjuicio de los mismos vecinos, que estando el ejército tan cerca de la ciudad, recebian molestias y agravios en sus casas y heredades. Y el mismo autor parece que se contradice, que habiendo dicho que esperaba el ejército indios de carga, y que de los que traian se le huyeron algunos, dice al fin se partió el campo sin ellos. Luego no los habia menester, pues pudo caminar sin que viniesen los que esperaban. Lo que pasó fue lo que hemos dicho, y lo que el autor dice que los mismos vecinos sus amos los hacian huir, fue que despidieron muchos indios de carga; porque de allí adelante por ser la tierra llana, sin cuestas, ni barrancos, se caminaba con mas facilidad y menos pesadumbre, y así no fueron menester tantos indios como hasta allí traian. El ejército, pasados los cinco dias, salió de aquel sitio caminando siempre con buena órden y apercebida la gente para si fuese menester pelear; porque iba con sospecha y recelo si el tirano esperaria para dar batalla en tres pasos estrechos que hay hasta llegar á Quequesana. Mas el enemigo no imaginaba tal, y así caminó sin pesadumbre alguna hasta llegar al pueblo que llamaban Pucara, cuarenta leguas del Cozco, sirviéndose de sus soldados los negros, los cuales apartándose á una mano y á otra del camino real, le traian cuanto ganado y bastimentos habia por la comarca, y el ejército real caminaba con necesidad porque le llevaban la comida de lejas tierras, por estar saqueados los pueblos que hallaban por delante. Por el camino no dejaban de encontrarse los corredores del un campo y del otro, aunque no llegaron á pelear. Pero los del rey supieron que Francisco Hernández los esperaba en Pucará para darles allí la batalla. Por aquel camino no faltaron traidores de la una parte y de la otra, que de los del rey se huyeron algunos soldados al tirano, y del tirano otros á los del rey. Los oidores enviaron del camino un personage que volviese atrás por la municion de pólvora, mecha y plomo que habian dejado en Antahuaylla; porque los que allí habian quedado para llevarla habian sido negligentes en caminar; pero con la solicitud y diligencia que puso Pedro de Cianca, que fue el comisario á darle priesa, llegó al real parte de la municion un dia antes de la batalla, que se estimó en muy mucho, y dió gran contento á todo el ejército porque estaba con falta della.

CAPÍTULO XXV.

El campo de su magestad llega donde el enemigo está fortificado. Alójase en un llano y se fortifica. Hay escaramuzas y malos sucesos á los de la parte real.

En este camino supieron los oidores la pérdida de Gomez de Solís en Arequepa, de que recibieron mucha pesadumbre; pero no pudiendo remediarla disimularon su enojo como mejor supieron y siguieron su camino hasta Pucara, donde el enemigo estaba alojado con muchas ventajas; porque el sitio era tan fuerte que no podian acometerle por parte alguna, que todo él estaba rodeado de una sierra áspera y dificultosa de andar por ella, que parecia muro fuerte hecho á mano; y la entrada del sitio era por un callejon estrecho que iba dando vueltas á una mano y á otra. El sitio allá dentro era muy grande, capaz de la gente y cabalgaduras que tenia, y de otra mucha mas donde tenian su bastimento y municion en gran abundancia, como gente que habia alcanzado y gozado una de las mayores victorias que en aquel imperio ha habido, que fue la de Chuquinca. Y los soldados etiopes traian cada dia cuanto hallaban por toda aquella comarca.

El campo de su magestad estaba en contra en un campo raso de todas partes sin fortaleza alguna que le amparase. Con pocos bastimentos y menos municion como se ha dicho; mas con todo eso por no estar tan descubiertos se fortificaron lo mejor que pudieron. Echaron una cerca de tapias á todo el real, que daba hasta los pechos; que como llevaban tantos indios con las cargas y con la artilleria, servian de gastadores cuando era menester. Hicieron en breve tiempo la cerca (aunque tan grande) que abrazaba todo el ejército. Francisco Hernandez viendo alojado el ejército de su magested, puso su artillería en lo alto del cerro que tenia delante de su campo para ofenderle con ella, y así lo hacia, que por inquietar á los oidores y á todos los suyos no cesaba de dia ni noche de jugar y tirar con ella, y metia cuantas balas queria en el campo real; y muchas veces por bizarría y vanagloria tiraba por alto á tira mas tira, y pasaban las pelotas de la otra parte del ejército en mucha distancia de tierra; pero ni las unas ni las otras no hicieron daño, ni en la gente ni en las cabalgaduras, que parecian pelotas de viento que iban dando saltos por todo el campo. Túvose á misterio divino que lo que estaba dedicado á su servicio, como eran las campanas de que se hicieron aquellos tiros, no permitiese que hiciesen daño á los que en aquel particular no le habian ofendido, y esto se notó por los hombres bien considerados que en el un campo y en el otro habia. Alojados los dos ejércitos el uno á vista del otro, luego procuraron los capitanes y soldados famosos de ambos bandos mostrar cada cual su valentía. En las primeras escaramuzas murieron dos soldados principales de la parte del rey, y otros cinco ó seis no tales se pasaron á Francisco Hernandez y le dieron cuenta de todo lo que en el ejército real habia, y le dijeron que pocos dias antes que llegasen á Puçara, habia pretendido el general Pablo de Meneses dejar el oficio: porque por las diferencias y bandos que habia entre los ministros dél, no obedecian lo que él mandaba, antes lo contradecian, y que no queria cargo aunque tan honroso con carga tan pesada. Y que el doctor Saravia le habia persuadido que no pretendiese tal cosa, que antes era perder honra que ganar reputacion. De lo cual holgaron mucho Francisco Hernandez y todos los suyos, esperando que la discordia agena les habia de ser muy favorable hasta darles la victoria.

En aquellas escaramuzas se dijeron algunos dichos graciosos entre los soldados de la una parte y de la otra, como los escribe Diego Hernandez, que por ser dichos de soldados me pareció poner aquí algunos dellos sacados á la letra del capítulo cincuenta y uno, declarando lo que el autor dejó confuso, para que se entienda mejor, que es lo que se sigue.

Y como á estas escaramuzas salian algunos de la una parte que tenian amigos de la otra, siempre se platicaban y hablaban asegurándose de no se hacer daño los unos á los otros. Scipio Ferrara, que era del rey, habló á Pavía, que habian sido los dos criados del buen visorey don Antonio de Mendoza, y atrayendo Scipio á Pavía con palabras persuasorias al servicio del rey, dijo Pavía: que de buena guerra le habian ganado, y que así de buena guerra le habian de volver á ganar &c.

Dijo esto Pavía porque en la batalla de Chuquinca le vindieron los tiranos, y él se halló bien con ellos, y por no negarles dijo: que de buena guerra le habian ganado, y que así de buena guerra le habian de volver á ganar. Tambien dice el capitan Rodrigo Niño habló con Juan de Piedrahita, y persuadiéndole para que viniese al servicio del rey ofreciéndole de parte de la audiencia mucha gratificacion, le respondió: que ya él sabia las mercedes que los oidores hacian, y que si otra vez se habia de volver á armar, que ahora la tenia bien entablada &c.

Esto dijo Piedrahita porque él y otros aficionados á Francisco Hernandez Giron estaban enhechizados con las mentiras que sus hechiceros les decian, que habian de vencer á los del rey; pero pocos dias despues mudó parecer como adelante se verá. Prosiguiendo el autor dice: ansímismo se hablaron Diego Mendez, y Hernando Guillada, y el capitan Ruibarba, con Bernardino de Robles su yerno. Y viendo los oidores que de estas pláticas no resultaba fruto alguno, dióse bando que ninguno so pena de la vida hablase con los enemigos. Habíase concertado entre el capitan Ruibarba y Bernardino de Robles, que para otro dia se hablasen dándose contraseñas que fuesen conocidas, que fue llevar capas de grana, y así salieron. Y teniendo Bernardino de Robles prevenidos diez ó doce capitanes y soldados, engañosamente lo prendió y llevó á Francisco Hernandez diciendo públicamente que se habia pasado de su voluntad.

Lo cual oyendo Ruibarba, dijo, que cualquiera que dijese que él de su voluntad se venia, no decia verdad en ello, y que él se lo haria bueno á pie ó á caballo, dándole para ello licencia Francisco Hernandez. Salvo que su yerno Robles le habia prendido con engaño. Francisco Hernandez se holgó mucho de su venida, y fuése con él á doña Mencia, y díjole. Ved, Señora, qué buen prisionero os traigo, mirad bien por él: que á vos le doy en guarda. Doña Mencia dijo: que era bien contenta, y que así lo haria. Despues desto habiendo salido al campo, Raudona habló con Juan de Illanes, sargento mayor de Francisco Hernandez; y creyendo el Raudona cogerle á carrera de caballo, arremetió para él. Y á causa de traer el caballo mal concertado, le tomaron preso. Y en el camino dijo á los que le llevaban: que habia prometido á los oidores de no volver sin presa de uno de los principales, y que por eso habia arremetido con el sargento mayor. De que fue tanto el enojo que hubieron algunos de los mas prendados, que decian: que sino le mataban no habian de pelear; porque semejantes pretensores que aquel y tan desvergonzados no era bien dejarlos con la vida. E ansí luego le pusieron en el toldo del licenciado Alvarado, y le mandaron confesar, guardando el toldo Alonso Gonzalez para que si Francisco Hernandez ó su embajada viniese, matarle primero que llegase. El licenciado Toledo, alcalde mayor de Francisco Hernandez, y el capitan Ruibarba, rogaron á Francisco Hernandez por la vida de Raudona; y él dió sus guantes para ello. Y como Alonso Gonzalez vió venir el recaudo, entró dentro del toldo, y dijo al clérigo: acaba, padre, de absolverle, sino así se habrá de ir. Por lo cual apresurando el clérigo la absolucion, luego Alonso Gonzalo le cortó la cabeza con un gran cuchillo que traía. Lo cual hecho, salióse del toldo diciendo: ya yo hice que el señor marquesote cumpla su palabra; porque él prometió llevar una cabeza, ó dejar la suya, y ansí lo cumplió. E diciendo esto, le hizo sacar fuera del toldo, que cierto hizo lástima á muchos que allí estaban, y mucho mas en el campo del rey cuando supieron su muerte &c.

Raudona, decimos, que era un soldado que presumia mas de valiente que de discreto. Tenia un buen caballo si le tratára como era menester; pero traíalo por mostrar su destreza tan acosado, que en todo el dia no le dejaba holgar una hora con carreras y corbetas: y así cuando lo hubo menester, le faltó por mal concertado, como lo dice el Palentino. Y su buena discrecion la mostró en decir á sus enemigos que habia prometido á los oidores no volver sin presa: lo cual le causó la muerte por la mucha crueldad de Alonso Gonzalez, el verdugo mayor. El autor pasa adelante diciendo: enviaron en esta sazon los oidores algunos perdones para particulares, los cuales se enviaban con negros y con yanaconas, que á la contínua iban y venian del un campo al otro, y todos vinieron á poder de Francisco Hernandez, que los hacia luego pregonar públicamente, diciendo: tanto dan por los perdones. Y no contento con esto, hizo á los que los llevaron cortar las manos y narices, y ponérselas al cuello; y desta suerte los tornaba á enviar al campo del rey. Hasta aquí es de aquel autor con que acaba el capítulo alegado.

CAPÍTULO XXVI.

Cautelas de malos soldados. Piedrahita da arma al ejército real. Francisco Hernandez determina dar batalla á los oidores, y la prevencion dellos.

Con estas desvergüenzas y desacatos á la magestad real, estuvo Francisco Hernandez en Pucara los dias que allí paró, que en las escaramuzas que cada dia y cada hora se hacian, siempre ganaba gente y caballos, porque muchos soldados bulliciosos y revoltosos, jugando á dos manos, se hacian perdedizos, que en las escaramuzas (dando á entender que iban á pelear) arremetian con los enemigos, y viéndose entre ellos, decian: yo me paso á vosotros, yo me rindo, y entregaban las armas, y se dejaban llevar presos con astucia y cautela; para si los del rey venciesen decir: que los tiranos los habian rendido y preso, y si venciese el tirano, alegar que ellos se le habian pasado y ayudado á ganar la victoria y la tierra. Sintiendo algo desto los oidores, mandaron cesar las escaramuzas, que no las hubiese, ni que los soldados de la una parte se hablasen con los de la otra, por parientes y amigos que fuesen; porque nunca se vió buen suceso de las tales pláticas. Viendo Francisco Hernandez que las escaramuzas y las pláticas de los soldados cesaban, por irritar al enemigo envió una noche de aquellas á su maese de campo y capitan Juan de Piedrahita, que fuese á dar una arma al campo de su magestad con ochenta arcabuceros que llevase consigo, y que viese y notase con qué cuidado ó descuido estaban los del rey para darles otras muchas armas cada noche, y desvelarlos hasta cansarlos y destruirlos. Piedrahita fue con su gente, y dió la arma como mejor pudo y supo; pero no hizo cosa de importancia, ni los del rey le respondieron, porque vieron que todo era un poco de viento, y no manera de pelear. Piedrahita se volvió, y contó á Francisco Hernandez y á los suyos grandes bravatas que habia hecho, y que halló los del campo real sin guarda ni centinela, tan descuidados y dormidos, que si llevára docientos y cincuenta arcabuceros, que él los desbaratára y venciera, y trujera presos los oidores y sus capitanes. Y con esto dijo otras muchas cosas al mismo tono, segun la comun costumbre de soldados parleros, que son mas para charlatanes que para caudillos; y aunque Piedrahita fue capitan en aquella tiranía, y le sucedieron lances venturosos, aquella noche no hizo mas de lo que se ha dicho, y parló mucho sobre ello.

Francisco Hernandez Giron con las nuevas demasiadas que su maese de campo Piedrahita le dió, teniéndolas por ciertas, y tambien por el aviso que ciertos soldados que de los de el rey se le pasaron le dieron, diciendo que el campo de su magestad estaba muy necesitado, que no tenia pólvora ni mecha, se determinó á dar batalla al ejército real una noche de aquellas. Presumió dar batalla á sus enemigos, pues que no le acometian en su fuerte: Lo cual le parecia flaqueza de ánimo y de fuerzas, y que los tenia ya rendidos, pues se mostraban tan cobardes y pusilánimos. Llamó á sus capitanes á consulta, y les propuso su pretension, persuadiéndoles con mucha instancia que todos viniesen en ello; porque les prometia buen suceso, dándoles á entender que así lo certificaban sus pronósticos y agüeros; y por mejor decir sus hechicerías. Sus capitanes lo contradijeron, diciendo que no tenia necesidad de dar batalla, sino de estarse quedo, pues estaba en un lugar fuerte y bien acomodado de todo lo necesario, bien en contra de sus enemigos que estaban con falta de bastimento y de municion, y que si queria traerlos á mayor necesidad, podia pasar adelante en su camino con la prosperidad que hasta allí habia traido, y llegar á los Charcas, y recoger cuanta plata habia por aquella tierra para pagar su gente, y revolver por la costa adelante hasta entrar en la ciudad de los Reyes, pues estaba desamparada y sin gente de guerra. Que sus enemigos por venir faltos de cabalgaduras, y con falta de herrage para las que traian, no le podian seguir sino era escogiendo los pocos que tenian posibilidad para seguirle, y que á estos que les siguiesen, los tenia vencidos cada vez que quisiese revolver sobre ellos. Y que pues hasta entonces le habia ido bien no trocase el juego para perderlo, que con mucha facilidad se solia perder en las batallas. Que se acordase de la de Chuquinca, cuán confiados le acometieron sus contrarios, y cuán fácilmente y en cuán breve tiempo se vieron perdidos. Francisco Hernandez dijo, que él estaba determinado de dar una encamisada con todo su ejército, porque no queria andar huyendo de los oidores; y que las buenas viejas decian, que allí habia de ser. Que les pedia y rogaba que no le contradijesen, sino que se apercibiesen para la noche siguiente, que él estaba determinado á lo dicho.

Con esto se acabó la consulta, y sus capitanes quedaron muy descontentos viendo que contra la comun opinion de todos ellos acometer una cosa tan peligrosa y dudosa. Salieron todos muy afligidos, porque vieron que los llevaban á perderse. Y el general aunque los vió y halló tan contrarios de su parecer y determinacion, no se mudó, antes en contra de todos ellos quiso seguir el consejo y pronóstico de sus hechicerías y encantamientos. Dieron órden entre todos ellos que habian de salir despues de media noche al ponerse de la luna encamisados de blanco, porque se conociesen unos á otros. A puesta de sol llamaron á recoger, hallaron que faltaban dos soldados de los del mariscal; sospecharon que se hubiesen ido á los del rey. Pero los que pretendian agradar á Francisco Hernandez trujeron nuevas falsas, diciendo que el uno dellos, que era de mas crédito y reputacion, los indios afirmaban que le habian encontrado camino de los Charcas; y que del otro soldado de menos cuenta decian los noveleros que no harian caso los oidores, ni le darian crédito á lo que dijese, porque no era hombre de talento. Francisco Hernandez se satisfizo con estas novelas, y mandó que todos se apercibiesen para la hora señalada. Los dos soldados huidos, ya bien tarde fueron á parar al campo de su magestad, y dieron aviso de la determinacion del enemigo, y que vendrian aquella noche divididos en dos partes con ánimo y presuncion de acometerles en su fuerte, pues que ellos no le habian acometido en el suyo, ni osado mirarles. Los oidores, y sus ministros y consejeros, que eran los vecinos mas antiguos de todo aquel imperio, que por la esperiencia larga de tantas guerras como habian tenido, eran grandes soldados de mucha milicia, acordaron que porque el fuerte que habian hecho donde estaban alojados estaba muy ocupado con tiendas y toldos, y lleno de cabalgaduras é indios, que antes les habian de estorbar en la pelear que ayudarles. Acordaron sacar la gente del fuerte y formar sus escuadrones de infantería y caballería en un llano, y así lo pusieron por obra, aunque entre los del consejo hubo contradicion, diciendo, que un cobarde y un pusilánimo, mejor pelearía estando detrás de una pared, que estando al descubierto en un llano. Con esta razon dijeron otras al propósito, mas al fin sacaron la gente, y fue permision de Dios y misericordia suya que la sacasen como adelante veremos. Formaron un hermoso escuadron de infantería muy bien guarnecido de picas y alabardas, y su arcabucería puesta por mucha órden con once tiros de artillería gruesa.

CAPÍTULO XXVII.

Francisco Hernandez sale á dar batalla. Vuélvese retirando por haber errado el tiro. Tomás Vazquez se pasa al rey. Un pronóstico que el tirano dijo.

El tirano llegada la hora de sus agüeros y pronósticos, salió de su fuerte con ochocientos infantes, segun el Palentino, y los seiscientos arcabuceros y los demas piqueros, y muy pocos de á caballo, que no llegaban á treinta. Por otra parte envió otro escuadron de los soldados negros que pasaban de docientos y cincuenta. Con ellos fueron setenta arcabuceros españoles para guiarles y adestrarles en lo que habian de hacer; pero no les enviaban mas de para divertir al escuadron real, que no entendiese cual de aquellos dos escuadrones era el de Francisco Hernandez. Mandaron que los negros acometiesen el fuerte de los oidores por delante, porque Francisco Hernandez pensaba acometerle por las espaldas. Con esta órden caminaron hácia el campo de su magestad con todo el silencio posible, y las mechas tapadas porque no las viesen. Los del rey estaban en sus escuadrones con todo silencio y alerta, y las mechas asimismo cubiertas para no ser vistos. Los negros de Francisco Hernandez llegaron al fuerte primero que Francisco Hernandez porque tuvieron menos que andar; y no hallando quien les resistiese, se entraron por él matando indios, caballos y mulas, y cuanto por delante topaban; y entre los indios mataron cinco ó seis españoles, que de cobardes quedaron escondidos. Francisco Hernandez llegó poco despues al fuerte, y encaró á él toda su arcabucería, sin que los de su magestad respondiesen con arcabuz alguno, hasta que los tiranos hubieron disparado todos los suyos. Entonces dispararon los del rey su arcabucería y artillería del puesto donde estaban, que los enemigos no imaginaban tal, sino que estaban en su fuerte; pero los unos y los otros hicieron en aquella batalla poco mas que nada, porque era de noche muy escura, y tiraban á tiento sin verse los unos á los otros. Que según la arcabucería que tenian, que de ambas partes pasaban de mil y trecientos arcabuceros, y llegando tan cerca los unos de los otros como llegaron, no fuera mucho, si se vieran, quedar todos asolados y tendidos en el campo. El tirano viendo que habia errado el tiro, se dió por perdido, y así todo su intento fue retirarse á su fuerte con el mejor órden que él y sus ministros pudieron dar. Mas no fue bastante su diligencia para que no se le quedasen en el camino mas de docientos soldados de los del mariscal que soltaron las picas y alabardas que llevaban. Los soldados de su magestad quisieron arremeter y romper del todo á los que iban huyendo. Mas los que gobernaban aquel ejército, que sin el general y maese de campo eran otros muchos vecinos de aquel imperio, como ya lo hemos dicho, no consintieron que saliesen de su órden, sino que se estuviesen quedos, y fue bien acordado, porque de una banda de caballos que entendiendo que los enemigos no iban para pelear ni resistir, salieron á molestarles, mataron un alferez, y hirieron tres vecinos del Cozco, que fueron Diego de Silva, Anton Ruiz de Guevara, y Diego Maldonado el rico. Y la herida de Diego Maldonado fue tan estraña, que se hizo incurable, que hasta que falleció, que fueron once ó doce años despues de la batalla, la tuvo abierta por consejo de los médicos y cirujanos, que decian que en cerrándola se habia de morir. Con estos que hirieron, hicieron los tiranos que les dejasen pasar su camino, y así fue muy bien acordado prohibir que no salieran los del rey á pelear con ellos; porque si salieran, hubiera mucha mortandad de ambas partes. Francisco Hernandez entró en su fuerte bien desfallecido de su ánimo, soberbia y orgullo, por verse engañado de lo que tanto confiaba, que eran sus hechicerías; con las cuales se hacia vencedor de todos sus enemigos. Mas por no desanimar los suyos, mostró la cara alegre; pero no pudo disimular tanto que no se le viese al descubierto la pena que en el corazon tenia.

No hubo mas pelea en aquella batalla de la que se ha dicho, que si hubiera la que el Palentino dice, capítulo cincuenta y cuatro, no quedára de todos ellos hombre á vida. Pruébase lo que decimos con lo que él mismo dice, que los muertos de parte de los oidores fueron cinco ó seis, y hasta treinta los heridos, y del tirano diez muertos, y muchos heridos y presos &c. Los presos fueron los que se quedaron de los del mariscal, que como dijimos pasaron de docientos, y de los de Francisco Hernandez no pasaron de quince. Los muertos y heridos que se hallaron en el escuadron real fueron muertos y heridos por los suyos mismos, que los de la retaguardia por ser la noche tan obscura, no atinando bien donde estaban los enemigos, tiraban á tiento por asombrarlos. Y así mataron y hirieron los que se han dicho, y fueron de la compañía del capitan Juan Ramon, que estaban en una manga de las del escuadron. Averiguóse lo dicho, porque todas las heridas de los muertos y heridos fueron dadas por detrás; y uno de los difuntos fue un caballero que se decia Suero de Quiñones hermano de Antonio de Quiñones, vecino del Cozco, y un primo hermano suyo, que se decia Pedro de Quiñones, fue de los heridos. El dia siguiente á la batalla no hubo cosa alguna de ninguna de las partes. A la noche se pusieron los del rey en escuadron como la noche pasada, porque tuvieron nueva que el tirano volvia con otra encamisada, á enmendar el yerro de la noche pasada, á tentar si acertaban mejor: mas fue novela de quien la quiso inventar; porque el desdichado de Francisco Hernandez mas estudiaba en como huirse y librarse de la muerte, que en dar batalla, que ya estaba desengañado della y de sus abusiones. El dia tercero á la batalla, por no mostrar tanta flaqueza, mandó á sus capitanes y soldados que saliesen al campo y provocasen á los enemigos, que escaramuzasen con ellos porque no los tuviesen por rendidos. Y así se trabó una escaramuza de poco momento, pero de mucha importancia, porque el capitan Tomás Vazquez, y diez ó doce amigos suyos que estaban apercibidos para el hecho, se pasaron á los de su magestad, y llevaron una prenda del maese de campo Juan de Piedrahita, que era una celada de plata en señal de que haria otro tanto; y que no lo hacia luego por llevar mas gente consigo. Todo esto dijo Tomás Vazquez á los oidores, de que ellos y todo su ejército recibieron grandísimo contento por ver perdido al tirano, y acabada su desvergüenza; porque Tomás Vazquez era el pilar mas principal que le sustentaba; y faltando él, no habia que hacer caso de todos los demas. Los de la escaramuza se recogieron todos á sus puestos, y Francisco Hernandez animando los suyos porque no sintiesen tanto la pérdida de Tomás Vazquez, les hizo un parlamento breve y compendioso, como lo dice el Palentino, capítulo cincuenta y cinco por estas palabras.

Caballeros y señores, bien saben todos vuestras mercedes, como antes de agora les tengo dicho la causa y razon de haber yo tomado esta empresa. Y las cosas que pasaban en el reino, por las cuales los hombres eran molestados y estaban sin remedio. Y la vejacion y molestia que así á vecinos como á soldados se hacia; á los unos quitándoles sus haciendas, y á los otros las grangerías y servicio. Y los señores vecinos, mis compañeros, que lo deseaban y querian hacer, me dejaron al mejor tiempo, y agora lo ha hecho Tomás Vazquez. No tengan vuestras mercedes pena por su ausencia, y miren que un hombre era y no mas. Y no se fien en decir que tienen perdon, que con él al cuello los ahorcarán otro dia. Miren bien que si vuestras mercedes se reportan, tenemos hoy mejor juego que nunca; porque les hago saber que á Tomás Vazquez y á todos los demas que se fueron, los justiciarán luego que yo falte. Y no me pesa por mí, que uno solo soy; y si con mi muerte librase á vuestras mercedes, yo me ofrezco luego al sacrificio de ella. Pero tengo bien entendido, que á bien librar, quien se escapáre de la horca irá afrentado á galeras. Por tanto, consideren bien tal caso, y esforzándose, anímense unos á otros á pasar adelante con la empresa, pues somos quinientos, que dos mil no nos harán daño sin que mayor no sea el suyo. Y pues el negocio tenemos en tan buen punto, y tanto nos conviene, mirémos bien lo que nos vá, y lo que será de cada uno si yo faltase. Estas y otras cosas les dijo á este propósito; empero era cierto grande la tristeza que su gente sentia por la huida de Tomás Vazquez &c.

Hasta aquí es del Palentino. Y lo que Francisco Hernandez dijo que con el perdon al cuello los ahorcarian, se cumplió mejor que los pronósticos que sus hechiceros le dieron á él, que aunque no ahorcaron á Tomás Vazquez ni á Piedrahita, los ahogaron en la cárcel con los perdones reales que la chancillería les habia dado sellados con el sello imperial, que los tenian en sus manos, alegando que delitos perdonados no se debian ni podian castigar no habiendo delinquido despues dellos. Mas no les aprovechó nada, que como lo dijo Francisco Hernandez así se cumplió. Y esto quede aquí dicho anticipado de su lugar porque no lo repitamos adelante.

CAPÍTULO XXVIII.

Francisco Hernandez se huye solo. Su maese de campo con mas de cien hombres va por otra via. El general Pablo de Meneses los sigue y prende, y hace justicia dellos.

Francisco Hernandez quedó tan perdido y desamparado con la huida de Tomás Vazquez, que determinó huirse de los suyos aquella misma noche; porque la sospecha se le entró en el corazon y en las entrañas, y se le apoderó de tal manera, que causó en él los efectos que el divino Ariosto pinta della en el segundo de los cinco cantos añadidos; pues le hizo temer y creer que los mas suyos le querian matar para librarse con su muerte de la pena que todos ellos merecian por haberle seguido y servido contra la magestad real. Tuvo indicios para sospecharlo y creerlo, como lo dice el Palentino, capítulo cincuenta y cinco por estas palabras.

Finalmente Francisco Hernandez determinó huir aquella noche, porque le descubrieron en gran puridad y secreto que sus capitanes le trataban la muerte &c. No imaginando ellos tal sino seguirle y morir todos con él, como adelante lo mostraron si él se fiára dellos al presente. Y fue tan rigurosa la sospecha, que aun de su propia muger con ser tan noble y virtuosa, no le consintió fiarse ni de ninguno de los suyos, por muy amigo y privado que fuese. Y así venida la noche dando á entender á su muger y á los que con él estaban, que iba á proveer ciertas cosas necesarias á su ejército, salió de entre ellos y pidió un caballo que llamaban Almaraz, porque era de su cuñado fulano de Almaraz. Fue de los buenos caballos que allá hubo; subió en él, y con decir que volvia luego se partió de los suyos sin saber donde iba. Y con el temor de creer que le querian matar no veía la hora de escaparse de sus propios amigos y valedores; ni imaginaba cosa mal sigura que la soledad, como lo dice el Palentino capítulo alegado. Así se fue el pobre Francisco Hernandez sin ninguna compañía. Dos ó tres de los suyos le siguieron por el rastro. Pero él sintiéndolos á pocos pasos que habian andado, se hurtó dellos, y se fue solo por una quebrada honda. Y anduvo por ella tan á ciegas, que al amanecer se halló cerca de su fuerte, y reconociéndole huyó de él, y fue á meterse en unas sierras nevadas que por allí habia sin saber á cual parte podia salir; al fin por la bondad del caballo salió dellas habiendo pasado mucho peligro de ahogarse en la nieve. No hubo mas ruido del que se ha dicho en la salida que hizo de su ejército; y decir el Palentino que tuvo un largo coloquio con su muger y muchas lágrimas entre ellos, fue relacion de quien no lo sabia; que la sospecha y el temor de la muerte no le daban lugar á que digese á nadie que se iba de entre ellos. Su teniente general que habia quedado en el real, quiso recoger la gente y seguir á Francisco Hernandez. Salió con cien hombres que fueron con él, que algunos dellos eran de los mas prendados; pero otros que tambien lo eran tanto como ellos y aun mas, que fue Piedrahita, Alonso Diaz, y el capitan Diego de Gavilan, y su hermano Juan Gavilan, el capitan Diego Mendez, el alferez Mateo del Sauz y otros muchos con ellos de la misma calidad y prendas, sabiendo que Francisco Hernandez era ido, se fueron al ejército real diciendo que se pasaban del tirano á servir á su magestad. Fueron bien recebidos, y á su tiempo les dieron á cada uno su provision de perdon real de todo lo pasado sellada con el sello real. Los oidores y toda su gente estuvieron aquella noche puestos en escuadron para esperar lo que sucediese.

El dia siguiente certificados los oidores de la huida de Francisco Hernandez Giron y de todos los suyos, proveyeron que el general Pablo de Meneses con ciento y cincuenta hombres fuese en alcance de los tiranos para los prender y castigar. El general por salir apriesa no pudo sacar mas de ciento y treinta soldados: con ellos siguió el rastro de los huidos, y acertó á seguir el de Diego de Alvarado, teniente general de Francisco Hernandez, que como llevaba cien españoles y mas de veinte negros, se supo luego por donde iban. Y á ocho ó nueve jornadas que fue en pos dellos los alcanzó; y aunque llevaba menos gente que el enemigo, porque se le habian quedado muchos soldados, cuyas cabalgaduras no pudieron sufrir las jornadas largas, se le rindieron los contrarios sin hacer defensa alguna. El general los prendió y hizo justicia de los mas principales, que fueron Diego de Alvarado, Juan Cobo, Diego de Villalba, fulano de Lugones, Albertos de Orduña, Bernardino de Robles, Pedro de Sotelo, Francisco Rodriguez y Juan Henriquez de Orellana: que aunque tenia buen nombre, se preciaba de ser verdugo, y su oficio era ser pregonero. Fue verdugo (como se ha dicho) de Francisco de Carvajal y del licenciado Alvarado que tenia presente. El general Pablo de Meneses le dijo: Juan Henriquez, pues sabeis bien el oficio, dad garrote á estos caballeros vuestros amigos, que los señores oidores os lo pagarán. El verdugo se llegó á un soldado que él conocia y en voz baja le dijo: creo que la paga á de ser mandarme ahogar despues que yo haya muerto á estos mis compañeros. Como él lo dijo sucedió el hecho; porque habiendo dado garrote á los que hemos nombrado y cortádoles las cabezas, mandaron á dos negros que ahogasen al verdugo como él lo habia hecho á los demas, que sin los nombrados fueron otros once ó doce soldados. Pablo de Meneses envió al Cozco presos y á buen recaudo muchos de los que prendió, y nueve cabezas de los que mandó matar. Yo las ví en las casas que fueron de Alonso de Hinojosa donde posaba Diego de Alvarado cuando hacia el oficio de maese de campo y teniente general, y andaba siempre en una mula, y en ella corria á unas partes y á otras haciendo su oficio, por semejar á Francisco de Carvajal, que nunca le ví á caballo. De la desvergüenza de algunos soldados de los tiranos se me ofrece un cuento particular, y fue, que otro dia despues de la huida de Francisco Hernandez, sentado Garcilaso, mi señor, á su mesa para comer con otros diez y ocho ó veinte soldados que siempre comian con él, que todos los vecinos de aquel imperio cada cual conforme á su posibilidad cuando habia guerra hacian lo mismo. Vió entre los soldados sentado uno de los de Francisco Hernandez, que habia sido con él dende los principios de su tiranía, y usado toda la desvergüenza y libertad que se puede imaginar; y con ella se fue á comer con aquellos caballeros, y era herrador, pero en la guerra andaba en estofa de mas rico que todos los suyos. Viéndole mi padre sentado le dijo: Diego de Madrid (que así se llamaba él) ya que estais sentado comed en hora buena con estos caballeros, pero otro dia no vengais acá; porque quien ayer si pudiera cortarme la cabeza fuera con ella á pedir albricias á su general, no es razon que se venga hoy á comer con estos mis señores que desean mi vida y mi salud y el servicio de su magestad. El Madrid dijo: señor, y aun ahora me levantaré si vuesa merced lo manda. Mi padre respondió: no digo que os levanteis, pero si vos lo quereis hacer, haced lo que quisiéredes. El herrador se levantó y se fue en paz, dejando bien que mofar de su desvergüenza. Tan odiados como esto quedaron los de Francisco Hernandez; porque fue aquella tiranía muy tirana contra su magestad que pretendió quitarle aquel imperio, y contra los vecinos dél, que desearon matarlos todos, para heredar sus haciendas y sus indios. La muger de Francisco Hernandez quedó en poder del capitan Ruibarba, y los oidores mandaron á Juan Rodriguez de Villalobos que se encargase de su cuñada hasta llevarla al Cozco, y entregarla á sus padres, y así se cumplió.

CAPÍTULO XXIX.

El maese de campo don Pedro Portocarrero va en busca de Francisco Hernandez. Otros dos capitanes van á lo mismo por otro camino, y prenden al tirano y lo llevan á los Reyes; y entran en ella en manera de triunfo.

El general Pablo de Meneses, habiendo enviado al Cozco los presos y las cabezas que hemos dicho, no hallando rastro de Francisco Hernandez, determinó volverse á dar cuenta de su jornada á los oidores. Los cuales habiendo desperdigado á los tiranos, caminaron á la ciudad imperial, de donde sabiendo que Francisco Hernandez iba hácia los Reyes, enviaron al maese de campo don Pedro Portocarrero, que con ochenta hombres fuese en pos del tirano por el camino de los llanos. Y á dos capitanes que habian venido de la ciudad de Huanucu con dos compañías á servir á su magestad en aquella guerra, mandaron que como se habian de volver á sus casas, fuesen con sus compañías por el camino de la sierra en seguimiento del tirano, porque no se escapase ni por la una via ni por la otra, y les dieron comision para que hiciesen justicia de los que prendiesen. Los capitanes que eran Juan Tello, y Miguel de la Serna, hicieron lo que se les mandó, y llevaron ochenta hombres consigo. En la ciudad de Huamanca supieron que Francisco Hernandez iba por los llanos á Rimac; fueron en busca dél, y á pocas jornadas tuvieron nueva que estaba quince leguas dellos con trecientos hombres de guerra, los ciento y cincuenta arcabuceros. Los capitanes caminaron en seguimiento dellos, que no les atemorizó la nueva de tanta gente. Otro dia les dijeron los indios que no eran mas de docientos, y así los fueron apocando de dia en dia, hasta decir que no eran mas de cien hombres. Las nuevas tan varias y diversas que los indios á estos dos capitanes dieron del número de la gente que Francisco Hernandez llevaba no fueron sin fundamento. Porque es así, que luego que sus soldados supieron que se habia huido, se desperdigaron por diversas partes, como gente sin caudillo, huyendo de veinte en veinte, y de treinta en treinta, y muchas cuadrillas destas fueron á parar con él; de menera que se vió con mas de docientos soldados, y muchos dellos fueron de los del mariscal, que le habian tomado aficion. Pero como iban huyendo, el temor de los contrarios y la necesidad, que como gente huida y perdida llevaban de lo que habian menester, les forzó á que se quedasen por los caminos á esconderse y buscar su remedio. Y así cuando los del rey llegaron cerca dellos no iban mas de ciento. Y los indios en la primera relacion dijeron mas de los que iban; y en la segunda los que pocos dias antes caminaban; y en la última los que entonces eran. De manera que si Francisco Hernandez no huyera de los suyos, sino que saliera en público, le siguieran muchos y hubiera mas dificultad en prenderlos y consumirlos. Los capitanes hallándose tres leguas de los enemigos por certificarse de cuántos eran, enviaron un español diligente muy ligero que con un indio que le guiase fuese á reconocerlos y supiese cuántos eran. La espía habiendo hecho sus diligencias, escribió que los enemigos serían hasta ochenta y no mas. Los capitanes se dieron priesa á caminar hasta que llegaron á vista los unos de los otros, y fueron á ellos con sus banderas tendidas, y con ochenta indios de guerra que los curacas habian juntado para servir á los españoles en lo que fuese menester. Los enemigos viendo que iban á combatirles, temiendo los caballos que los capitanes llevaban, que eran cerca de cuarenta, se subieron á un cerro á tomar unos paredones que en lo alto habia para fortificarse en ellos. Los capitanes los siguieron con determinacion de pelear con ellos, aunque los enemigos tenian ventaja en él sitio; pero iban confiados en que entonces llevaban ya docientos indios de guerra, apercebidos con sus armas, que ellos mismos se habian convocado con deseo de acabar á los aucas que así llaman á los tiranos. Estando ya los capitanes á tiro de arcabuz de los enemigos, se les vinieron cuatro ó cinco dellos, y entre ellos un alferez de Francisco Hernandez: el cual les pidió con mucha instancia que no pasasen adelante, que todos los de Francisco Hernandez se les pasarian, que no aventurasen á que les matasen alguno de los suyos pues los tenian ya rendidos. Estando en esto, se pasaron otros diez ó doce soldados, aunque los indios de guerra los maltrataron á pedradas, hasta que los capitanes les mandaron que no lo hiciesen. Lo cual visto por los de Francisco Hernandez, se pasaron todos; que no quedaron con él sino dos solos, el uno fue su cuñado fulano de Almaraz, y el otro un caballero estremeño, llamado Gomez Suarez de Figueroa.

Francisco Hernandez viéndose desamparado de todos los suyos, salió de el fuerte á que los del rey le matasen ó hiciesen dél lo que quisiesen. Lo cual visto por los dos capitanes, arremetieron con todos los suyos al fuerte á prender á Francisco Hernandez, y los primeros que llegaron á él fueron tres hombres nobles, Estevan Silvestre, Gomez Arias de Avila, y Hernando Pantoja. El cual asió de la celada á Francisco Hernandez, y queriendo él defenderse con su espada, le asió de la guarnicion Gomez Arias, diciendo que la soltase; y no queriendo Francisco Hernandez soltarla, le puso Estevan Silvestre la lanza á los pechos, diciendo que le mataría sino obedecia á Gomez Arias.

Con esto le rindió la espada á Gomez Arias, y subió á las ancas del caballo del vencedor, y así lo llevaron preso; y llegados á la dormida, pidió Gomez Arias que le hiciesen alcaide del prisionero, que él lo guardaria y daria cuenta de él. Los capitanes lo concedieron, mandando que le echasen prisiones, y señalando soldados que lo guardasen; y así caminaron hasta salir al camino de la sierra para ir á la ciudad de los Reyes. Los capitanes Miguel de la Serna y Juan Tello, quisieron conforme á su comision hacer justicia de muchos de los de Francisco Hernandez que prendieron en aquel viage. Pero viendo gente noble rendida y pobre, se apiadaron dellos y los desterraron fuera del reino á diversas partes. Y porque pareciese que entre tanta misericordia habian hecho algo de rigor de justicia, mandaron matar á uno dellos, que se decia fulano Guadramiros, que fue de los de don Sebastian, y fue el mas desvergonzado de los que anduvieron con Francisco Hernandez, y así pagó por todos sus compañeros. La fama divulgó la prision de Francisco Hernandez, y sabiendo el maese de campo don Pedro Portocarrero, y el capitan Baltasar Velazquez, que pocos dias antes por órden de los oidores habian salido del Cozco con treinta soldados y dos banderas en busca de Francisco Hernandez, se dieron priesa á caminar por gozar de la victoria agena, é ir con el prisionero hasta la ciudad de los Reyes, como que ellos con su trabajo y diligencia le hubiesen preso. Y así dándose toda la priesa que pudieron, alcanzaron los capitanes y al prisionero pocas leguas antes de la ciudad de los Reyes. Entraron en ella en manera de triunfo, tendidas las cuatro banderas. Las de los dos capitanes (por haberse hallado en la prision de Francisco Hernandez) iban en medio de las del maese de campo, y del capitan Baltasar Velazquez; y el preso iba en medio de las cuatro banderas, y á sus lados y delante dél iban los tres soldados ya nombrados, que se hallaron en prenderle. Luego se seguia la infantería puesta por su órden, por sus hileras, y asímismo la caballería. A lo último de todos iban el maese de campo y los tres capitanes. Los arcabuceros iban haciendo salva con sus arcabuces con mucha fiesta y regocijo de todos, de ver acabada aquella tiranía que tanto mal y daño causó en todo aquel imperio, así á indios como á españoles: que mirándolo por entero y cada cosa de por sí, no se ha escrito la decima parte del mal que hubo.

CAPÍTULO XXX.

Los oidores proveen corregimientos. Tienen una plática molesta con los soldados pretendientes. Hacen justicia de Francisco Hernandez Giron. Ponen su cabeza en el rollo. Húrtala un caballero con la de Gonzalo Pizarro y Francisco de Carvajal. La muerte estraña de Baltasar Velazquez.

Los oidores viniendo de Pucara, donde fue la pérdida de Francisco Hernandez Giron, pararon en la ciudad del Cozco algunos dias para proveer cosas importantes al gobierno de aquel reino que tan sin él estuvo mas de un año, y tan sujeto á tiranos tan tiranos que no se puede bastantemente decir. Proveyeron que el capitan Juan Ramon fuese corregidor de la ciudad de la Paz, donde tenia su repartimiento de indios; y que el capitan don Juan de Sandoval lo fuese de la ciudad de la Plata y sus provincias. Y que Garcilaso de la Vega fuese corregidor y gobernador de la ciudad del Cozco. Diéronle por teniente un letrado, que se decia el licenciado Monjaraz, en cuya provision decian los oidores que fuese teniente de aquella ciudad durante el tiempo de la voluntad dellos. El corregidor cuando vió la provision, dijo: que su teniente habia de estar á su voluntad y no á la agena; porque cuando no hiciese bien su oficio, queria tener libertad para despedirle y nombrar otro en su lugar. Los oidores pasaron por ello, mandaron enmendar la cláusula, y el licenciado Monjaraz mediante la buena condicion y afabilidad de su corregidor, gobernó tan bien, que pasado aquel trienio, le dieron otro corregimiento no menor, bien en contra de lo que sucedió á su sucesor como adelante dirémos.

Estando los oidores en aquella ciudad del Cozco, que fueron pocos dias, trataron con ellos importunadamente los capitanes y soldados pretendientes de repartimientos de indios, que les hiciesen mercedes de dárselos por los servicios que en aquella guerra y en las pasadas habian hecho á su magestad. Los oidores se escusaron por entonces diciendo: que aun la guerra no era acabada, pues el tirano aun no era preso, y que habia mucha gente de su bando derramada por todo el reino. Que cuando hubiese entera paz, ellos tenian cuidado de hacerles mercedes en nombre de su magsetad, y que no hiciesen juntas como las hacian para tratar de eso ni de otra cosa que parecia mal, y que daban ocasion á que las malas lenguas dijesen de ellos lo que quisiesen. Con esto se libraron los oidores de aquella molestia, y entre tanto tuvieron la nueva de la prision de Francisco Hernandez Giron, y se dieron priesa á los despachos por irse á la ciudad de los Reyes, y hallarse en el castigo del tirano. Y ási salió el doctor Saravia seis ó siete dias antes que el licenciado Santillan, ni el licenciado Mercado sus compañeros. Los capitanes, que eran Juan

Tello y Miguel de la Serna, llevaron á Francisco Hernandez su prisionero hasta la cárcel real de la chancillería, y se lo entregaron al alcalde, y pidieron testimonio dello, y se les dió muy cumplido. Dos ó tres dias despues entró el doctor Saravia, que tambien se dió priesa á caminar por hallarse á la sentencia y muerte del preso, la cual le dieron dentro de ocho dias despues de la venida del doctor, como lo dice el Palentino capítulo cincuenta y ocho por estas palabras.

Fuéle tomada su confesion, y al fin della dijo y declaró haber sido de su opinion generalmente todos los hombres y mugeres, niños y viejos, frailes, clérigos y letrados del reino. Sacáronle á justiciar á medio dia, arrastrando, metido en un seron atado á la cola de un rocin, y con voz de pregonero que decia. Esta es la justicia que manda hacer su magestad y el magnífico caballero don Pedro Portocarrero, maestre de campo, á este hombre por traidor á la corona real, y alborotador de estos reinos, mandándole cortar la cabeza por ello, y fijarla en el rollo desta ciudad, y que sus casas sean derribadas y sembradas de sal, y puesto en ellas un mármol con un rétulo que declare su delito. Murió cristianamente, mostrando grande arrepentimiento de los muchos males y daños que habia causado.

Hasta aquí es de aquel autor sacado á la letra, con que acaba el capítulo alegado. Francisco Hernandez acabó como se ha dicho; su cabeza pusieron en el rollo de aquella ciudad en una jaula de hierro, á mano derecha de la de Gonzalo Pizarro y la de Francisco de Carvajal. Sus casas que estaban en el Cozco, de donde salió á su rebelion, no se derribaron, ni hubo mas de lo que se ha referido. La rebelion de Francisco Hernandez dende el dia que se alzó hasta el de su fin y muerte, duró trece meses y pocos mas dias.

Decíase que era hijo de un caballero del hábito de san Juan. Su muger se metió monja en un convento de la ciudad de los Reyes, donde vivió religiosamente. Mas de diez años despues un caballero que se decia Gomez de Chaves, natural de ciudad Rodrigo, aficionado de la bondad, honestidad y nobleza de la doña Mencia de Almaraz, imaginando que le seria agradable ver quitada del rollo la cabeza de su marido (no teniendo certificacion cuál de aquellas tres era), él y un amigo suyo llevaron de noche una escala, y alcanzaron una de ellas pensando que era la de Francisco Hernandez Giron, y acertó á ser la del maese de campo Francisco de Carvajal. Luego alcanzaron otra, y fue la de Gonzalo Pizarro. Viendo esto aquel caballero dijo al compañero. Alcancemos la otra para que acertemos; y en verdad, que pues así lo ha permitido Dios nuestro Señor, que no ha de volver ninguna dellas donde estaban. Con esto se las llevaron todas tres, y las enterraron de secreto en un convento de aquellos. Y aunque la justicia hizo diligencia para saber quien las quitó, no se pudo averiguar; porque el hecho fue agradable á todos los de aquella tierra, porque quitaron entre ellas la cabeza de Gonzalo Pizarro, que les era muy penoso verla en aquel lugar. Esta relacion me dió un caballero que gastó algunos años de su vida en los imperios de Méjico y Perú en servicio de su magestad, con oficio real: há por nombre don Luis de Cañaveral, vive en esta ciudad de Córdoba. Pero al principio del año de mil y seiscientos y doce vino un religioso de la órden del seráfico padre san Francisco, gran teólogo, nacido en el Perú, llamado fray Luis Gerónimo de Ore, y hablando destas cabezas, me dijo que en el convento de san Francisco de la ciudad de los Reyes estaban depositadas cinco cabezas, la de Gonzalo Pizarro, la de Francisco de Carvajal y Francisco Hernandez Giron, y otras dos que no supo decir cuyas eran. Y que aquella santa casa las tenia en depósito, no enterradas sino en guarda; y que él deseó muy mucho saber cuál dellas era la de Francisco de Carvajal, por la gran fama que en aquel imperio dejó. Yo le dije que por el letrero que tenia en la jaula de hierro pudiera saber cuál dellas era. Dijo que no estaban en jaulas de hierro, sino sueltas cada una de por sí, sin señal alguna para ser conocidas. La diferencia que hay de la una relacion á la otra, debió de ser que los religiosos no quisieron enterrar aquellas cabezas que les llevaron por no hacerse culpados de lo que no lo fueron; y que se quedasen en aquella santa casa, ni enterradas ni por enterrar. Y que aquellos caballeros que las quitaron del rollo, dijesen á sus amigos que las dejaron sepultadas, y así hube ambas relaciones como se han dicho. Este religioso, fray Luis Gerónimo de Ore, iba dende Madrid á Cádiz con órden de sus superiores y del consejo Real de las Indias, para despachar dos docenas de religiosos, ó ir él con ellos á los reinos de la Florida, á la predicacion del santo Evangelio á aquellos gentiles. No iba certificado si iria con los religiosos, ó si volveria habiéndolos despachado. Mandóme que le diese algun libro de nuestra historia de la Florida, que llevasen aquellos religiosos para saber y tener noticia de las provincias y costumbres de aquella gentilidad. Yo le serví con siete libros; los tres fueron de la Florida, y los cuatro de nuestros comentarios, de que su paternidad se dió por muy servido. La divina Magestad se sirva de ayudarles en esta demanda, para que aquellos idólatras salgan del abismo de sus tinieblas:

Será bien digamos aquí la muerte del capitan Baltasar Velazquez, que fue estraña, y tambien porque no vaya sola y sin compaña la de Francisco Hernandez Giron. Es así que algunos meses despues de lo dicho, residiendo Baltasar Velazquez en la ciudad de los Reyes, tratándose como capitan mozo y valiente, le nacieron dos postemas en las vedijas; y él por mostrarse mas galan de lo que le convenia, no quiso curarse, de manera que llegasen á madurar y abrirse las postemas que es lo mas siguro. Pidió que se las resolviesen adentro: sucedió que al quinto dia le dió cáncer allá en lo interior, y fue de manera que se asaba vivo. Los médicos, no sabiendo que lo hacer, le echaban vinagre por refrescarle; pero el fuego se encendia mas y mas, de manera que nadie podia sufrir á tener la mano media vara alta del cuerpo, que ardia como fuego natural. Así acabó el pobre capitan, dejando bien que hablar á los que lo conocian, de sus valentías presentes y pasadas, que se acabaron con muerte tan rigurosa.

Los capitanes y soldados pretendientes que quedaron en el Cozco, luego que supieron la prision y muerte de Francisco Hernandez Giron, fueron en pos de los oidores á porfiar que les hiciesen mercedes por los servicios pasados. Y así luego que estuvieron de asiento en la ciudad de los Reyes, volvieron con mucha instancia á su demanda, y muchos dellos alegaban diciendo que por haber gastado sus haciendas en la guerra pasada estaban tan pobres, que aun para el gasto ordinario no les habia quedado nada. Y que era razon y justicia cumplirles la palabra que les habian dado, de que acabado el tirano se les haria gratificacion; que ya él era muerto, que no restaba mas de la paga, y que della (segun ellos sentian) habia poca ó ninguna cuenta. Los oidores respondieron: que no era de leales servidores de su magestad pretender sacar con fuerza y violencia la gratificacion que se les debia. Que ellos y todo el mundo la conocian, que por horas y momentos esperaban nuevas de que su magestad hubiese proveido visorey, que no podia ser menos, porque no convenia que aquel imperio estuviese sin él. El cual, si hallase repartido lo que en la tierra habia vaco, se indignaria contra los oidores por no haberle esperado, y contra los pretendientes por haber hecho tanta instancia en la paga: y todos quedarian mal puestos con él. Que se sufriesen siquiera por tres ó cuatro meses, que no era posible, sino que en este tiempo tuviesen nuevas de la venida del visorey. Y que cuando no fuese así, ellos repartirian la tierra, y cumplirian su palabra, que bien sentian la falta que tenian de hacienda, y que les dolia muy mucho no poderles socorrer en aquella necesidad. Pero que por ser el plazo tan corto, y por no desagradar al visorey, se debia sufrir la necesidad con esperanza de la abundancia. Que hacer otra cosa y querer violentar la paga, mas era perder méritos que ganar la gratificacion dellos. Con estas razones y otras semejantes templaron los oidores la furia de los pretendientes; y permitió Dios que pocos meses despues, que no fueron mas de seis, llegase la nueva de la ida del visorey. Con la cual se aplacaron todos, y se apercibieron para el recibimiento de su escelencia, que de los que fueron al Perú fue el primero que se llamó así.

LIBRO OCTAVO.

Dice como celebraban indios y españoles la fiesta del Santísimo Sacramento en la ciudad del Cozco. Un caso admirable que acaeció en ella. La eleccion del marqués de Cañete por visorey del Perú. La provision de nuevos ministros. Las prevenciones que hizo para atajar motines. La muerte de los vecinos que siguieron á Francisco Hernandez Giron, y la de Martin de Robles. El destierro de los pretendientes á España. La salida de las montañas por via de paz del príncipe heredero de aquel imperio, y su muerte breve. Los desterrados llegan á España. La mucha merced que su magestad les hizo. Restituyen sus indios á los herederos de los que mataron por tiranos. La ida de Pedro de Orsua á las Amazonas. La eleccion del conde de Nieva por visorey del Perú. El fallecimiento de su antecesor, y la del mismo conde. La eleccion del licenciado Castro por gobernador del Perú. Y la de don Francisco de Toledo por visorey. La prision del príncipe Tupac Amaru, heredero de aquel imperio. Y la muerte que le dieron. La venida del visorey á España y su fin y muerte. Contiene veinte y un capítulos.

CAPÍTULO PRIMERO.

Como celebraban indios y españoles la fiesta del Santísimo Sacramento en el Cozco. Una pendencia particular que los indios tuvieron en una fiesta de aquellas.

Porque la historia pide que cada suceso se cuente en su tiempo y lugar, ponemos estos dos siguientes al principio de este libro octavo, porque sucedieron en el Cozco despues de la guerra de Francisco

Hernandez Giron, y antes de la llegada del visorey que los de aquel reino esperaban. Guardando pues esta regla decimos, que la fiesta que los católicos llámamos *Corpus Christi*, se celebraba solemnísimamente en la ciudad del Cozco despues que se acabaron las guerras que el demonio inventó en aquel imperio, por estorbar la predicacion de nuestro santo Evangelio, que la postrera fue la de Francisco Hernandez Giron, y plega á Dios que lo sea. La misma solenidad habrá ahora y mucho mayor; porque despues de aquella guerra, que se acabó al fin del año de quinientos y cincuenta y cuatro, han sucedido cincuenta y siete años de paz hasta el presente, que es de mil y seiscientos y once, cuando se escribe este capítulo.

Mi intencion no es sino escribir los sucesos de aquellos tiempos y dejar los presentes para los que quisieren tomar el trabajo de escribirlos. Entonces habia en aquella ciudad cerca de ochenta vecinos, todos caballeros nobles, hijosdalgo, que por vecinos (cómo en ótras partes lo hemos dicho) se entienden los señores de vasallos, que tienen repartimientos de indios. Cada uno de ellos tenia cuidado de adornar las andas que sus vasallos habian de llevar en la procesion de la fiesta. Componíanlas con seda y oro, y muchas ricas joyas, con esmeraldas y otras piedras preciosas. Y dentro en las andas ponian la imágen de nuestro Señor ó de nuestra Señora, ó de otro santo ó santa de la devocion del español, ó de los indios sus vasallos. Semejaban las andas á las que en España llevan las cofradías en las tales fiestas.

Los caciques de todo el distrito de aquella gran ciudad venian á ella á solenizar la fiesta, acompañados de sus parientes y de toda la gente noble de sus provincias. Traian todas las galas, ornamentos é invenciones que en tiempo de sus reyes Incas usaban en la celebracion de sus mayores fiestas (de las cuales dimos cuenta en la primera parte de estos comentarios): cada nacion traia el blason de su linage, de donde se preciaba descender.

Unos venian (como pintan á Hércules) vestidos con la piel de leon, y sus cabezas encajadas en las del animal, porque se preciaban descender de un leon. Otros traian las alas de un ave muy grande que llaman Cuntur, puestas á las espaldas, como las que pintan á los ángeles, porque se precian descender de aquella ave. Y así venian otros con otras divisas pintadas, como fuentes, rios, lagos, sierras, montes, cuevas, porque decian que sus primeros padres salieron de aquellas cosas. Traian otras divisas estrañas, con los vestidos chapados de oro y plata. Otros con guirnaldas de oro y plata; otros venian hechos monstruos, con máscaras feisimas, y en las manos pelleginas de diversos animales como que los hubiesen cazado, haciendo grandes ademanes, fingiéndose locos y tontos, para agradar á sus reyes de todas maneras. Unos con grandezas y riquezas, y otros con locuras y miserias; y cada provincia, con lo que le parecia que era mejor invencion, de mas solenidad, de mas fausto, de mas gusto, de mayor disparate y locura: que bien entendian, que la variedad de las cosas deleitaba la vista, y añadia gusto y contento á los ánimos. Con las cosas dichas, y otras muchas que se pueden imaginar, que yo no acierto á escrebirlas, solenizaban aquellos indios las fiestas de sus reyes. Con las mismas (aumentándolas todo lo mas que podian) celebraban en mis tiempos la fiesta del Santísimo Sacramento, Dios verdadero, redentor y Señor nuestro. Y hacianlo con grandísimo contento, como gente ya desengañada de las vanidades de su gentilidad pasada.

El cabildo de la iglesia y el de la ciudad, hacian por su parte lo que convenia á la solenidad de la fiesta. Hacian un tablado en el hastial de la iglesia, de la parte de afuera que sale á la plaza, donde ponian el Santísimo Sacramento en una muy rica custodia de oro y plata. El cabildo de la iglesia se ponia á la mano derecha, y el de la ciudad á la izquierda. Tenia consigo á los Incas que habian quedado de la sangre real, por honrarles y hacer alguna demostracion de que aquel imperio era dellos.

Los indios de cada repartimiento pasaban con sus andas, con toda su parentela y acompañamiento, cantando cada provincia en su propia lengua particular materna, y no en la general de la corte, por diferenciarse las unas naciones de las otras.

Llevaban sus atambores, flautas, caracoles y otros instrumentos rústicos musicales. Muchas provincias llevaban sus mugeres, en pos de los varones, que les ayudaban á tañer y cantar.

Los cantares que iban diciendo eran en loor de Dios nuestro Señor, dándole gracias por la merced que les habia hecho en traerlos á su verdadero conocimiento: tambien rendian gracias á los españoles sacerdotes y seculares, por haberles enseñado la doctrina cristiana. Otras provincias iban sin mugeres, solamente los varones: en fin, todo era á la usanza del tiempo de sus reyes.

A lo alto del cementerio, que está siete ú ocho gradas mas alto que la plaza, subian por una escalera á adorar el Santísimo Sacramento en sus cuadrillas, cada una dividida de la otra diez ó doce pasos en medio, porque no se mezclasen unas con otras. Bajaban á la plaza por otra escalera que estaba á mano derecha del tablado. Entraba cada nacion por su antigüedad (como fueron conquistadas por los Incas) que los mas modernos eran los primeros, y así los segundos y terceros, hasta los últimos que eran los Incas. Los cuales iban delante de los sacerdotes en cuadrilla de menos gente y mas pobreza, porque habian perdido todo su imperio, y sus casas y heredades, y sus haciendas particulares.

Yendo pasando las cuadrillas como hemos dicho, para ir en procesion, llegó la de los cañaris, que aunque la provincia dellos está fuera del distrito de aquella ciudad, van con sus andas en cuadrilla de por sí, porque hay muchos indios de aquella nacion que viven en ella, y el caudillo dellos era entonces don Francisco Chillchi, cañari, de quien hicimos mencion en el cerco y mucho aprieto en que el príncipe Manco Inca tuvo á Hernando Pizarro y á los suyos, cuando este cañari mató en la plaza de aquella ciudad al indio, capitan del Inca, que desafió á los españoles á batalla singular. Este don Francisco subió las gradas del cementerio muy disimulado, cubierto con su manta y las manos debajo della, con sus andas, sin ornamento de seda ni oro; mas de que iban pintadas de diversos colores, y en los cuatro lienzos del chapitel llevaba pintadas cuatro batallas de indios y españoles.

Llegando á lo alto del cementerio en derecho del cabildo de la ciudad, donde estaba Garcilaso de la Vega, mi señor, que era corregidor entonces, y su teniente el licenciado Monjarás, que fue un letrado de mucha prudencia y consejo. Desechó el indio cañari la manta que llevaba en lugar de capa, y uno de los suyos se la tomó de los hombros, y él quedó en cuerpo con otra manta ceñida (como hemos dicho que se la ciñen cuando quieren pelear ó hacer cualquiera otra cosa de importancia): llevaba en la mano derecha una cabeza de indio contrahecha asida por los cabellos.

Apenas la hubieron visto los Incas, cuando cuatro ó cinco dellos arremetieron con el cañari y lo levantaron alto del suelo para dar con él de cabeza en tierra. Tambien se alborotaron los demas indios que habia de la una parte y de la otra del tablado, donde estaba el Santísimo Sacramento; de manera que obligaron al licenciado Monjerás á ir á ellos para ponerlos en paz. Preguntó á los Incas, ¿que por qué se habian escandalizado? El mas anciano respondió diciendo: este perro auca, en lugar de solenizar la fiesta, viene con esta cabeza á recordar cosas pasadas que estaban muy bien olvidadas.

Entonces el teniente preguntó al cañari, ¿que qué era aquello? Respondió diciendo: Señor, yo corté esta cabeza á un indio que desafió á los españoles que estaban cercados en esta plaza con Hernando Pizarro, y Gonzalo Pizarro, y Juan Pizarro, mis señores, y mis amos, y otros docientos españoles. Y ninguno dellos quiso salir al desafio del indio, por parecerles antes infamia que honra pelear con un indio, uno á uno. Entonces yo le pedí licencia para salir al duelo, y me la dieron los cristianos, y así salí y combatí con el desafiador, y le vencí y corté la cabeza en esta plaza. Diciendo esto, señaló con el dedo el lugar donde habia sido la batalla. Y volviendo á su respuesta, dijo: estas cuatro pinturas de mis andas, son cuatro batallas de indios y españoles, en las cuales me hallé en servicio dellos. Y no es mucho que tal dia como hoy me honre yo con la hazaña que hice en servicio de los cristianos. El Inca respondió: perro traidor, ¿hiciste tú esa hazaña con fuerzas tuyas, sino en virtud deste señor Pachacamac, que aquí tenemos presente; y en la buena dicha de los españoles? ¿no sabes que tú y todo tu linage érades nuestros esclavos, y que no hubiste esa victoria por tus fuerzas y valentía, sino por la que he dicho? Y si lo quieres esperimentar ahora que todos somos cristianos, vuélvete á poner en esa plaza con tus armas, y te enviarémos un criado, el menor de los nuestros, y te hará pedazos á tí y á todos los tuyos. ¿No sabes que en esos mismos dias, y en esta misma plaza, cortamos treinta cabezas de españoles, y que un Inca tuvo rendidas dos lanzas á dos hombres de á caballo y se las quitó de las manos; y á Gonzalo Pizarro se la hubiera de quitar, si su esfuerzo y destreza no le ayudára? ¿No sabes que dejamos de hacer guerra á los españoles y desamparamos el cerco, y nuestro príncipe se desterró voluntariamente y dejó su imperio á los cristianos viendo tantas y tan grandes maravillas como el Pachacamac hizo en favor y amparo dellos? ¿No sabes que matamos por esos caminos de Rimac al Cozco (durante el cerco desta ciudad) cerca de ochocientos españoles? ¿Fuera bien hecho, que para honrarnos con ellas, sacáramos en esta fiesta las cabezas de todos ellos y la de Juan Pizarro que matamos allí arriba en aquella fortaleza? ¿No fuera bien que miráras todas estas cosas y otras muchas que pudiera yo decir, para que tú no hicieras un escándalo, disparate y locura como la que has hecho? Diciendo esto volvió al teniente, y le dijo: Señor, hágase justicia, como se debe hacer, para que no seamos baldonados de los que fueron nuestros esclavos.

El licenciado Monjaráz habiendo entendido lo que el uno y el otro dijeron, quitó la cabeza que el cañari llevaba en la mano, y le mandó desceñir la manta que llevaba ceñida, y que no tratase mas de aquellas cosas en público ni en secreto, so pena que lo castigaría rigurosamente. Con esto quedaron satisfechos los Incas y todos los indios de la fiesta, que se habian escandalizado de la libertad y desvergüenza del cañari, y todos en comun, hombres y mugeres, le llamaron auca, auca, y salió la voz por toda la plaza. Con esto pasó la procesion adelante, y se acabó con la solenidad acostumbrada. Dícenme que en estos tiempos alargan el viage della dos tantos mas que solia andar, porque llegan hasta San Francisco y vuelven á la iglesia por muy largo camino. Entonces no andaba mas que el cerco de las dos plazas Cusipata y Haucaypata que tantas veces hemos nombrado. Sea la Magestad divina loada, que se digna de pasearlas alumbrando aquellos gentiles, y sacándoles de las tinieblas en que vivian.

CAPÍTULO II.

De un caso admirable que acaeció en el Cozco.

El segundo suceso es el que verémos bien estraño, que pasó en el Cozco en aquellos años, despues de la guerra de Francisco Hernandez Giron, que por habérmelo mandado algunas personas graves y religiosas que me han oido contarlo, y por haberme dicho que será en servicio de la Santa madre Iglesia romana, madre y Señora nuestra, dejarlo escrito en el discurso de nuestra historia, me pareció que yo como hijo, aunque indigno de tal madre, estaba obligado á obedecerles y dar cuenta del caso, que es el que se sigue.

Ocho ó nueve años antes de lo que se ha referido se celebraba cada año en el Cozco la fiesta del divino San Marcos como podian los moradores de aquella ciudad. Salia la procesion del convento del bienaventurado Santo Domingo, que como atrás dijimos se fundó en la casa y templo que era del sol en aquella gentilidad antes que el Evangelio llegára á aquella ciudad. Del convento iba la procesion á una ermita que está junto á las casas que fueron de don Cristóbal Paullu, Inca. Un clérigo, sacerdote antiguo en la tierra, que se decia el padre Porras, devoto del bienaventurado evangelista, queriendo solenizar su fiesta, llevaba cada año un toro manso en la procesion cargado de guirnaldas de muchas maneras de flores. Yendo ambos cabildos, eclesiástico y seglar con toda la demas ciudad el año de quinientos y cincuenta y seis, iba el toro en medio de toda la gente tan manso como un cordero, y así fue y vino con la procesion. Cuando llegaron de vuelta al convento (porque no cabia toda la gente en la iglesia) hicieron calle los indios y la demas gente comun en la plaza que está antes del templo. Los españoles entraron dentro haciendo calle dende la puerta hasta la capilla mayor. El toro, que iba poco delante de los sacerdotes, habiendo entrado tres ó cuatro pasos del umbral de la iglesia tan manso como se ha dicho, bajó la cabeza y con una de sus armas asió por la orcajadura á un español que se decia fulano de Salazar, y levantándolo en alto, lo echó por cima de sus espaldas y dió con él en una de las puertas de la iglesia, y de allí cayó fuera de ella sin mas daño de su persona. La gente se alborotó con la novedad del toro huyendo á todas partes; mas él quedó tan manso como habia ido y venido en toda la procesion, y así llegó hasta la capilla mayor. La ciudad se admiró del caso; é imaginando que no podia ser sin misterio, procuró con diligencia saber la causa. Halló que seis ó siete meses antes en cierto pleito ó pendencia que el Salazar tuvo con un eclesiástico, habia incurrido en descomunion, y que él por parecerle que no era menester, no se habia absuelto de la descomunion. Entonces se absolvió y quedó escarmentado para no caer en semejante yerro. Yo estaba entonces en aquella ciudad, y me hallé presente al hecho, vi la procesion y despues oí el cuento á los que lo contaban mejor y mas largamente referido que lo hemos relatado.

CAPÍTULO III.

La eleccion del marqués de Cañete por visorey del Perú. Su llegada á Tierra-Firme. La reducion de los negros fugitivos. La quema de un galeon con ochocientas personas dentro.

La magestad imperial luego que supo en Alemaña la muerte del visorey don Antonio de Mendoza, proveyó por visorey del Perú al conde de Palma. El cual se escusó con causas justas para no aceptar la plaza. Lo mismo hizo el conde de Olivares, que asimesmo fue proveido para visorey de aquel gran reino. Sospecharon los indianos que por ser la carrera tan larga hasta llegar allá y alejarse tanto de España no querian aceptar el cargo; aunque un visorey de los que fueron despues decia, que la mejor plaza que su magestad proveía era el visoreino del Perú, si no estuviera tan cerca Madrid donde reside la corte. Decia esto porque le parecia que en muy breve tiempo llegaban á la corte las nuevas de los agravios que él hacia. Últimamente proveyó su magestad á don Andres Hurtado de Mendoza, marqués de Cañete, guarda mayor de Cuenca. El cual aceptó la plaza, y con las provisiones necesarias se partió para el Perú, y llegó al Nombre de Dios donde tomó residencia á los ministros de la justicia, y á los oficiales de la hacienda imperial. Hizo mercedes á ciertos conquistadores antiguos de aquellas islas de Barlovento y Tierra-Firme, como lo dice el Palentino, capítulo segundo, porque los halló muy pobres. Pero no fueron las mercedes de repartimientos de indios, porque ya en aquellos tiempos eran acabados los naturales de aquellas tierras. Fueron de ayudas de costa y de oficios de aprovechamiento. Proveyó á Pedro de Orsua, que era un caballero noble, gran soldado y capitan, que en el nuevo reino habia hecho grandes conquistas y poblado una ciudad que llamaron Pamplona. Y por la aspereza de un juez que fue á gozar de lo que Orsua habia trabajado por alejarse dél, como lo escribe el beneficiado Juan de Castellanos, se fue á vivir al Nombre de Dios, donde le halló el visorey don Andres Hurtado de Mendoza; y le dió comision para que diese órden y traza para remediar y prohibir los daños que los negros fugitivos (que llaman cimarrones y viven en las montañas hacian) por los caminos, salteando los mercaderes y caminantes, robándoles cuanto llevaban con muerte de muchos dellos que era intolerable. Y no se podia caminar si no en escuadras de veinte arriba. Y el número de los negros crecia cada dia; porque teniendo tal guarida se huian con mucha facilidad, y sin recebir de sus amos agravio alguno. Para lo cual (declarando aquel autor que no escribe nada desto) decimos que Pedro de Orsua hizo gente para conquistar los negros cimarrones (vocablo del lenguage de las islas de Barlovento) á lo cual fueron muchos soldados de los de Francisco Hernandez Giron, que estaban en aquella tierra, dellos huidos, y dellos desterrados. Y el visorey los perdonó á todos los que se hallasen en esta jornada. Los negros viéndose apretados salieron á pedir partidos. Y por bien de paz, porque así convenia, les concedieron que todos los que hasta tal tiempo se hubiesen huido de sus amos fuesen libres, pues ya los tenian perdidos. Y que los que de allí adelante se huyesen, fuesen obligados los cimarrones á volverlos á sus dueños, ó pagasen lo que les pidiesen por ellos. Que cualquiera negro ó negra que fuese maltratado de su amo, pagándole lo que le habia costado le diese libertad. Y que los negros poblasen donde viviesen recogidos como ciudadanos y naturales de la tierra, y no derramados por los montes. Que contratasen con los españoles todo lo que bien les estuviese. Todo lo cual se otorgó de la una parte y de la otra por vivir en paz; y los negros dieron sus rehenes bastantes, con que se aseguró todo lo capitulado.

Con las rehenes salió el rey dellos, que se decia Ballano, para entregarlas por su propia persona; mas él quedó por rehenes perpétuas, porque no quisieron soltarle. Trujéronlo á España, donde falleció el pobre negro. Y porque poco antes de este viage del visorey sucedió en el mar Océano un caso estraño, me pareció dar cuenta dél, aunque no es de nuestra historia. Y fue que Gerónimo de Alderete que habia venido de Chile á España á negocios del gobernador Pedro de Valdivia, sabiendo su fin y muerte, pretendió la misma plaza, y su magestad le hizo merced della. El cual llevó consigo una cuñada suya, muger honesta y devota, de las que llaman beatas. Embarcóse en un galeon, donde iban ochocientas personas; el cual iba por capitana de otras seis naves. Salieron de España dos meses antes que el visorey. La beata por mostrarse muy religiosa, pidió licencia al maestre del galeon para tener en su cámara lumbre de noche para rezar sus devociones. El maestre se la dió, porque era cuñada del gobernador. Navegando con tiempo muy próspero, sucedió que un médico que iba en otro navío, fue al galeon á visitar un amigo suyo, que por serlo tanto holgaron de verse aunque iban ambos en la armada. Ya sobre tarde queriendo volverse el médico á su navío, le dijo su amigo: no os vais, hermano, quedaos acá esta noche, y mañana os ireis, que el buen tiempo lo permite todo. El médico se quedó, y la barquilla en que iba ataron al galeon para servirse otro dia della. Sucedió que aquella noche la beata despues de rezar, ó á medio rezar, se durmió con la lumbre encendida, con tan poca advertencia de lo que podia suceder, que se vió luego cuán mal hecho es quebrantar cualquiera regla y órden que la milicia de mar ó tierra tenga dada por ley para su conservacion. Que una dellas es, que jamás de noche haya otra lumbre en la nao sino la de la lantia, so pena de la vida al maestre que la consintiere. Sucedió la desgracia que la lumbre de la beata iba cerca de la madera del galeon, de manera que el fuego se encendió, y se descubrió por la parte de afuera. Lo cual visto por el maestre, viendo que no tenia remedio de apagarse, mandó al marinero que gobernaba que arrimase al galeon el barco que iba atado á él, en que el médico fue el dia antes. Y el maestre fue al gobernador Alderete, y sin hacer ruido le recordó y dijo lo que habia en el galeon. Y tomando un muchacho hijo suyo, de dos que llevaba consigo, se fue con el gobernador al barco, y entraron dentro los cuatro que hemos dicho, y se alejaron del galeon sin dar voces ni hacer otro ruido, porque no recordase la gente y se embarazasen unos á otros, y se ahogasen todos. Quiso por aquella via librarse de la muerte, y dejarle entregado un hijo en pena de haber quebrantado la ley que tan inviolablemente debia guardar. El fuego con el buen alimento que en los navios tiene de brea y alquitran pasó adelante y despertó los que dormian. Las otras naos de la armada viendo el gran fuego que habia en la capitana, se acercaron á ella para recoger la gente que se echase á la mar. Pero llegando el fuego á la artillería la disparó toda; de manera que los navíos huyeron á toda priesa de temor de las balas, que como nao capitana iba bien artillada y aprestada para lo que se ofreciese. Y así perecieron las ochocientas personas que iban dentro, dellos quemados del fuego, y dellos ahogados en la mar; que causó gran lástima la nueva de esta desgracia á todos los del Perú. Gerónimo de Alderete luego que amaneció entró en uno de sus navíos, y mandó poner estandarte para que viesen los demas que habia escapado del fuego y del agua. Y dando órden los demas navíos que siguiesen su viage al Nombre de Dios, él arribó á España á pedir nuevas provisiones de su gobernacion, y lo demas necesario para su persona, porque todo lo consumió el fuego. Y así volvió á seguir su camino en compañía de la armada que fue el marques de Cañete por visorey al Perú; como lo dice el Palentino, aunque no cuenta la desgracia del galeon.

CAPÍTULO IV.

El visorey llega al Perú. Las provisiones que hace de nuevos ministros. Las cartas que escribe á los corregidores.

El visorey don Andrés Hurtado de Mendoza salió de Panamá, y con buen tiempo llegó á Paita, que es término del Perú, donde despachó provisiones de gobernacion para el reino de Quito y otras partes de aquel parage; y escribió á todos los corregidores de las ciudades de aquel imperio. Envió un caballero, deudo de su casa, con particular embajada á la chancillería real de los Reyes. El cual paró en la ciudad de San Miguel, y como mozo se detuvo en ella con otros caballeros de su edad en ejercicios poco ó nada honestos. Lo cual sabido por el visorey, le envió á mandar que no pasase adelante; y cuando llegó á aquella ciudad, mandó que le prendiesen y trujesen á España preso; porque no queria que sus embajadores y criados saliesen de la comision y órden que les daba. Asímismo envió á España á don Pedro Luis de Cabrera, y á otros casados que tenian sus mugeres en ella. Aunque es verdad que la culpa mas era de las mugeres que no de sus maridos; porque algunos dellos habian enviado por las suyas con mucho dinero para el camino; y por no dejar á Sevilla, que es encantadora de las que la conocen, no quisieron obedecer á sus maridos, antes procuraron ellas con la justicia que se los enviasen á España. Que por no ir al Perú tres dellas, cuyos maridos yo conocí, perdieron los repartimientos que con la muerte de sus maridos heredaban, que valian mas de cien mil ducados de renta. Los cuales pudiéramos nombrar; pero es justo que guardemos la reputacion y honor de todos. El visorey pasó adelante en su camino con la mayor blandura y halago que pudo mostrar, haciendo mercedes y regalos de palabra á todos los que le hablaban y pedian gratificacion de sus servicios. Todo lo cual hacia con buena maña é industria para que la nueva pasase adelante y quietase los ánimos de los que podian estar alterados por los delitos é indicios pasados. La fama entre otras cosas, publicó entonces que el visorey queria hacer un particular consejo de cuatro personas principales y antiguas en el reino, que fuesen libres de pasion y de aficion, que como hombres que conocian á todos los de aquel imperio, y sabian los méritos de cada uno le avisasen y dijesen lo que debia hacer con los pretendientes, porque no le engañasen con relaciones fingidas. Publicó la fama los que habian de ser del consejo. El uno dellos era Francisco de Garay, vecino de Huanuco, y otro Lorenzo de Aldana, vecino de Arequepa, y Garcilaso de la Vega, y Antonio de Quiñones, vecinos del Cozco. Y era notorio que cualquiera de todos cuatro pudiera muy largamente gobernar todo el Perú y mas adelante. Con esta novela se alentaron y regocijaron todos los moradores de aquel imperio, así indios como españoles, seglares y eclesiásticos, y todos á voces decian: que aquel príncipe venia del cielo, pues con tales consejeros queria gobernar el reino.

El visorey siguió su camino hasta la ciudad de los Reyes, publicando siempre que iba á hacer mercedes, como lo dice el Palentino, capítulo segundo, por estas palabras. Lo que mas se estendia su fama, era que hacia grandes mercedes, y que no tocaba en cosas pasadas. Por cuya causa acudió á Trujillo gran número de gente, y entre ellos muchos que no habian sido muy sanos en servicio del rey. Y á estos por entonces el virey les hacia buena cara, y daba á entender en sus pláticas que aquellos que de Francisco Hernandez se habian pasado al rey le habian dado la tierra. Y desta suerte los descuidaba tanto, que en el Cozco y otras partes vecinos que vivian recatados por la pasada dolencia, y que estaban en sus pueblos de indios, y cuando venian á la ciudad era con mucha compañía y gran recato. Con este rumor y fama se comenzaron á descuidar &c.

Hasta aquí es de aquel autor. Y declarando lo que en esto hubo, decimos: que todos los vecinos del Cozco estaban quietos y sosegados, alegres y contentos con la venida del visorey, y con las buenas nuevas que la fama publicaba de su intencion y deseos. Solo Tomás Vazquez y Piedrahita eran los que estaban en los pueblos de sus indios, y no residian en la ciudad. Y esto mas era de vergüenza de haber seguido al tirano dende el principio de su levantamiento, que no de miedo de la justicia; porque estaban perdonados en nombre de su magestad por su chancillería real; porque habian hecho aquel gran servicio de negar al tirano en la coyuntura que le negaron, que fue toda su perdicion y acabamiento; y no venian á la ciudad con mucha compañía ni gran recato, como lo dice aquel autor, sino que voluntariamente se estaban desterrados en sus repartimientos de indios. Que en mas de tres años (que entonces fue corregidor de aquella ciudad Garcilaso de la Vega, mi señor) yo no los ví en ella, sino fue sola una vez á Juan de Piedrahita que vino de noche á algun negocio forzoso, y de noche visitó á mi padre, y dió cuenta de su vida solitaria; pero nunca salió á plaza de dia. Por lo cual me espanto que se escriban cosas tan agenas de lo que pasó. Y Alonso Diaz, que fue el otro vecino que acompañó á Francisco Hernandez Giron, no quiso ausentarse de la ciudad, sino vivir en ella como solia. Y esto es lo que hubo entonces en aquel pueblo, y no tanto escándalo como las palabras de aquel autor significan y causan á los oyentes.

El visorey llegó á la ciudad de los Reyes por el mes de julio de mil y quinientos y cincuenta y siete años, donde fue recibido como convenia á la grandeza de su oficio real, y á la calidad de su persona y estado, que era señor de vasallos con título de marques; que aunque los visoreyes pasados tuvieron el mismo oficio, carecieron de título y de vasallos. Y habiendo tomado su silla y asiento, pasados ocho dias tomó la posesion de aquel imperio por el rey don Felipe II, por renunciacion que el emperador Cárlos V hizo en su magestad de los reinos y señorios que tenia. Lo cual hizo por falta de salud para poder gobernar imperios y reinos tan grandes, y tratar negocios tan importantes y dificultosos, como los que se ofrecen en semejantes gobiernos. La posesion se tomó con toda la solemnidad y ceremonias y acompañamiento que se requeria; donde se halló el visorey, y la audiencia real, y los cabildos seglar y eclesiástico con el arzobispo de los Reyes don Gerónimo de Loaysa, y los conventos de religiosos que entonces habia en aquella ciudad que eran cuatro: el de nuestra Señora de las Mercedes, de San Francisco, Santo Domingo, y San Agustin. Pasada la ceremonia en la plaza y por las calles, fueron á la iglesia catedral, donde el arzobispo dijo una misa pontifical con gran solemnidad. Lo mismo pasó en todas las demas ciudades de aquel imperio; en lo cual mostró cada uno conforme su posibilidad, el contento y regocijo que recibieron de tal auto. Hubo muchas fiestas muy solemnes de toros, y juegos de cañas, y muchas libreas muy costosas: que era y es la fiesta ordinaria de aquella tierra.

El visorey don Andres Hurtado de Mendoza, luego que se hubieron tomado las posesiones, envió corregidores y ministros de justicia á todos los pueblos del Perú. Entre ellos fue al Cozco un letrado natural de Cuenca, que se decia Bautista Muñoz, que el visorey llevó consigo. El licenciado Altamirano, oidor de su magestad, que no quiso acompañar al estandarte real y su ejército en la guerra pasada, fue por corregidor á la ciudad de la Plata: y otros fueron á las ciudades Huamanca, Arequepa y de la Paz, donde pasaron cosas grandes: algunas dellas contarémos en el capítulo siguiente, que decirlas todas es muy dificultoso.

CAPÍTULO V.

Las prevenciones que el visorey hizo para atajar motines y levantamientos. La muerte de Tomás Vazquez, Piedrahita y Alonso Diaz por haber seguido á Francisco Hernandez Giron.

El visorey, como lo dice el Palentino capítulo segundo de su tercera parte, luego que entró en la ciudad de los Reyes mandó tomar todos los caminos que salian della para las demas ciudades de aquel imperio. Puso en ellos personas de quien tenia confianza; mandóles que con mucho cuidado y vigilancia mirasen y catasen así á españoles como á indios, si llevaban cartas de unas partes á otras. Lo cual mandó que se hiciese para entender si se trataba alguna novedad de los unos á los otros. Palabras son de aquel autor, y todo lo que vamos diciendo es suyo, y yo ví mucha parte de ello. Asímismo mandó el visorey que ningun español caminase sin licencia particular de la justicia del pueblo donde salia, habiendo dado causas bastantes para que se la diesen. Y en particular mandó que no viniesen los españoles á la ciudad de los Reyes con achaque de ver las fiestas y regocijos que en ella se hacian. Aunque en esto hubo poco efecto, porque antes que el visorey llegára á aquella ciudad estaba toda llena de los pretendientes y de los demas negociantes que esperaban la venida del visorey: que luego que supieron su ida acudieron todos á hallarse á su recibimiento y festejarle su llegada. Mandó recoger en su casa la artillería gruesa que habia en aquella ciudad, y los arcabuces y otras armas que pudo haber. Todo lo cual se hizo, recelando no hubiese algun levantamiento, que segun lo pasado, estaba aquella tierra mucho para temer semejantes rebeliones; pero los moradores estaban ya cansados de guerras; y tan lastados, que no habia que temerles. Y dejando al visorey, dirémos de los corregidores que envió al Cozco y á los Charcas.

El licenciado Muñoz llegó á la ciudad del Cozco con su provision de corregidor de aquella ciudad, la cual le salió á recibir, y luego que entró en ella Garcilaso, mi señor, le entregó la vara de justicia, y con ella en la mano le preguntó el corregidor nuevo, ¿cuánto valia el derecho de cada firma? Fuéle respondido que no lo sabia, porque no habia cobrado tal derecho. A esto dijo el licenciado que no era bien que los jueces perdiesen sus derechos cualesquiera que fuesen. Los oyentes se admiraron de oir el coloquio, y dijeron que no era de espantar que quisiese saber lo que le podia valer el oficio fuera del salario principal; que de España á Indias no iban á otra cosa sino á ganar lo que buenamente pudiesen.

El corregidor luego que tomó la vara y creó sus alguaciles envió dos dellos fuera de la ciudad; el uno á prender á Tomás Vazquez, y el otro á Juan de Piedrahita, y los trujeron presos dentro de cinco ó seis dias, y los pusieron en la cárcel pública. Los parientes del uno y del otro procuraron buscar fiadores que les fiasen, que asistirian en la ciudad, y no se irian de ella. Porque les pareció que la prision era para que residiesen en la ciudad, y no en los pueblos de sus indios. A uno de los que hablaron para que fiase fue mi padre; respondió que la comision que el corregidor traia, debia de ser muy diferente de la que ellos pensaban: que para que residieran en la ciudad bastaba mandárselo con cualquiera pena por liviana que fuera, y no hacer tanta ostentacion de enviar por ellos y traerlos presos; de lo cual sospechaba que era para cortarles las cabezas. El suceso fue como lo pronostició Francisco Hernandez Giron, como atrás se dijo; porque otro dia amanecieron muertos, que en la cárcel les dieron garrote, no les valiendo los perdones que en nombre de su magestad les habia dado la chancillería real. Y les confiscaron los indios y los de Tomás Vazquez, que era uno de los principales repartimientos de aquella ciudad, dió el visorey á otro vecino della, natural de Sevilla, que se decia Rodrigo de Esquivél por mejorarle; que aunque tenia repartimiento de indios, eran pobres y de poca valía. Lo mismo hicieron de los indios de Piedrabita y de Alonso Dias, que tambien le mataron y confiscaron sus bienes como á los otros dos. No hubo mas que esto en aquella ciudad, de la ejecucion de la justicia contra los rebeldes en la guerra pasada. El licenciado Muñoz siguió la residencia contra sus antecesores, puso cuatro cargos al corregidor. El uno fue que jugaba cañas siendo justicia de aquella ciudad. Otro cargo fue que salia algunas veces de su casa á visitar algunos vecinos suyos sin la vara en la mano, que era dar ocasion á que le perdiesen el respeto que al corregidor se le debia. El tercero fue que consentia que las Pascuas de Navidad jugasen en su casa los vecinos y otra gente principal de aquella ciudad, y que él siendo corregidor jugaba con ellos. El último cargo fue que habia recibido un escribano para que lo fuese de la ciudad, sin hacer ciertas diligencias que la ley mandaba en semejante caso. Fuéle respondido: que jugaba cañas, porque lo habia hecho toda su vida, y que no lo dejára de hacer aunque el oficio fuera de mas calidad y alteza. Al segundo cargo se le respondió, que salia algunas veces de su casa sin la vara en la mano por ser tan cerca de su posada la visita que iba á hacer, que no se echaba de ver en la vara; y que sin ella y con ella le tenian y hacian el respeto que le debian; porque era muy conocido en todo aquel imperio y fuera dél, y que no hacia delito contra la vara en no sacarla en la mano. Y á lo del jugar en su casa las Pascuas, dijo que era verdad que lo consentia y él jugaba con los que iban á ella; porque jugando en su casa, se prohibian y escusaban las riñas y pendencias que el juego podia causar no jugando en su presencia, como lo hacia el juego á cada paso, aun con los muy altos y presuntuosos. A lo del escribano dijo, que como él no era letrado no miró en lo que la ley mandaba, sino en que la ciudad tenia necesidad de un oficial que administrase aquel oficio. Y que lo que él procuró fue que fuese hombre fiel y legal, cual convenia para tal ministerio; y que así hallaria que lo era, y toda aquella ciudad lo diria. Al licenciado Monjaráz, que fue teniente de corregidor, le pusieron otros cargos semejantes y aun mas livianos que la residencia, mas fue por decir al nuevo juez que la habia tomado, que no porque hubiese cargos que castigar ni deudas que satisfacer; y así los dió por libres de todo.

CAPÍTULO VI.

La prision y muerte de Martin de Robles, y la causa porque lo mataron.

El licenciado Altamirano, oidor de la chancillería real de la ciudad de los Reyes, fue (como atrás se dijo) por corregidor á la ciudad de la Plata; y luego que llegó á su corregimiento prendió á Martin de Robles, vecino de aquella ciudad, y sin hacerle cargo alguno lo aborcó públicamente en la plaza della, que lastimó á toda aquella tierra porque era de los principales vecinos de aquel imperio, y tan cargado de años y vejez que ya no podia traer la espada en la cinta, y se la traía un muchacho indio que andaba tras él. Lastimó mucho mas su muerte cuando se supo la causa, que la cuenta el Palentino en el capítulo dos de su tercera parte como se sigue.

El visorey escribió al licenciado Altamirano una carta misiva para que justiciase á Martin de Robles, y publicóse haber sido la ocasion que habian certificado ó dicho al visorey que estando Martin de Robles en conversacion habia dicho: vamos á Lima á poner en crianza al virey que viene descomedido en el escribir (propio dicho de Martin de Robles aunque no hubiera causa ni color para decirlo); y muchos y aun la comun afirman que Martin de Robles nunca tal dijo; algunos afirmaron que lo que incitó al virey mas que esta pequeña ocasion, fue haber sido Martin de Robles tan culpado en la prision y muerte de Vasco Nuñez Vela, visorey del Perú &c.

Hasta aquí es de aquel autor; y declarando este paso que está escuro y confuso decimos: que Martin de Robles dijo aquellas palabras pero por otro término; y la causa para decirlas fueron las cartas que el visorey, como atrás dijimos, escribió dende Payta á todos los corregidores de aquel imperio; haciéndoles saber su venida, que todos los sobre-escritos de las cartas decian: al noble señor el corregidor de tal parte. Y dentro en la carta hablaba de vos con cualquiera que fuese. Esta manera de escribir causó admiracion en todo el Perú, porque en aquellos tiempos y mucho despues hasta que salió la pragmática de las cortesías, los hombres nobles y ricos en aquella tierra escribian á sus criados con el título noble, y decian en el sobre-escrito: al muy noble señor fulano; y dentro hablaban á unos de vos y á otros de él, conforme á la calidad del oficio en que servian. Pues como las cartas del visorey iban tan de otra suerte, los maldicientes y hombres facinerosos, que deseaban alteraciones y revueltas tomaron ocasion para mormurar, mofar y decir lo que se les antojaba. Porque los visoreyes y gobernadores pasados escribian con respeto y miramiento de las calidades y méritos de cada uno. Y así no faltó quien dijese á mi padre (que era entonces corregidor en la imperial ciudad de el Cozco) ¿que cómo se podia llevar aquella manera de escribir? Mi padre respondió: que se podia llevar muy bien, porque el visorey no escribia á Garcilaso de la Vega sino al corregidor del Cozco que era su ministro: que mañana ó esotro dia le escribiria á él, y verian cuán diferente era la una carta de la otra. Y así fue que dentro de ocho dias despues que el visorey llegó á Rímac, escribió á mi padre con el sobre-escrito que decia: al muy magnífico señor Garcilaso de la Vega &c. Y dentro hablaba como pudiera hablar con un hermano segundo: tanto que admiró á todos los que la vieron. Yo tuve ambas las cartas en mis manos, que entonces yo servía á mi padre de escribiente en todas las cartas que escribia á diversas partes de aquel imperio; y así respondió á estas dos por mi letra. Volviendo ahora al cuento de Martin de Robles, es así que una de aquellas primeras cartas fue al corregidor de los Charcas, con la cual hablaron los mofadores muy largo, y entre otras cosas dijeron que aquel visorey iba muy descomedido pues escribia de aquella manera á todos los corregidores, que muchos dellos eran en calidad y cantidad tan buenos como él. Entonces dijo Martin de Robles, déjenlo llegar que acá le enseñarémos á tener crianza. Dijolo por donaire, que en menores ocasiones, como lo ha dicho el Palentino, decia mayores libertades, no perdonando amigo alguno por muy amigo que fuese ni aun á su propia muger. Que pudiéramos contar en prueba de esto algunos cuentos y dichos suyos si no fueran indecentes é indignos de quedar escritos. Baste decir que reprendiéndole sus amigos la libertad de sus dichos, porque los mas dellos eran perjudiciales y ofensivos, y que se hacia mal quisto con ellos, respondia que él tenia por menor pérdida la de un amigo que la de un dicho gracioso y agudo dicho á su tiempo y coyuntura, y así perdió el triste la vida por ellos. Que la prision del visorey Blasco Nuñez Vela, que el Palentino dice que fue la causa, estaba ya olvidada, que habian pasado trece años en medio. Y en aquel tiempo Martin de Robles hizo muchos servicios á su magestad, que en muy gran coyuntura y con mucho riesgo suyo se huyó de Gonzalo Pizarro al presidente Gasca, y sirvió en aquella guerra hasta el fin de ella, y así se lo pagó bien el presidente Gasca como se ha dicho. Asímismo sirvió en la guerra de don Sebastian y en la de Francisco Hernandez Giron, en las cuales gastó gran suma de oro y plata de su hacienda; y todos sus delitos pasados estaban ya perdonados en nombre de su magestad, así por su presidente Gasca como por los oidores de aquella chancillería real.

CAPÍTULO VII.

Lo que el visorey hizo con los pretendientes de gratificacion de sus servicios. Como por envidiosos y malos consejeros envió desterrados á España treinta y siete de ellos.

En otro paso de aquel capítulo segundo hablando de el visorey don Andres Hurtado de Mendoza, dice el Palentino lo que se sigue. Socolor de fiestas y regocijos, recogió en su casa toda la artillería y arcabuces y otras armas que habia. Luego que todo esto hubo hecho y proveido, revocó los poderes y perdones que los oidores habian dado, y dió tiento á muchas personas ansí capitanes como soldados, acometiéndoles con alguna gratificacion en remuneracion de sus servicios. Y como entendió que tenian gran punto, y asímismo porque le dijeron que decian algunas palabras de mal sonido, mandó prender á muchos, y á un mismo tiempo en su propia casa (con buena maña que para ello se tuvo) de donde luego los mandó llevar con buena guarda, al puerto y callao de Lima para los enviar á España. Publicando enviar á los unos para que su magestad allá los gratificase de sus servicios, porque en el Perú no convenia. Y á otros para que con el destierro fuesen castigados. Y aconsejándole algunas personas y persuadiéndole que enviase con ellos la informacion de sus culpas, así de las palabras que habian dicho como de las obras que habian hecho (si algunos eran culpados) no lo quiso hacer, diciendo que no queria ser su fiscal, sino intercesor para que de su magestad fuesen bien recebidos, aprovechados y honrados &c.

Hasta aquí es de aquel autor. Y porque son pasos de la historia que conviene declarar para que se entiendan como pasaron, porque aquel autor los dejó escuros, dirémos historialmente el suceso de cada cosa. Es así que el recoger de los arcabuces y otras armas que el autor dice que el visorey mandó recoger en su casa, los oidores antes que el visorey fuera allá lo habian mandado á todos los corregidores de aquel imperio. Mi padre como uno dellos lo mandó apregonar en su juridicion y muchos caballeros y soldados principales muy servidores de su magestad, entregaron los arcabuces y las demas armas que tenian, pero de la gente comun no acudia nadie; y si alguno acudia era con el desecho y con lo inútil que él y sus amigos tenian. Por lo cual escribió Garcilaso, mi señor, á la chancillería real lo que pasaba, avisando que aquello mas era perder que ganar; porque los amigos del servicio real quedaban desarmados y los no tales se tenian sus armas. Por lo cual mandaron los oidores que de secreto se las volviesen á sus dueños, y así se hizo. Y esto fue lo del recoger las armas que aquel autor dice. Y lo del revocar los poderes y perdones que los oidores habian dado á los que siguieron á Francisco Hernandez, fue para que los justiciasen, como se hizo y se ha contado. Y el tiento que dice que el visorey dió á muchas personas así capitanes como soldados, acometiéndoles con alguna gratificacion en remuneracion de sus servicios. Es así que á muchos de los pretendientes, de los cuales atrás hemos hecho mencion, les ofreció alguna gratificacion pero muy tasada, no conforme á los méritos dellos; y que habia de ser con condicion que se habian de casar luego; pues habia muchas mugeres españolas en aquella tierra. Y que aquello le mandaba su magestad que hiciese y cumpliese, para que todo aquel reino sosegase, y viviese en paz y quietud. Y á muchos de los pretensores les señalaron las mugeres con quien habian de casar; que como el visorey no las conocia, las tenia á todas por muy honradas y honestas: pero muchas dellas no lo eran. Por lo cual se escandalizaron los que las habian de recebir por mugeres, rehusando la compañía dellas porque las conocian de muy atrás; y esto bastó para que los émulos y enemigos de los pretendientes envidiosos de sus méritos y servicios, llevasen chismes y novelas al visorey, muy escandalosas y perjudiciales contra los soldados pretensores. Por lo cual dice aquel autor, que como el visorey entendió que tenian gran punto, y asímismo porque le dijeron que decian algunas palabras de mal sonido, mandó prender á muchos y llevar con buena guarda al puerto y callao de Lima para los enviar á España, publicando enviar á los unos para que su magestad allá los gratificase de sus servicios porque en el Perú no convenia; y á otros para que con el destierro fuesen castigados &c.

Fueron treinta y siete los que prendieron y embarcaron, que eran los mas calificados y mas notorios en el servicio de su magestad; y en prueba de esto decimos que uno dellos fue Gonzalo Silvestre, de cuyos trabajos y servicios se hizo larga relacion en nuestra historia de la Florida, y en esta se ha hecho lo mismo. En la batalla de Chuquinca, como en su lugar se dijo, le mataron un caballo que pocos dias antes le daba Martin de Robles por él doce mil ducados. De la misma calidad y de mas antigüedad en aquel reino eran muchos dellos, que holgára tener la copia de todos. Y aunque el Palentino dice que enviaron á otros para que con el destierro fuesen castigados, no desterraron á ninguno de ellos por delitos, que todos eran beneméritos. Tambien dice que aconsejándole algunas personas y persuadiéndole que enviase con ellos la informacion de sus culpas, así de las palabras que habian dicho, como de las obras que habian hecho (si algunos eran culpados) no lo quiso hacer, diciendo que no queria ser fiscal sino intercesor para que de su magestad fuesen bien recebidos, aprovechados y honrados &c.

Verdad es que no faltó quien dijese al virey esto y mucho mas, de grandes alborotos y motin que aquellos soldados pretendian hacer por la corta y mala paga que por sus muchos y grandes servicios se les ofrecia y prometia. Pero tambien hubo otros que le suplicaron no permitiese tal crueldad en lugar de gratificacion. Que el destierro del Perú á España era castigo mas riguroso que la muerte cuando ellos la merecieran, porque iban pobres habiendo hecho tantos servicios á su magestad y gastado sus haciendas en ellos. Asímismo le dijeron, que á la persona y oficio del visorey no convenia que aquellos hombres fuesen á España como los enviaba, porque su magestad les habia de oir y dar crédito á lo que le dijesen. Pues no podia el virey enviar en contra dellos cosa mal hecha que hubiesen hecho contra el servicio de su magestad, sino gastado en él sus vidas y haciendas. Y que muchos dellos llevaban heridas que les habían dado en las batallas, en que habian peleado en servicio de su rey, y que se las habian de mostrar en prueba de sus trabajos y lealtad. A lo cual el virey, alterado y escandalizado con las maldades y sospechas de motines y rebeliones que le habian dicho, respondió con enojo: que no se le daba nada de enviarlos como iban, porque así convenia al servicio de su rey, y á la quietud de aquel imperio, y que no hacia caso de lo que podian decir ni llevar contra él cuando volviesen de España al Perú; y á lo último dicen los maldicientes que dijo: un año han de gastar en ir y otro en negociar, y otro en volver; y cuando traigan en su favor las provisiones que quisieren, con besarlas y ponerlas sobre mi cabeza, y decir que las obedezco, y que el cumplimiento dellas no ha lugar, les pagaré. Y cuando vuelvan por sobrecartas y las traigan, habrán gastado otros tres años; y de aquí á seis Dios sabe lo que habrá. Con esto despidió á los buenos consejeros y envió los pretendientes presos á España, tan pobres y rotos, que el mejor librado dellos no traia mil ducados para gastar. Y aun eso fue vendiendo el caballo y el vestido, y eso poco de muebles y ajuar que tenian; que aunque algunos dellos tenian posesiones y ganado de la tierra para sus grangerías y ayuda de costa, estaban lejos de donde lo tenian, y lo dejaron desamparado y lo perdieron todo. Que aunque quedaba en poder de amigos, la distancia de España al Perú da lugar y ocasiones para que se pierda lo que de esta manera se deja. Que lo digo como esperimentado, que una heredad que yo dejé en mi tierra encomendada á un amigo, no faltó quien se la quitó y la consumió.

Así les acaeció á estos pobres caballeros que dejaron sus haciendas, que algunos dellos cuando vine á España me preguntaron por las personas á quien las dejaron, para saber si eran vivos y lo que pudieran haber hecho de sus haciendas. Yo supe darles poca cuenta dellas, porque mi poca edad no daba lugar á saber de haciendas agenas. Como se ha referido salieron del Perú los pretendientes de mercedes reales por sus servicios: dejarlos hemos en su camino hasta su tiempo, y dirémos otras cosas que en aquella misma sazon sucedieron en aquel imperio con su natural señor.

CAPÍTULO VIII.

El visorey pretende sacar de las montañas al príncipe heredero de aquel imperio y reducirlo al servicio de su magestad. Las diligencias que para ello se hicieron.

El visorey envió aquellos caballeros á España de la manera que se ha dicho por envidiosos y malos consejeros, que para ello hubo, que le incitaron y atemorizaron para que así lo hiciese, diciéndole que los pretendientes eran los que alborotaban la tierra, y á ellos seguian los demas soldados de menos cuenta: y que echándolos del reino cesaban los escándalos y alborotos que hasta entonces habian pasado. El virey lo permitió, porque segun las tiranías pasadas, tantas y tan crueles, era de temer no hubiese otros escándalos; y quiso asegurarse dellos, y entendió en otras cosas que asimismo tocaban á la quietud de aquel imperio. Escribió al licenciado Muñoz, corregidor del Cozco, y á doña Beatriz Coya, para que tratasen en dar órden y manera, como traer y reducir á que el príncipe Sayri Tupac que estaba en las montañas, saliese de paz y amistad para vivir entre los españoles, y que se le haria larga merced para el gasto de su casa y familia. Todo esto se trató con la Coya, la cual era hermana del padre de aquel príncipe, heredero legítimo de aquel imperio, hijo de Manco Inca á quien matáron los españoles, que él habia librado de poder de sus enemigos, como se refirió en el capítulo sétimo del libro cuarto desta segunda parte. La infanta doña Beatriz, por ver á su sobrino en aquella su ciudad (aunque no fuese para restituirle en su imperio) recibió con mucha voluntad y amor el órden y mandato del visorey. Despachó un mensagero acompañado de indios de servicio á las montañas de Villca Pampa, donde el Inca estaba. El embajador era pariente de los de la sangre real, porque la embajada fuese con autoridad y fuese bien recebida. El cual, por hallar quebrados los caminos y las puentes, pasó mucho trabajo en su viage: al fin llegó donde estaban las primeras guardas, y les dió aviso del recaudo que llevaba para el Inca. Entonces se juntaron los capitanes y gobernadores, que como tutores gobernaban al príncipe que aun no habia llegado á edad suficiente para tomar la borla colorada, que como se ha dicho era señal de corona real. Los capitanes, habiendo oido al mensagero, temiendo no fuese falso, aunque era pariente, eligieron otro mensagero que fuese de parte del Inca y de sus gobernadores al Cozco á certificarse de la embajada, porque temian engaño de parte de los españoles, acordándose de la muerte de Atahuallpa y de los demas sucesos pasados. Mandaron que el mensagero de la Coya doña Beatriz y los indios que con él fueron, se quedasen entre ellos como en rehenes, hasta que volviese el que ellos enviaban. Al cual dieron comision para que habiéndose certificado de la infanta doña Beatriz que no habia engaño en estos tratos, hablase al corregidor del Cozco y á cualquiera otra persona que fuese menester para certificarse de lo que les convenia saber para perder el temor que tenian de que la embajada era falsa. Y que pidiese al corregidor y á doña Beatriz que les enviase á Juan Sierra de Leguizamo su hijo, y de Mancio Sierra de Leguizamo, de los primeros conquistadores, para que les asegurase del temor y sospecha que podian tener, y que no volviese sin él; porque de otra manera todo lo daban por falsedad y engaño. El corregidor y la infanta holgaron mucho con el mensagero del Inca; y con él enviaron á Juan Sierra, para que como pariente tan cercano asegurase al Inca y á todos los suyos que no habia engaño en lo que con él se trataba, y que todos los suyos holgarian de verle fuera de aquellas montañas. Entretanto que en el Cozco se trataba lo que se ha dicho, el visorey deseando ver acabada esta empresa, haciéndosele largo que se negociase por agena inteligencia y cuidado, envió un fraile de la órden de Santo Domingo, que el Palentino llama fray Melchior de los Reyes, y con él fue un vecino del Cozco que se decia Juan de Betanzos, marido de doña Angelina, hija del Inca Atahuallpa, de la cual atrás hecimos mencion. Juan de Betanzos presumia de gran lenguaraz en la lengua general de aquella tierra; y así por esto, como por el parentesco de su muger con el príncipe Sayri Tupac, mandó el virey que fuese en compañía del fraile, para que fuese intérprete y declarase las cartas y provisiones y cualquiera otro recaudo que llevasen. Estos dos embajadores, por cumplir el mandato del virey, se dieron priesa en su camino y procuraron entrar donde estaba el Inca por el término de la ciudad de Huamanca, porque por aquel puesto está la entrada de aquellas montañas mas cerca que por otra parte alguna. Y por esto llamaron los españoles á aquella ciudad San Juan de la Frontera, porque era frontera del Inca, y porque los primeros españoles que entraron en ella (cuando la conquista de aquel imperio) fue día de San Juan. Pero por mucho que lo procuraron no pudieron entrar, porque los indios capitanes y gobernadores del Inca, temiendo á los españoles no procurasen tomarlos de sobresalto y prender á su príncipe, tenian cortados los caminos de tal suerte, que de ninguna manera podían entrar donde ellos estaban. Lo cual visto por el fraile y Juan de Betanzos, pasaron por el camino real otras veinte leguas adelante, haber si hallaban paso por Antahuaylla: mas tampoco les fue posible hallarlo. Todo lo cual supo el corregidor del Cozco por aviso de los indios, y escribió á los embajadores que no trabajasen en vano, si no que fuesen al Cozco, donde se daria órden de lo que se hubiese de hacer. En el capítulo siguiente dirémos, sacado á la letra, lo que en este paso escribe el Palentino, donde se verá el recato de los indios, su maña y astucia para descubrir si habia en la embajada algun engaño ó trato doble, con otras cosas que hay que notar de parte de los indios.

CAPÍTULO IX.

La sospecha y temor que los gobernadores del príncipe tuvieron con la embajada de los cristianos: la maña y diligencias que hicieron para asegurarse de su recelo.

Dice aquel autor en el libro tercero, capítulo cuarto de su historia, lo que se sigue: venidos pues al Cozco, trataron el licenciado Muñoz y la doña Beatriz que se fuesen delante los embajadores con su hijo Juan Sierra al Inga, y que quedasen siempre atrás (y en parte segura) el fraile y Betanzos. Y así siendo de este acuerdo partieron del Cozco tres dias antes el fraile y Betanzos, diciendo aguardarian en el camino. Empero queriendo ganar la honra de primeros embajadores, se adelantaron hasta do está la puente que llaman de Chuquichaca, donde comienza la jurisdiccion del Inga. Y pasada la puente con harto trabajo, los indios de guerra que allí estaban por guarda del paso, los tomaron y detuvieron sin los hacer otro daño; salvo que no les consintieron pasar adelante ni volver atrás. Y así estuvieron detenidos hasta otro dia que llegó Juan Sierra con los embajadores y con otros diez indios que por mandado del Inga habian salido en busca de sus embajadores. Y mandó que Juan Sierra entrase con ellos seguramente, y no otra persona alguna. Finalmente, que Betanzos y los frailes quedaron detenidos; y Juan Sierra y los embajadores pasaron adelante. Empero habian andado bien poco cuando tambien fueron detenidos hasta dar mandado al Inga de su venida. Sabiendo el Inga que Juan Sierra venia, y siendo informado que el fraile y Betanzos venian por embajadores del virey, envió un capitan con docientos indios de guerra armados, caribes (que son indios guerreros que se comen unos á otros en guerra) para que diese al capitan (que era su general) el mandado y embajada que traia. Llegado el general les dió la bienvenida, y no quiso oirlos hasta otro dia, que venido el Juan Sierra se lo reprendió por venir acompañado de cristianos. Juan Sierra se desculpó diciendo que aquello habia sido por consejo y mandado del corregidor del Cozco y de su tia doña Beatriz. Y diole la embajada que para el Inga traia, y le declaró y leyó las cartas de su madre y del corregidor, y la que el virey habia escrito á doña Beatriz. Habiendo dado Juan Sierra su embajada hicieron venir en aquel lugar á Betanzos y á los frailes y les pidieron la misma razon que á Juan Sierra por ver si en algo diferian.

Ellos mostraron la provision del perdon y les dieron la embajada que traian junto con un presente que el virey enviaba al Inga de ciertas piezas de terciopelo y damasco, y dos copas de plata doradas y otras cosas. Hecho esto, el general y capitanes mandaron á dos indios, que á todo habian sido presentes, fuesen luego á dar relacion al Inga; el cual habiendo bien entendido, dió por respuesta que luego se volviesen de allí, sin los hacer algun daño, con sus cartas, provision y presente, porque él no queria cosa alguna mas de que el virey hiciese su voluntad, porque él tambien haria la suya como hasta allí lo habia hecho. Estando ya de partida Juan Sierra y los demas, llegaron otros dos indios con mandado que todos entrasen á dar al Inga y á sus capitanes la embajada que traian. Estando ya no mas que cuatro leguas del Inga, llegó mandado que Juan Sierra fuese solo con los recados, y que á los demas aviasen de lo necesario para su partida.

Otro dia Juan Sierra se partió para el Inga, y estando á dos leguas de donde estaba, le vino mandado que se detuviese allí dos dias; y por otra parte fueron mensageros para que Betanzos y los frailes se volviesen. Pasados los dos dias, el Inga envió por Juan Sierra, y venido ante él le recibió con mucho amor y como á deudo principal suyo. Y Juan Sierra le dió y esplicó, lo mejor que pudo, su embajada y recados. El Inga mostró holgarse mucho con la embajada; empero dijo que él solo no era parte para efectuarlo, á causa que no era señor jurado ni tenia poder para ello por no haber recibido la borla, que es como la corona entre los reyes, por no tener edad cumplida. Y que era necesario que esplicase la embajada á sus capitanes; y habiéndolo hecho se mandó por ellos que fray Melchor de los Reyes viniese á esplicar la embajada del virey. El cual fue gratamente oido y bien recibido el presente que traia. Y dieron los capitanes por respuesta que el fraile y Juan Sierra aguardasen por la respuesta hasta que ellos entrasen en su consulta. Y despues de haberlo entre sí consultado se resumieron que ellos habian de mirar tal negocio de espacio y consultar sus guacas para la resolucion. Y que en el ínter Juan Sierra y el fraile, con dos capitanes suyos, fuesen á Lima y besasen las manos al virey de parte del Inga, y tratasen le hiciese mercedes, pues los reinos naturalmente le pertenecian por herencia y sucesion. Y así partieron de aquel asiento y viniéronse por Andaguaylas á la ciudad de los Reyes, y entraron en la ciudad por junio, dia de señor San Pedro. Los indios capitanes dieron su embajada al virey, y fueron bien recibidos y hospedados. Estuvieron en Lima estos dos capitanes ocho dias. Y en este tiempo se vieron muchas veces con el virey sobre dar corte en las mercedes y cosas que al Inga se habian de dar para salir de paz y dar la obediencia al rey. El virey le consultó con el arzobispo y oidores: acordó de darle para sus gastos, (y que como señor se pudiese sustentar) diez y siete mil castellanos de renta para él y sus hijos, con encomienda de los indios del repartimiento de Francisco Hernandez, con el valle tambien de Yucay, indios del repartimiento de don Francisco Pizarro, hijo del marqués, y mas unas tierras encima de la fortaleza del Cuzco para hacer su morada y casa de sus indios Con este acuerdo y determinacion se hizo y libró provision en forma, y se le dió á Juan Sierra para que él solo fuese con los capitanes y con cierto presente al Inga. Y en la provision se contenia que aquello le daba con tal que el Inga saliese de sus pueblos do residia, dentro de seis meses, que se contaban de la data de la provision, que fue á cinco de julio. Ya cuando llegó Juan Sierra habia el Inga recibido la borla, y mostró holgarse en estremo con los despachos del virey &c.

Hasta aquí es de Diego Hernandez, y yo holgué de sacarlo, como él lo dice, porque no pareciese que diciéndolo yo encarecia el trato y recato de los indios mas de lo que de suyo lo era. Ahora será bien declarar algunos pasos de los que aquel autor ha dicho El primero sea de los caribes, que dice que se comian unos á otros en tiempo de guerra. Lo cual se usó en el imperio de Méjico en su gentilidad antigua; pero en el Perú no hubo tal, porque como se dijo en la primera parte, los Incas vedaron severísimamente el comer carne humana. Y así aquel autor lo dice conforme á la usanza de Méjico y no á la del Perú. La renta que dieron al Inca no llegó á los diez y siete mil pesos, porque el repartimiento de Francisco Hernandez, como atrás dijimos, valia 10☐ pesos de renta. Y lo que dice que le dieron en el valle de Yucay, otro repartimiento que fue de su hijo del marques don

Francisco Pizarro, fue casi nada; porque como aquel valle era tan ameno, estaba todo él repartido entre los españoles vecinos del Cozco, para viñas y heredades como hoy las tienen. Y así no dieron al Inca mas del nombre y título de señor de Yucay, y lo hicieron porque aquel valle era el jardin mas estimado que los Incas tuvieron en su imperio, como atrás se dijo. Y así lo tomó este príncipe por gran regalo; y esto que el Palentino escribe está anticipado de su tiempo y lugar, porque la cédula de la merced de los indios se la dieron al mismo Inca cuando fue á la ciudad de los Reyes á visitar al visorey y darle la obediencia que le pedian. Que lo que Juan Sierra le llevó entonces no fue la cédula de mercedes, sino la provision del perdon que al príncipe hacian, sin decir de qué delitos, y grandes promesas de lo que se le habia de dar para su gasto y sustento de su casa y familia, sin decir qué repartimiento ni cuánta renta se le habia de dar. En el capítulo siguiente pondrémos sucesivamente cómo pasó el hecho, que esto que se adelantó no fue sino por mostrar de mano agena el recato, la astucia, sospecha y temor que aquellos capitanes tuvieron para oir aquella embajada y entregar á su príncipe en poder de los españoles.

CAPÍTULO X.

Los gobernadores de el príncipe toman y miran sus agüeros y pronósticos para su salida. Hay diversos pareceres sobre ella. El Inca se determina salir, llega á los Reyes. El visorey le recibe. La respuesta del Inca á la merced de sus alimentos.

Los capitanes y tutores del Inca consultaron entre ellos la salida y entrega de su príncipe á los españoles. Cataron sus agüeros en sus sacrificios de animales y en las aves del campo, diurnas y noturnas, y en los celages del aire miraban si aquellos dias se mostraba el sol claro y alegre, ó triste y escuro, con nieblas y nublados, para tomarlo por agüero malo ó bueno. No preguntaron nada al demonio, porque como atrás se ha dicho perdió la habla en todo aquel imperio luego que los Sacramentos de nuestra santa madre Iglesia romana entraron en él: y aunque sus agüeros pronosticaban buenos sucesos, hubo diversos pareceres entre los capitanes; porque unos decian que era bien que el príncipe saliese á ver su imperio y gozar dél, y que todos los suyos viesen su persona, pues lo deseaban tanto. Otros decian que no habia para qué pretender novedades, que ya el Inca estaba desheredado de su imperio, y que los españoles lo tenian repartido entre sí por pueblos y provincias, y que no se lo habian de volver. Y que sus vasallos antes habian de llorar de verlo desheredado y pobre: y aunque el virey prometia de darle con que se sustentase su casa y familia, mirasen que no eran mas que palabras; porque no decia qué provincias ó qué parte de su imperio le habia de dar. Y que no habiendo de ser la dádiva conforme á su calidad, que mejor le estaba morir desterrado en aquellas montañas que salir á ver lástimas. Y que lo que mas se debia temer era que no hiciesen los españoles de su príncipe lo que los pasados hicieron de su padre, que en lugar de agradecerle los beneficios y regalos que les hacia, habiéndolos librado de sus enemigos y de la muerte que les pretendian dar, se la diesen ellos tan sin causa y sin razon como se la dieron, jugando el Inca con ellos á la bola por aliviarlos de la melancolía y tristeza perpétua que aquellos españoles consigo tenian. Y que se acordasen de lo que habian hecho con Atahuallpa, que lo mataron ahegándolo atado á un palo;

y que de tal gente ahora y siempre se debia temer no hiciesen otro tanto con su príncipe.

Estos hechos y otros semejantes que los españoles habian hecho con caciques y con indios principales, que ellos bien sabian, y nosotros hemos dejado de escribir por no decirlo todo, trujeron á la memoria aquellos capitanes, y luego fueron á dar relacion á su Inca de las dos opiniones que entre ellos habia cerca de su salida.

Lo cual oido por el príncipe, recordado con la muerte de su padre y de su tio Atahuallpa, se arrimó al parecer segundo de que no saliese de su guarida ni se entregase á los españoles. Y entonces dijo el príncipe lo que el Palentino ha dicho atrás: que habiendo bien entendido, dió por respuesta, que luego se volviesen de allí sin los hacer algun daño, con sus cartas, provision y presente; porque él no queria cosa alguna mas de que el virey hiciese su voluntad; porque él tambien haria la suya, como hasta allí lo habia hecho &c.

Pero como Dios nuestro Señor por su infinita misericordia tenia determinado que aquel príncipe y su muger, hijos y familia entrasen en el gremio de su Iglesia católica romana, madre y Señora nuestra, le trocó la mala voluntad que el parecer negativo, con el temor de su muerte y perdicion le habia puesto en la contraria; de tal manera, que en muy breve tiempo se aplacó de su cólera y enojo, y mudó el temor en esperanza y confianza que hizo de los españoles para salir y entregarse á ellos como el mismo Palentino (prosiguiendo la razon que le cortamos arriba) dice: que estando ya de partida Juan Sierra y los demas, llegaron otros dos indios con mandado que todos entrasen á dar al Inga y á sus capitanes la embajada que traian &c.

Así pasó, como aquel autor lo dice, aunque antepuestos algunos pasos, y pospuestos otros. Yo lo escribo como una y muchas veces lo contaron á mi madre los indios parientes que salieron con este príncipe que la visitaban á menudo. Y porque no alarguemos tanto el cuento, decimos, que habiéndose aplacado el príncipe de su cólera, dijo: yo quiero salir á ver y visitar al virey, siquiera por favorecer y amparar los de mi sangre real. Pero sus capitanes todavía le suplicaron é importunaron que mirase por su salud y vida, y no la pusiese en tanto riesgo. El Inca repitió que estaba determinado en lo que decia; porque el Pachacamac y su padre el sol se lo mandaban. Los capitanes entonces miraron en sus agüeros como atrás dijimos; y no los hallando contrarios como ellos quisieran, obedecieron á su príncipe, y salieron con él, y fueron hasta la ciudad de los Reyes. Por el camino salian los caciques é indios de las provincias por do pasaba á recebirle y festejarle como mejor podian; pero mas eran sus fiestas para llorarlas que para gozarlas, segun la miseria de lo presente, á la grandeza de lo pasado. Caminaba el príncipe en unas andas, aunque no de oro como las traian sus antepasados. Llevábanlas sus indios, que sacó trecientos de los que tenia consigo para su servicio. No quisieron sus capitanes que llevasen las andas los indios que estaban ya repartidos entre los españoles porque eran agenos; y por aviso y consejo de los mismos capitanes se quitó el príncipe luego que salió de su término la borla colorada, que era la corona real; porque le dijeron que estando desposeido de su imperio tomarian á mal los españoles que llevase la insignia de la posesion dél. Así caminó este príncipe hasta llegar á la ciudad de los Reyes. Luego fue á visitar al virey, que (como lo dice el Palentino por estas palabras) le estaba esperando en las casas de su morada. Recibióle el virey amorosamente, levantándose á él, y sentándole á par de sí. Y en las pláticas con que se recibieron, y despues pasaron hasta que se despidió: fue del virey y de los oidores juzgado el Inga por cuerdo y de buen juicio; y que mostraba bien ser deoendiente de aquellos señores Ingas, que tan prudentes y valerosos fueron &c. Hasta aquí es de aquel autor sacado á la letra.

Dos dias despues le convidó el arzobispo de aquella ciudad á comer en su casa, y fue órden de los magnates para que sobre mesa el arzobispo don Gerónimo de Loaysa le diese de su mano la cédula de la merced que se le hacia, porque fuese mas estimada y mejor recebida; aunque no faltaron maliciosos que dijeron que no habia sido la traza, sino para que pagase en oro y plata y esmeraldas las albricias del repartimiento de indios que le daban. Mas él la pagó con una matemática demonstracion que hizo delante del arzobispo y de otros convidados que con él comieron. Y fue que alzados los manteles trujo el maestre sala en una gran fuente de plata dorada la cédula del visorey de las mercedes que se hacian al Inca para el sustento de su persona y familia. Y habiéndolas oido el príncipe, y entendídolas bien, tomó la sobre-mesa que tenia delante, que era de terciopelo y estaba guarnecida con un flueco de seda; y arrancando una hebra de fluecò con ella en la mano, dijo al arzobispo: todo este paño y su guarnicion era mio, y ahora me dan este pelito para mi sustento y de toda mi casa. Con esto se acabó el banquete; y el arzobispo y los que con él estaban quedaron admirados de ver la comparacion tan al propio.

CAPÍTULO XI.

El principe Sayri Tupac se vuelve al Cozco, donde le festejaron los suyos. Bautízase él y la infanta su muger. El nombre que tomó y las visitas que en la ciudad hizo.

Pasados algunos dias que aquel príncipe estuvo en la ciudad de los Reyes, pidió licencia al visorey para ir al Cozco: diéronsela con muchos ofrecimientos para lo de adelante. El Inca se fue, y por el camino le hicieron los indios muchas fiestas semejantes á las pasadas. A la entrada de la ciudad de Huamanca, los vecinos de ella salieron á recebirle, y le hicieron fiesta, dándole el parabien de la salida de las montañas, y le acompañaron hasta la posada donde le tenian hecho el alojamiento.

Otro dia fue á visitarle un vecino de aquella ciudad, que se decia Miguel Astete, y le llevó la borla colorada que los reyes Incas traian en señal de corona, y se la presentó diciéndole, que se la habia quitado al rey Atahuallpa en Cassamarca cuando le prendieron los españoles; y que él se la restituía como á heredero de aquel imperio. El príncipe la recibió con muestras, aunque fingidas, de mucho contento y agradecimiento; y quedó fama que se la habia pagado en joyas de oro y plata. Pero no es de creer porque antes le fue la borla odiosa que agradable, segun despues en su secreto él y los suyos la abominaron por haber sido de Atahuallpa. Dijeron sus parientes al príncipe, que por haber hecho Atahuallpa la traicion, guerra y tiranía al verdadero rey que era Huascar Inca, habia causado la pérdida de su imperio. Por tanto debia quemar la borla por haberla traido aquel auca traidor que tanto mal y daño hizo á todos ellos. Esto y mucho mas contaron los parientes á mi madre cuando vinieron al Cozco.

El príncipe salió de Huamanca, y por sus jornadas entró en su imperial ciudad, y se aposentó en las casas de su tia la infanta doña Beatriz, que estaban á las espaldas de las de mi padre; donde todos los de su sangre real, hombres y mugeres, acudieron á besarle las manos y darle la bien venida á su imperial ciudad. Yo fuí en nombre de mi madre á pedirle licencia para que personalmente fuera á besárselas. Halléle jugando con otros parientes á uno de los juegos que entre los indios se usaban, de que dimos cuenta en la primera parte de estos comentarios. Yo le besé las manos, y le dí mi recaudo. Mandóme sentar, y luego trujeron dos vasos de plata dorada, llenos de brebage de su maiz, tan pequeños que apenas cabia en cada uno cuatro onzas de licor. Tomólos ambos, y de su mano me dió el uno dellos, él bebió el otro, y yo hice lo mismo; que como atrás se dijo, es costumbre muy usada entre ellos y muy favorable hacerlo así. Pasada la salva me dijo: ¿por qué no fuiste por mí á Villca Pampa? Respondíle: Inca, como soy muchacho no hicieron caso de mí los gobernadores. Dijo, pues, yo holgára mas que fueras tú, que no los padres que fueron (entendiendo por los frayles, que como oyen decir el padre fulano, y el padre zutano) los llaman comunmente padres. Dile á mi tia que le beso las manos, y que no venga acá, que yo iré á su casa á besárselas y darle la norabuena de nuestra vista.

Con esto me detuvo algun espacio, preguntándome de mi vida y ejercicios: despues me dió licencia para que me fuese, mandándome que le visitase muchas veces. A la despedida le hice mi adoracion á la usanza de los indios sus parientes, de que él gustó muy mucho, y medió un abrazo con mucho regocijo que mostró en su rostro. En el Cozco estaban juntos todos los caciques que hay de allí á los Charcas, que son docientas leguas de largo, y mas de ciento y veinte de ancho. En aquella ciudad hicieron los indios fiestas de mas solenidad y grandeza que las de los caminos: dellas con mucho regocijo y alegría de ver su príncipe en su ciudad; y dellas con tristeza y llanto mirando su pobreza y necesidad, que todo cupo en aquel teatro. Durante aquellas fiestas pidió el príncipe el Sacramento del Bautismo. Habia de ser el padrino Garcilaso, mi señor, que así estaba concertado de mucho atrás; pero por una enfermedad que le dió, dejó de hacer el oficio de padrino, y lo fue un caballero de los principales y antiguos vecinos de aquella ciudad, que se decia Alonso de Hinojosa, natural de Trujillo. Bautizóse juntamente con el Inca Sayri Tupac la infanta su muger, llamada Cusi Huarcay. El Palentino dice que era hija de Huascar Inca, habiendo de decir nieta, porque para ser hija habia de tener por lo menos treinta y dos años; porque Atahualpa prendió á Huascar año de mil y quinientos y veinte y ocho, y los españoles entraron en aquel imperio año de treinta, y segun otros, de treinta y uno; y el bautismo de aquella infanta y del Inca su marido, se celebró año de cincuenta y ocho casi al fin dél. Y conforme á esta cuenta habia de tener la infanta mas de treinta años; pero cuando se bautizó no tenia diez y siete cumplidos, y así fue yerro del molde decir hija por decir nieta; que lo fue del desdichado Huascar Inca de las legítimas en sangre. Era hermosísima muger, y fuéralo mucho mas, si el color trigueño no le quitára parte de la hermosura; como lo hace á las mugeres de aquella tierra, que por la mayor parte son de buenos rostros. Llamóse don Diego Sayri Tupac, quiso llamarse Diego, porque de su padre y de sus capitanes supo las maravillas que el glorioso Apóstol Santiago hizo en aquella ciudad en favor y defensa de los españoles cuando el Inca su padre los tuvo cercados. Y de los cristianos supo que aquel santo se llamaba Diego; y por sus grandezas y hazañas quiso tomar su nombre. Hicieron los vecinos de aquella ciudad el dia de su bautismo mucha fiesta y regocijo de toros y cañas con libreas muy costosas: soy testigo dellas, porque fuí uno de los que las tiraron. Pasadas las fiestas de los indios y españoles, y la visita de los caciques, se estuvo el Inca algunos dias holgando y descansando con los suyos, en los cuales visitó la fortaleza, aquella tan famosa que sus antepasados labraron. Admiróse de verla derribada por los que debian sustentarla para mayor gloria y honra dellos mismos; pues fueron para ganarla de tanto número de enemigos como la historia ha referido. Visitó asimismo la Iglesia catedral, y el convento de nuestra Señora de las Mercedes, y el de San Francisco, y el de Santo Domingo. En los cuales adoró con mucha devocion al Santísimo Sacramento, llamándole Pachacamac, Pachacamac. Y á la imágen de nuestra Señora, llamándola madre de Dios. Aunque no faltaron maliciosos que dijeron cuando le vieron de rodillas delante del Santísimo Sacramento en la Iglesia de Santo Domingo, que lo hacia por adorar al sol su padre y á sus antepasados, cuyos cuerpos estuvieron en aquel lugar. Visitó asimismo las casas de las vírgenes escogidas dedicadas al sol. Pasó los sitios de las casas que fueron de los reyes sus antepasados; que ya los edificios estaban todos derribados, y otros en su lugar, que los españoles habian labrado. Estos pasos no los anduvo todos en un dia, ni en una semana, sino en muchas; tomándolo por ejercicio y entretenimiento para llevar la ociosidad que tenia. Gastó algunos meses en este oficio, despues se fue al valle de Yucay, mas por gozar de la vista de aquel regalado jardin, que fue de sus antepasados, que por lo que á él le dieron. Allí estuvo eso poco que vivió hasta su fin y muerte que no llegaron á tres años. Dejó una hija, la cual casó el tiempo adelante con un español, que se decia Martin García de Loyola, de quien dirémos en su lugar lo que hizo y como feneció.

CAPÍTULO XII.

El visorey hace gente de guarnicion de infantes y caballos para seguridad de aquel imperio. La muerte natural de cuatro conquistadores.

El visorey habiendo echado del Perú los pretendientes de repartimientos de indios, y mandado degollar los que siguieron á Francisco Hernandez Giron, y habiendo reducido al príncipe heredero de aquel imperio al servicio de la católica magestad, que fueron cosas grandiosas. Hizo gente de guarnicion de hombres de armas é infantes para guarda y seguridad de aquel imperio y de la chancillería real y de su persona. Llamó lanzas á la gente de á caballo y arcabuces á los infantes; dió á cada lanza mil pesos de salario cada año, con cargo de mantener caballo y armas, y fueron sesenta lanzas las que eligió, y docientos arcabuceros con quinientos pesos de salario, cada uno con obligacion de tener arcabuz, y las demas armas de infante. Los unos y los otros fueron elegidos por soldados de confianza que en todas ocasiones harian el deber en el servicio de su magestad, aunque los maldicientes hablaban en contra. Decian que muchos dellos pudiera el visorey haciendo justicia enviar á galeras por las rebeliones en que se hallaron con Francisco Hernandez Giron y don Sebastian de Castilla, y por las muertes que en pendencias particulares que unos con otros habian tenido, se habian hecho; mas todo se calló y cumplió como el visorey lo mandó. El cual viendo el reino pacífico y perdidos los temores y recelos que de nuevos motines y rebeliones babia tenido, pues los que le habian dado por facinerosos, estaban fuera de la tierra, vivia con mas quietud y descanso. Dió en ocuparse en edificios de la república y en el gobierno della, y las horas que desto le vacaban, las gastaba en entretenerse honestamente en cosas de placer y contento, á que no ayudaba poco un indiezuelo de catorce ó quince años que dió en ser chocarrero, y decia cosas muy graciosas. Tanto que se lo presentaron al visorey, y él holgó de recebirle en su servicio, y gustaba mucho de oirle á todas horas los disparates que decia, hablando parte dellos en el lenguage indio, y parte en el español. Y entre otros disparates de que el visorey gustaba mucho era, que por decirle vuesa escelencia, le decia vuesa pestilencia, y el virey lo reía mucho. Aunque los maldicientes que le ayudaban á reir (en sus particulares conversaciones) decian que este apellido le pertenecia mas propiamente que el otro; por las crueldades y pestilencia que causó en los que mandó matar y en sus hijos con la confiscacion que les hizo de sus indios, y por la peste que echó sobre los que envió desterrados á España, pobres y rotos, que fuera mejor mandarlos matar, y que el nombre escelencia era muy encontra destas hazañas. Con estas razones y otras tan maliciosas, glosaban los hechos del visorey los del Perú, que no quisieran que hubiera tanto rigor en el gobierno de aquel imperio.

Entre estos sucesos tristes y alegres que en aquel reino pasaban, falleció el mariscal Alonso de Alvarado de una larga enfermedad que tuvo despues de la guerra de Francisco Hernandez, que padeció mucha tristeza y melancolía de haber perdido la batalla de Chuquinca, que nunca mas tuvo un dia de placer ni contento; y así se fue consumiendo poco á poco hasta que acabó estrañamente. Que por ser cosa rara me pareció contarla, y fue que estando ya para espirar, lo pasaron de su cama á un repostero que estaba en el suelo con la cruz de ceniza, como lo manda la religion militar del hábito de Santiago. Y en estando un espacio de tiempo sobre el repostero, parecia que mejoraba y volvia en sí; por lo cual lo volvieron á su cama. Y estando otro espacio en ella, volvia á desmayar como que se iba feneciendo, y obligaba á los suyos á que lo volviesen á poner en el repostero, donde volvia á mejorar y tomar aliento. De manera que lo volvian á la cama, donde volvia á empeorar hasta volverlo al repostero. Desta manera anduvieron con él casi cuarenta dias, con mucho trabajo de los suyos y lástima del enfermo, hasta que acabó. Poco tiempo despues falleció su hijo mayor, por cuya muerte vacó el repartimiento de indios que tenia de merced del emperador. Su magestad por los muchos servicios que su padre le habia hecho, hizo merced dellos al hijo segundo, que fue merced que se ha hecho á pocos en aquel imperio.

Al fallecimiento del mariscal don Alonso de Alvarado sucedió el de Juan Julio de Hojeda, hombre noble, de los principales vecinos del Cozco, y de los primeros conquistadores. Casó con doña Leonor de Tordoya, sobrina de Garcilaso de la Vega, hija de un primo hermano suyo: hubieron á don Gomez de Tordoya que heredó sus indios. Pocos meses despues sucedió el de Garcilaso de la Vega, mi señor, que se causó de otra larga enfermedad, que duró dos años y medio con largas crecientes y menguantes. Que parecia estar ya libre de toda pasion, y subia á caballo y andaba por la ciudad como hombre de entera salud; pero pasados tres ó cuatro meses en la mayor confianza, volvia el mal de nuevo, y lo derribaba, y le tenia otros tantos meses encerrado en su casa, que no salia della, y así duró la enfermedad aquel largo tiempo hasta que le acabó. Mandóse enterrar en el convento de San Francisco, y porque entonces se usaban en aquella ciudad entierros muy solemnes, que para tres paradas que hacian en la calle hacian otros tres túmulos altos, donde mientras se cantaba el responso ponian el cuerpo difunto, y otro túmulo mas alto hacian en la iglesia, donde lo ponian mientras se celebraba el oficio divino. Por parecerle esto cosa prolija, mandó que á su entierro no se hiciese nada de aquello, sino que llevasen un repostero y lo tendiesen en el suelo, y sobre él un paño negro, y encima pusiesen el cuerpo, y lo mismo se hiciese en la iglesia, lo cual se cumplió todo como lo dejó mandado. Y pareció tan bien á la ciudad, que de allí adelante cesó el trabajo que hasta entonces tenian en hacer sus túmulos. Venido yo á España, alcancé bula de su santidad para que me trujesen sus huesos, y así los sacaron de aquel convento, y me los trujeron, é yo los puse en la iglesia de San Isidro, collacion de Sevilla, donde quedaron sepultados á gloria y honra de Dios nuestro Señor, que se apiade de todos nosotros, Amen.

Un año despues sucedió en Arequepa la muerte de Lorenzo de Aldana; falleció de otra larga y grave enfermedad; no fue casado ni tuvo hijos naturales. En su testamento dejó por su heredero al repartimiento de indios que tuvo, para que con la herencia pagasen parte de los tributos venideros. Este caballero fue hombre noble, y de los segundos conquistadores que entraron en el Perú con don Pedro Alvarado. Poco tiempo despues de la guerra de Gonzalo Pizarro pasaron á aquella tierra dos caballeros mozos parientes suyos aunque no cercanos: recibiólos en su casa, y tratólos como á hijos. Al cabo de mas de tres años que los tuvo consigo, pareciéndole que sería bien que se encaminasen á tener algun caudal de suyo, les envió á decir con su mayordomo: que en aquella tierra se usaba grangear los hombres por nobles que fuesen mientras no habia guerra ni nuevos descubrimientos, que si gustaban dello, que él les ofrecia luego diez mil pesos, que son doce mil ducados, para que entrasen en su grangería, porque entendiesen en algo y no anduviesen tan ociosos, sino que ganasen algun caudal para adelante. Envióles á decir esto con intencion de hacerles gracia de aquella cantidad. Ellos recibieron muy mal el recaudo y la ofrenda, y dijeron que eran caballeros y que no se habian de hacer mercaderes, comprando y vendiendo cosa alguna, que era infamia dellos. Y aunque el mayordomo les dijo que aquel trato y contrato se usaba entre los españoles por nobles que fuesen, porque no era medir varas de paños ni sedas en la tienda, sino manejar y llevar ropa de indios, y la yerba cuca y bastimento de maíz y trigo á las minas de plata de Potocsi, donde se ganaba mucho dinero; y que no lo habian de hacer ellos por sus personas, sino sus criados los indios yanacunas que eran de toda confianza y bondad. A esto respondieron que de ninguna manera lo habian ellos de hacer, porque eran caballeros, y que preciaban mas su caballería que cuanto oro y plata habia en el Perú; y que así lo debian hacer todos los caballeros como ellos; porque todo esotro era menoscabo y afrenta. Con esta respuesta volvió el mayordomo á su señor, y le dijo: que preciaban tanto los parientes su caballería, que de muy mala gana le habian oido la embajada. Entonces con mucha mesura dijo Lorenzo de Aldana: ¿si tan caballeros, para qué tan pobres, y si tan pobres, para qué tan caballeros? Con esto se acabó la pretension de Lorenzo de Aldana en sus parientes, y ellos vivieron con necesidad como yo los ví; aunque el comer y vestir no les faltaba, porque si venian de Arequepa al Cozco, posaban en casa de Garcilaso, mi señor, donde se les daba lo necesario, y si iban á otras ciudades, iban á parar á casas de caballeros estremeños, que entonces bastaba ser cualquiera de la patria para ser recebidos y tratados como hijos propios.

Estos cuatro caballeros que hemos referido fueron de los conquistadores y ganadores del Perú, y murieron todos cuatro de su muerte natural. No sé si se hallarán por la historia que hayan fallecido otros cuatro conquistadores á semejanza destos, sino que los mas acabaron con muertes violentas, como se podrá notar en el discurso de lo que se ha escrito. El fallecimiento de estos varones dió pena y sentimiento en todo aquel imperio, porque fueron ganadores y pobladores dél, y por sí cada uno dellos, de mucha calidad, virtud y bondad, como lo fueron todos ellos.

Aunque no hubiera ley de Dios, que manda honrar á los padres, la ley natural lo enseña aun á la gente mas bárbara del mundo, y la inclina á que no pierda ocasion en que pueda acrecentar su honra; por lo cual me veo yo en este paso obligado por derecho divino, humano y de las gentes, á servir á mi padre diciendo algo de las muchas virtudes que tuvo, honrándolo en muerte, ya que en vida no le hice como debiera. Y para que la alabanza sea mejor y menos sospechosa, pondré aquí una oracion sobre un elogio que despues de muerto hizo de su vida un religioso varon, que la sabia muy bien, para consuelo de sus hijos, parientes y amigos, y ejemplo de caballeros. Y no pongo aquí su nombre por haberme mandado cuando me lo escribió que no lo publicase en su nombre, y habérselo yo prometido; aunque me estuviera mejor nombrarle, porque con su autoridad quedára la de mi padre mas calificada. No pondré el exordio de la oracion, ni las digresiones oratorias que la hacian mayor, antes las cortaré todas por atar el hilo de la narracion historial, y ser breve en esta piadosa digresion.

Oracion fúnebre de un religioso á la muerte de Garcilaso mi señor.

En Badajoz, ciudad bien conocida en España por su antigüedad y nobleza, fundada de los romanos en tiempo de Julio César en la frontera de Portugal de la parte de Estremadura; nació entre otros caballeros que le ayudaron á ganar el Nuevo Mundo, Garcilaso de la Vega, de padres nobilísimos, descendientes por línea recta de varon del esforzado caballero Garci-Perez de Vargas, de cuyas gloriosas hazañas y de sus legitímos sucesores, y de las del valeroso caballero Gomez Suarez de Figueroa, primer conde de Feria, su bisabuelo, y de Iñigo Lopez de Mendoza (de quien descienden los duques del Infantado) hermano de su bivisabuela materna, y de Alonso de Vargas, señor de Sierra Brava, su abuelo, y de Alonso de Hinestrosa de Vargas, señor de Valde-Sevilla, su padre, y ascendieutes, se pudiera muy bien honrar y preciar si le faltáran virtudes y hazañas propias con que poderse ilustrar así y á su linage, ó fuera uno de los nobles, que restribando en la honra y fama que sus mayores les ganaron con esfuerzo, valor, industria, virtud y hechos mas que humanos, viven de manera, que comparada su vida con la de ellos, ninguna otra cosa les queda de nobleza que la jactancia della y la afrenta de haber degenerado de los que si fueran como ellos son, estuvieran sepultados en el olvido. Por lo cual dejando los ilustres hechos de sus progenitores, que no le sirvieran de mas que de un estímulo ardiente que le incitó á no degenerar de quien era, trataré de los propios suyos de que tanto se deben honrar y preciar sus hijos, pues son tales, que si á sus ascendientes les faltára nobleza, él se la pudiera dar muy grande é ilustrar su casa por desconocida que fuese. No es mi intento contar por menudo las buenas partes naturales de que Dios le dotó desde niño, el buen agrado de su condicion, la hermosura de su rostro, la gallardía de su persona, la agudeza de su ingenio, y la facilidad en aprender lo que sus ayos y maestros le enseñaban. Ni tampoco las flores bellas que brotó, siendo aun tierna rama de tan generoso tronco, del valor, prudencia, equidad y moderacion que despues habia de tener. Con cuya verdad y suave olor recreaba, entretenia y aficionaba á sus iguales. Y aun era admiracion á sus mayores (como lo testifican en este Nuevo Mundo) los que en el viejo, siendo mozos muy de cerca le comunicaron, cuando sin haberle apuntado el bozo estaba cubierto de canas su maduro juicio. Solo diré con brevedad algo de lo que se notó en él desde que pasó al Perú con el adelantado don Pedro de Alvarado, y otros muchos caballeros de su patria, el año de treinta y uno hasta el de cincuenta y nueve en que murió.

Era Garcilaso de la Vega mancebo de veinte y cinco años, lindo ginete de ambas sillas, bien ejercitado en las armas, diestro en jugar dellas, por haberse impuesto en la paz sin ver al enemigo, en lo que despues habia de hacer al tiempo de la guerra, á que de su voluntad se ofreció en las nuevas conquistas del Perú, para las cuales fue desde España señalado por capitan de infantería, y el primero que con este título pasó á estas partes por las muchas que él tenia para dar buena cuenta de sí en semejantes cargos. Y dióla tan buena, que si á mí no me ciega la pasion ó no me deslumbra el gran resplandor de sus hazañas, ellas fueron tales que no sé quién deba honrarse de quién, ó él de sus antepasados ó sus antepasados de él; porque las cosas insignes que á cada uno dellos dieron fama inmortal, todas esas se hallaron juntas en Garcilaso de la Vega muy en su punto. Porque, ¿qué cosa se pudiera decir en alabanza dellos que no la diga yo con mas justo título en la de este invencible capitan? Alaba España en Garci-Perez de Vargas la fortaleza en sufrir trabajos incomparables por su ley y por su rey; la grandeza de ánimo en los peligros, la industria en comprenderlos, la presteza en acabarlos, la ciencia y uso del arte militar con que mereció que el Santo rey don Fernando le honrase tanto, que le diese las armas de Castilla para orla y ornato de las suyas, y que le atribuyese á él la toma de Sevilla, y esta noble ciudad le pusiese aquel tan celebrado elogio sobre una de sus puertas, grabado en duro mármol, que el tiempo largo ha gastado ó envidia ha desaparecido. *Hércules me edificó, Julio César me cercó de muros y cercas largas, el rey Santo me ganó con Garci-Perez de Vargas:* honra es por cierto bien debida al valor de su persona. Mas la que da el Perú á Garcilaso de la Vega es muy superior; porque, ¿qué lengua podrá contar los trabajos que padeció, los peligros á que se puso, la hambre, sed, cansancio, frio y desnudez que padeció, las tierras nunca vistas que anduvo y las inmensas dificultades que venció? Testigo es de esto la navegacion que hizo desde Nicaragua á Puerto Viejo, por debajo de la Tórrida Zona, abrasándose de calor y secándose de sed, despues de haber atravesado el inmenso mar Océano hasta allí desde Sevilla. Testigos son los inciertos llanos y enriscados montes de Quito, caminando ya por desiertos inhabitables pereciera él y sus compañeros por falta de agua si en las yupas ó cañaverales no se la tuviera guardada aquel que la hace salir bullendo de las peñas, con que se refrescó su campo, y por habérseles acabado el bastimento, sustentándose de yerbas, despues de haberse comido sus caballos, que valian entonces á cuatro y á cinco mil ducados cada uno; ya subiendo por sierras nevadas, donde se helaron sesenta compañeros; ya hendiendo por selvas y bosques tan cerrados, que era menester abrir á mano lo que el pie habia de pisar; ya caminando á la vista de horribles volcanes, cuyas cenizas los cubrian, cuyos truenos lo atronaban, cuyos fuegos y abrasadoras piedras les impedian el paso, y cuyo humo los cegaba. Mas nada le detenia para que no pasase adelante con su esforzada compañía, ayudado de Dios que lo alentaba y favorecia para mayores cosas. Testigo es de su valor y fortaleza la conquista que hizo á la tierra que llamaron los suyos la Buenaventura, que por tal la tenian ellos, en ir Garcilaso de la Vega por su descubridor y capitan de docientos y cincuenta soldados españoles, los mejores del Perú, que en sabiendo que él estaba señalado por capitan deste descubrimiento, cada cual pretendia ir con él, anteponiendo el trabajo al descanso, la guerra á la paz, lo dudoso á lo cierto, los indios montaraces á los rendidos y tributarios, y la tierra desconocida á la que ya les era como propía y sabida; tanta era la opinion y buen concepto que todos de este esforzado capitan tenian. Mas ¿quién podrá referir lo que en esta jornada padeció por aumentar la fé de Jesucristo, por estender el patrimonio real y monarquía de España y por ilustrar mas el nombre de su persona y descendencia? Bien lo relatáran si hablar pudieran los encumbrados cerros y pantanosos llanos que quedaron ufanos con sus huellas. Las fieras salvaginas que huyendo de sus lucientes armas en ninguna parte se tenian por seguras. Los espesos bosques, que siendo mas difíciles de romper que fuertes murallas, se vieron aportillados de sus robustos brazos. Los caudalosos rios, que vadeados de gente estrangera, murmurando de su atrevimiento tal vez se llevaba consigo á los menos animosos ó mas desgraciados el furioso caudal de sus corrientes. Los caimanes carniceros de á veinte y cinco y de á treinta pies en largo, que de temor se escondian debajo de las aguas y hurtaban el cuerpo á los que temian no les sacasen el alma. Mas pues ellos no pueden contar lo que yo sé muy bien sentir, diré de paso lo que pasó el capitan y su noble compañía; porque si por menudo se hubiera de contar todo, sería hacer un grande libro, y yo lo dejo para los que escriben su historia. Esta tierra inhabitable, llena de montañas, de increible espesura, pobladas de árboles silvestres tan grandes como grandes torres; porque hay muchos dellos cuyos troncos tienen de diámetro mas de cinco varas, y de circunferencia diez y seis, pues no los pueden abarcar ocho hombres. De unos á otros hay tanta maleza que imposibilitan á los hombres y animales de poner el pie en el suelo ni dar un paso adelante sin muy grande trabajo; porque su dureza resiste al fuerte acero, y su humedad fria engendra culebras espantosas, monstruosos sapos, lagartos fieros, ponzoñosos mosquitos y otras sabandijas asquerosas. Los rios caudalosos inundan la tierra con las crecientes y avenidas que causan los perpetuos aguaceros, y dejan toda la tierra empantanada y llena de tan mal olor y gruesos vapores que ni aun pájaros pueden por allí pasar volando. Por esta tierra adentro mas de cien leguas anduvo Garcilaso con los suyos mas de un año, á los principios con esperanzas de la buenaventura que buscaban, á los medios con varios efectos de la mala que hallaban, y á los fines con necesidad estrema de volverse; porque dentro de pocos dias que emprendió esta jornada le faltaron los mantenimientos que llevaban indios de servicio y se vieron todos forzados á comer yerbas y raices, sapos y culebras, que le sabian al capitan mejor que gazapos. Dentro de pocos meses se hallaron desnudos en carnes, porque como se echaban en el suelo húmedo, con los vestidos mojados, ya de lluvias del cielo, ya de los rios de la tierra, se les pudrieron en los cuerpos y se rasgaron por el contínuo ludir con los ganchos, con las ramas, con los riscos, con las zarzas y espinas y con los árboles, á cuyas cimas subian trepando con mucho trabajo por descubrir alguna poblacion, y á veces hallaban en lo alto al sol cual que una gruesa culebra enroscada que les hacia bajar mas que de paso, dejándose con la priesa, no solo parte del vestido, mas de la carne. Crecian con el tiempo los trabajos, disminuíanse las fuerzas, faltaba la salud á los mas fuertes, y el buen capitan no desmayaba un punto ni faltaba á sus obligaciones; porque siendo en todo mayor, era en el trabajo igual, en el amor hermano, y en la solicitud padre; acariciaba á los unos, socorria á los otros; á estos alavaba, aquellos entretenia, y á todos era ejemplo de valor, de paciencia, de caridad, siendo el primero en los trabajos, el postrero en el descanso, y hecho en todo al gusto de todos. Quebrávale el corazon no poder socorrer á muchos de sus soldados que perecian de hambre: veíalos flacos, descoloridos, sin jugo, sin sangre, las sienes hundidas, los ojos desencajados, las megillas caidas, el estómago seco, los huesos de la piel sola cubiertos, hechos unos esqueletos, sin poder dar un solo paso, ni aun echar la voz. ¿Qué haria el buen capitan viendo un espectáculo tan triste, qué sentiría, qué diria? La misma muerte le fuera menos grave que ver padecer tales trabajos á los que le hacian compañía en los suyos. Levantaba el corazon á Dios (que las manos apenas podia de pura flaqueza), pedíale misericordia para sí y para los suyos, y juntamente mandó degollar los caballos que llevaba, no reservando sino cual y cual de los mejores. Y con la carne dellos les dió un refresco y pasó adelante, porque temia menos el morir que el volver atrás sin haber hecho cosa digna de memoria. No tenia ya soldados, sino una imágen ó sombra de hombres muertos, como vemos de hombres helados de frio, cubiertos de llagas, llenos los pies de grietas, sin fuerzas, sin vestidos, sin armas, que parecian la hez del mundo; y con estos infantes y su ánimo le parecia que sería fácil conquistar nuevas provincias. Mas viendo poco despues que se le iban muriendo, no solo los indios, sino tambien los españoles, y que se le quedaban á docenas los soldados tan desflaquecidos y macilentos que no parecian sino un vivo retrato de la muerte; y requerido de los oficiales del rey se resolvió de dar la vuelta; mas para saber por dónde ó cómo, subíase á un árbol de los mayores y mas descollados, como solia para descubrir tierra cuando al amanecer tendida en ella su gente descansaba; y estendiendo la vista cuanto pudo, no pudo descubrir sino montañas y mas montañas como las presentes y las pasadas; y alzando los ojos al cielo, de donde le habia de venir el remedio, lo pedia al padre de las misericordias por Jesucristo su hijo y nuestro bien. Y nó fue vana su oracion, porque luego oyó recios graznidos de papagayos, y mirando vió una gran banda dellos que despues de haber volado grande rato se abatieron todos de golpe al suelo, juzgó el prudente capitan que allí habia poblacion, ó por lo menos maiz, de que estas aves son muy golosas; y marchando hácia aquel parage anduvieron ocho leguas en treinta dias por entre la maleza de aquellos cerrados bosques, abriéndolos á fuerza de brazos; y al fin dellos salieron á puerto de claridad y encontraron gente; la cual se aficionó grandemente al capitan, porque con ir en carnes, lleno de garrauchos y rasguños, seco y flaco, parecia en su talle, semblante, autoridad y gentil disposicion hombre principal. Rogábale el cacique que se quedase con él ó lo llevase consigo. Dábale cuanto tenia, regalábalo, servíalo; y en treinta dias que allí se detuvo ganó de suerte á todos aquellos bárbaros que acudieron á sus soldados y á él obedeciéndoles como á señores y acomodándolos como á hermanos de todo lo mejor que pudieron. Y á la partida se fue con el capitan el cacique y otros muchos indios, así para mostrarles el camino como para regalarlos en él hasta los primeros valles de Puerto Viejo, donde con muchas lágrimas se despidieron del capitan, que llegó al puerto con poco mas de ciento y sesenta soldados, habiéndosele muerto de hambre y mal pasar mas de ochenta españoles, sin los indios; lo cual en muchos años no acababan de contar los compañeros de sus trabajos, los testigos de su fortaleza, los pregoneros de sus virtudes. He referido en pocas palabras, y con menos diré lo que resta, siendo todo lo dicho nada comparado con lo que despues padeció, hizo y mereció. Porque en sabiendo que el marques don Francisco Pizarro le tenian los indios cercado en Lima, su atrevido valor y grandeza de ánimo le hizo olvidar de sí, de su comodidad, de su sustento y de su vida, y partir luego como un rayo á socorrerle. De Lima fue al Cozco con Alonso de Alvarado á apaciguar la tierra, quietar los indios rebelados, y favorecer á los hermanos del marques. Tuvo varias batallas en el camino con los indios en Pachacamac, en la puente Rumichaca, y á cada paso en cualquier lugar áspero, porque en los llanos temian á los caballos y mas á Garcilaso, que por ir siempre en los delanteros y hacer gran riza en ellos ya le conocian. Y el refrigerio que le estaba esperando en el Cozco despues de tantas peleas y heridas que recibió, fue una larga prision en que le tuvo Diego de Almagro, porque seguia las partes de la justicia de la razon del marques. En la cual padeciendo, no mostró menos valor que en el campo peleando. Libre ya de estos trabajos, se ofreció á otros mayores, y tales como los de la buenaventura, porque fue con Gonzalo Pizarro á la conquista y descubrimiento del Collao y de los Charcas, que están docientas leguas del Cozco hácia el Mediodia. Era esta gente muy belicosa y tan atrevida, que siete indios en carnes, cada cual con solo su arco y aljaba, acometieron á Gonzalo Pizarro, y á Garcilaso, y á otros dos compañeros que iban á caballo y muy bien armados, con tanto denuedo y valor que les dieron bien en que entender; y si bien quedaron cuatro dellos muertos, tres de los nuestros salieron mal heridos y el caballo del cuarto. Tal era la gente de esta provincia, y tales las refriegas que tenian con los españoles; y al fin los vinieron á poner en tal aprieto, que faltándoles socorro del marques perecieran todos á manos de aquellos bárbaros, si no sintieran el favor del cielo peleando el glorioso Santiago por ellos visiblemente armado en su caballo, y acaudillando el pequeño escuadron cristiano, con cuyo socorro se animaron, y Garcilaso mas particularmente habiendo gran matanza en los enemigos; por lo cual le dieron el repartimiento de indios que tuvo primero en Chuquisaca llamado Tapac-ri, que vino á valer mas de cuarenta mil pesos ensayados de renta en cada un año, que hacen mas de cuarenta y ocho mil ducados. Con el cual dejó las armas que habia siete años manejado, con tanta gloria de Dios, y aumento de nuestra santa fé, y de un esforzado Pompeyo se trocó en un repúblico Caton. Ya se imaginaba libre de rebatos, seguro de enemigos, lejos de batallas, apartado de peligros y en tiempo de coger el fruto de sus trabajos. Mas ¡ó esperanzas engañosas! ¡O instable rueda de la inconstante fortuna! Apenas descansado habia dos años, cuando por la desgraciada y violenta muerte del marques don Francisco Pizarro y el levantamiento de don Diego de Almagro el Mozo, fue forzado á tomar las armas que apenas habia dejado, y á refrescar las heridas recien curadas. Suenan los pífanos y cajas, júntase en el Cozco la gente, convócanse de varias partes los fieles vasallos de su magestad, señálase general, maese de campo, capitanes y los demas ministros; sale por capitan de caballos Garcilaso; hace una muy lucida compañía, y él y Gomez de Tordoya su primo hermano, caballero del hábito de Santiago y maese de campo del ejército imperial, van á dar la obediencia en nombre del Cozco al licenciado Vaca de Castro su gobernador, como los dos caballeros mas calificados y cuerdos de aquella ciudad. Confírmalos en sus oficios; aprueba todo lo hecho, y mándales ir en busca de don Diego de Almagro. En esta empresa se mostró este capitan muy gran servidor de su magestad aficionando las voluntades de todos á su servicio; muy gran caballero, haciendo grandes gastos de su hacienda en sustentar, vestir y armar á muchos hombres nobles. Gran soldado, peleando valerosamente en la batalla de Chupas, de donde salió muy mal herido; mas dióle el gobernador en nombre de su magestad un buen repartimiento de indios: y tras desto Dios nuestro Señor entera salud para que mejor se echase de ver cuán leal vasallo era del emperador; porque viniendo poco despues el virey Blasco Nuñez Vela, y haciendo Gonzalo Pizarro gente contra él al parecer (con justo título) Garcilaso incitó á muchos vecinos del Cozco para que se fuesen á servir al virey, y así lo hicieron con muchos trabajos y peligros de la vida, desamparando sus mugeres, sus hijos, sus casas y sus haciendas; y cuando llegaron á Lima ya estaba preso el virey y la audiencia de parte de Pizarro. ¡Santo Dios, que grande golpe de fortuna fue este para Garcilaso! Saqueáronle sus casas sin dejar estaca en pared. Acometieron á quemarlas, cañoneáronselas con piezas de batir; echaron dellas los indios é indias de servicio, mandándoles so pena de la vida que no entrasen mas en ellas. La muger y los hijos corrieron grande riesgo de ser degollados, y perecieran de hambre si los Incas y Pallas no les acudieran de secreto; y si un cacique vasallo suyo llamado don García Pauqui, no les diera cincuenta hanegas de maíz con que se sustentaron ocho meses que les duró la persecucion. Quejábanse de Garcilaso sus amigos; hacíanle autor de su total ruina y perdicion; veíanse en desgracia de Pizarro, ausentes de sus casas, confiscados sus bienes, á riesgo sus indios, sus personas, sus vidas, sus honras, y él muy contento de haber hecho lo que debia. Porque es muy própia de la fortaleza la magnanimidad, que consiste en hacer cosas grandes llenas de semejantes peligros, y alegrarse de verse en ellos aun con pérdida de todas las cosas temporales, si bien no dejó de congojarse y affigirse cuando vido á todos sus compañeros presos y á algunos dellos ahorcados por el caso; y así mismo privado de sus indios, y tan perseguido y buscado de Carvajal para quitalle la vida, que le obligó á estar mas de cuatro meses escondido en el hueco de una sepultura del convento de Santo Domingo, hasta que Gonzalo Pizarro le perdonó: si bien le quitó cuanto poseía, y le trajo consigo como á un principal prisionero tres años, sin dejarle apartar de sí ni en la mesa, ni en la casa, ni en la tienda, ni en parte alguna, temeroso de perder tan gran soldado y consejero; y este recato aun fue mayor cuando le aconsejó Garcilaso que se rindiese al presidente Gasca, como se lo habia prometido á él y al licenciado Cepeda en algunas ocasiones. Y no queriendo cumplirle la palabra, él buscaba ocasiones de huirse; mas no tuvo ocasion de hacerlo hasta la batalla de Sacsahuana, que fue el primero que se pasó al ejército imperial, y el que abrió el camino é incitó á los demas que hiciesen lo mismo, desamparando á Gonzalo Pizarro y obligándole á que él hiciese lo que los suyos y se rindiese. Dándole con este hecho al rey de España todo el Perú, que sin duda lo perdiera si Gonzalo Pizarro ganára la victoria. Por lo cual le hizo merced el presidente Gasca de un buen repartimiento de indios, que tuvo mientras vivió, y le valia treinta mil ducados de renta. Dejó otros muchos sucesos en que mostró su fortaleza; callo lo que hizo en la rebelion de don Sebastian de Castilla; no cuento lo que pasó en el levantamiento de Francisco

Hernandez Giron; aunque en entrambos sirvió á su magestad con cargo de capitan de caballos sin quitarse las armas hasta dejar toda la tierra quieta, y á los traidores rendidos y muertos; porque en todos sus esforzados hechos fue siempre muy semejante á sí mismo, y digno descendiente é imitador de Garci-Perez de Vargas. Porque si aquel insigne caballero sirvió á su rey en la conquista de una provincia, este ilustre capitan sirvió al suyo en las conquistas de un mundo entero. Si aquel puso á riesgo su vida dentro de su tierra por echar á los moros del Andalucía, este dejó su patria, pasó mares, rompió montes, descubrió tierras, domó naciones en fiereza bárbaras y en muchedumbre inumerables, por sujetarlas á Dios y á su rey, y desterrar los demonios y su adoracion de tantas provincias. Si aquel ayudó á ganar á la mas rica ciudad de España, que es Sevilla, este ayudó á conquistar y á poblar, no solo el mas rico imperio de el mundo, sino al que ha enriquecido á todo el universo. Si aquel ilustró sus armas con las de Castilla, este matizó las suyas con su sangre, y las acrecentó con las de los Incas. Si aquel emparentó con la casa real de España, este no se dedignó de emparentar con la imperial del Cozco. Y finalmente, si aquel fue ayudado de Dios para salir victorioso de los moros, este lo fue tambien del mismo Dios y de su Apóstol Santiago para alcanzar tantas victorias de los indios, para entablar el Evangelio, para reducir los bárbaros y apaciguar los españoles, mostrándose en todas ocasiones fuerte, magnánimo y diligente, sin declinar á la mano derecha de la temeridad, pertinacia, crueldad, arrogancia, ira ó ambicion; ni á la izquierda del temor, facilidad y flogería, ó pusilanimidad. Nunca la avaricia le inclinó á despojar los rendidos, ni á saquear los rebeldes; nunca la sensualidad le trajo de la melena á sus vicios y torpes deleites; nunca la comodidad y regalo le acortó los pasos de sus intentos y jornadas; ni el mismo trabajo pudo acabar con él que tomase algun descanso que no fuese comun á todos; por lo cual y por los muchos servicios hechos á su rey, le nombraron los oidores por corregidor del Cozco, acabada la rebelion de Francisco Hernandez Giron; pareciéndoles que nadie mejor que Garcilaso haria aquel oficio en tiempos tan revueltos y calamitosos. Habíanse gastado los propios en la guerra. La juventud estaba estropeada, las mieses alzadas, el ganado perdido, las caserías quemadas, los cortijos desiertos, las casas y templos saqueados, tantos viejos sin hijos, tantos niños sin padres, tantas matronas viudas, tantas doncellas desamparadas, las leyes oprimidas, la religion olvidada, todo puesto en grande confusion, llanto, lágrimas y desconsuelo; y con solo este medio les parecia á los oidores que ponian remedio á tantos males. Y no se engañaron, porque en tomando la vara Garcilaso, se convirtió en vara misteriosa de virtud, de justicia, de religion. Pidió á nuestro Señor el nuevo juez, le diese luz para acertar, y su Magestad le ilustró la prudencia natural y adquisita, con la sobrenatural y práctica; de manera que pudiera ser ejemplo de gobernadores cristianos. Armóse con el temor santo de Dios, á quien habia de dar estrecha residencia: dióse á leer las leyes comunes, propias y municipales. Escogió teniente docto, cuerdo, esperimentado y temeroso de Dios. Con el cual, y con otros grandes letrados siempre se aconsejaba. Entró en el gobierno de su república, cual sabio médico en hospital general, donde hay enfermos de todas enfermedades, aplicándoles las medicinas que eran menester para sanar el gusto estragado y las llagas y dolencias viejas. Sangraba á unos con livianas penas, y jaropaba á otros con saludables avisos, purgaba á estos volviendo por ellos, y untaba aquellos hablándoles con apacibilidad y buen término, entrándoseles por sus puertas, y mostrándoseles mas padre que juez. Con lo cual hacia estar á raya á los ciudadanos y soldados, que por no darle un enojo disimulaban ellos muchos suyos. Vez hubo que cierto soldado principal dejó de matarse con otro que le habia dado ocasion, y metió mano contra él; y la razon que dió para no hacerlo, fue no dar pesadumbre y enojo á tan buen corregidor, que sentia mucho castigar desórdenes semejantes; y tenia por mejor prevenir los delitos, que castigarlos despues de hechos. Haciase amar antes que temer: no se airaba ni se aceleraba en los negocios; teniendo á la ira por enemiga de el consejo, y á la aceleracion por madre del engaño. Era en sus palabras blando y comedido; en sus reprensiones reportado y tan mèdido, que nunca se le oyó palabra injuriosa ni mal criada. Quitaba á sus súbditos las cargas, los tropiezos, las ocasiones de atropellar las leyes, de agraviar á sus prógimos, de dar mal ejemplo á la ciudad; y para esto buscaba como buen padre medios suaves y fáciles. Uno de los cuales fue acomodando en el Cozco la sagrada religion de San Francisco, á cuyos santos hijos amparó él y los demas vecinos con sus limosnas; de suerte que en dos dias con sus noches, les dieron mas de veinte y dos mil ducados, con que compraron el sitio y lo que con él estaba labrado. Y el corregidor les dió la posesion, y ellos á él por sus dineros la capilla mayor para su entierro, donde pusieron sus armas en memoria de este beneficio. Y no fue menor el que hizo á los indios labrándoles el hospital que hoy tienen en esta imperial ciudad, para cuya obra salió Garcilaso á pedir limosna, y la primera tarde que la pidió en compañía del padre fray Antonio de San Miguel, guardian de San Francisco, juntó entre solos sus amigos principales (que tenian indios) treinta y cuatro mil y docientos ducados. Cosa que admiró mucho y manifestó mas cuán bien quisto estaba este caballero entre sus ciudadanos. Mas que maravilla si nunca dejó de hacer lo que debia, ni por temor de los mas poderosos que no habia menester ni por cudicia de los cohechos, que nunca recibió, ni por ámor particular que á todos lo tenia, ni por odio, no se le conoció. Antes siendo uno se hacia muchos, cual cada uno lo habia menester. Con lo cual tenia ganados á los altos y á los bajos, á los ricos y á los pobres, á los sabios y á los ignorantes; y en fin, á los buenos y á los malos, de quien hacia por bien lo que queria, y queria lo que les estaba bien á todos. ¿Quién pacificó la ciudad y entabló en ella las leyes, justas ordenanzas? Garcilaso. ¿Quién deshizo los bandos y parcialidades de hombres inquietos que intentaron varias veces perturbar la paz? Garcilaso. ¿Quién reprimió los insolentes motines de soldados temerarios? Garcilaso. ¿Quién sosegó las turbulentas hondas y repentinas avenidas de enemistades no pensadas? Garcilaso. Muchos ejemplos pudiera traer, mas sirva uno para todos. Andaba en el Cosco un caballero principal y mozo de los quejosos, sin razon del presidente Gasca llamado Francisco de Añasco, hombre animoso, valiente, atrevido, sagaz y astuto, deseoso de novedades, y resuelto de arriesgar su vida y las de sus amigos (que tenia muchos) á trueque de desagraviarle ó hacerse señor de la tierra, como Francisco Hernandez Giron lo habia intentado. Ya se preparaba de armas, ya alistaba su gente, ya nombraba capitanes, ya les prometia montes de oro, que los de plata le parecian poco. Ya se rugía entre muchos la rebelion cuando lo vino á saber el corregidor, y de secreto se enteró del caso mas no se dió por entendido dél, antes trató con mas facilidad al caballero. Envióle á llamar, convidóle con su casa, trájole á ella, aderezóle un cuarto, sentóle á su mesa, entreteníase con él. Y á ocho de los caballeros, amigos y deudos que honraban su posada (siendo sus ordinarios huéspedes) ordenó que al disimulo remudándose, nunca se apartasen dos dellos del lado del dicho caballero cuando él no le tuviese consigo. Y haciéndose así, el astuto gobernador obligaba con beneficios á que se declarasen y redujesen las demas cabezas de la conjuracion; si bien les andaba muy á las inmediatas sin perder punto que fuese de provecho con los secretos avisos que de ordinario tenia de lo que se pensaba, cuanto y mas de lo que se hacia. Los que no conocian la prudente sagacidad y sagaz prudencia del corregidor, y temian alguna novedad por lo que oian, murmuraban dél, porque ya les parecia que veian salir con mano armada y temerario furor á los amotinados, que saqueaban las casas, que mataban sus dueños, que deshonraban sus hijas y mugeres, que abrasaban la ciudad. Acudian al corregidor y suplicábanle que no permitiese ver muertos ante sus ojos por su remision, á los que habia perdonado el furor de tantas guerras civiles; requiriéndole que conservase la vida de los ciudadanos, que mirase por la honra de las mugeres y volviese por la de Dios, que defendiese la hacienda real, la pública, la particular, y que conservase la ciudad que se le habia encomendado. Él agradecia los avisos con palabras comedidas, y les rogaba que se quietasen que presto verian las esperanzas de los inquietos frustradas, y todo quieto como lo vieron; porque dentro de muy pocos dias redujo á mejor parecer á los soldados honrados, y á los mas inquietos los esparció por el reino, y al caballero que desasosegaba la gente, despues de haberle tenido cuarenta dias en su casa regalado como á hijo, le afeó su mal intento, y amenazándole con castigo riguroso sino se enmendaba, le dió un caballo de los de su caballeriza y trecientos pesos de su hacienda, y le envió como desterrado á Quito, quinientas leguas de allí, con que fue muy agradecido el Añasco viendo que en lugar de darle la muerte, le daba la vida y le acomodaba tan honradamente. De lo cual luego que tuvieron aviso el presidente y oidores, loaron el hecho y la gran prudencia del corregidor, que como esperimentado habia prevenido el daño que se podia seguir si hiciera ruido prendiendo al caudillo, haciendo pesquisa de los culpados y proceso contra ellos, fulminando sentencias rigurosas, y ejecutando castigos ejemplares, porque no sirviera de mas que de irritar y mover á otros á que prosiguiesen lo comenzado, y con blandura y secreto se atajaron los daños que tales desórdenes amenazaban. Este fue el fin de los temores y el principio de la quietud que en el tiempo de su gobierno hubo en aquella ciudad; la cual respetaba á su corregidor como á un hombre venido del cielo, y con mucha razon por cierto: porque su religion era muy grande, su piedad muy notoria, el deseo del bien comun estraordinario, su buen ánimo para con todos conocido de todos, su agudeza é interpretar las leyes justas, su solicitud en despachar los pleitos increible, y su apacibilidad y buen agrado en satisfacer á los pleiteantes muy de padre y amigo. Pues ya si hubiéramos de decir algo de su liberalidad, misericordia, rectitud, compasion, sería nunca acabar. ¿Cuándo se le pidió algo puesto en razon que él no lo concediese? ¿Qué hombre noble vido necesitado que no le ofreciese su casa y le diese cuanto habia menester? ¿Qué pobre le pidió limosna que se fuese las manos vacías? ¿Qué viuda, qué húerfano, qué persona desvalida le pidió justicia que dél no la alcanzase? ¿Quién se quiso valer de su favor que no fuese dél favorecido? Bien saben esto y lo publican los caballeros que en su casa comian y cenaban, pues de ordinario estaba llena de huéspedes á quien no solo sustentaba, sino tambien vestia y daba caballos de su caballeriza en que ruasen. Bien lo lloran las viudas, religiosas y pobres vergonzantes á quien de secreto socorria con muy buenas limosnas, sin las que se repartian á su puerta, que eran muchas. Bien lo sienten los húerfanos y menores de quien gustaba ser tutor, por ampararlos, y porque no se desperdiciasen ó consumiesen con pleitos y engaños las haciendas. Y vez hubo que despues de haber alimentado cinco años á sus húerfanos, hijos de Pedro del Barco, vecino del Cozco, uno de los que ahorcó Carvajal porque se huyeron con Garcilaso; y descargándole la justicia de la tutela cinco mil y quinientos ducados por los alimentos, no los quiso recebir en cuenta sino pagarlos, dando por razon que eran hijos de su amigo, y que él no contaba nada por el comer á los que en su casa comian. Bien le echan menos los presos y pleiteantes, á quienes despachaba con toda suavidad y blandura posible, sin llevarles derechos por las firmas. Si eran las causas civiles, las mediaba y componia como juez árbitro y amigo; si las penas eran pecuniarias, perdonaba su parte; si los delitos eran criminales, moderaba las sentencias y hacia que su teniente no llevára las cosas por todo rigor de justicia, para que no se exasperase la gente, pues no estaban quietos los ánimos de muchos soldados descontentos, que pretendian escándalos y alborotos con cualquiera pequeña ocasion. Mas cuanto era de blando en las causas civiles y criminales, tanto era de riguroso en castigar cualquier desacato que á Dios se hiciese en su santo templo. Sirva de ejemplo lo que pasó á cierto vecino del Cozco (mas noble que sufrido) que con un procurador hubo palabras entre los dos diciéndolas el vecino malas, y volviéndolas peores el procurador. Aquel metió mano á su espada, éste porque no la tenia huyó y entróse en la iglesia sin parar hasta el altar mayor: siguióle el vecino para matarle, y hiriérale por lo menos si no le detuvieran dentro de la misma capilla mayor los que acudieron al ruido. Entre los cuales se halló uno de los alcaldes ordinarios, y conociendo de la causa, le sentenció al vecino por el desacato al Santísimo Sacramento, en cuatro arrobas de aceite, que valian entonces mas de cien ducados, y en cuatro arrobas de cera, y en docientos escudos para el servicio del altar. Apeló el vecino de la sentencia para el corregidor, el cual sintió mucho no haber sido juez de aquella causa, y de que el alcalde hubiese andado tan corto, y así dijo: si yo lo sentenciára no fuera la pena menos de doce mil ducados. Por qué ¿dónde se sufre que predicando nosotros á estos indios gentiles, que aquel Señor que está en la iglesia es el Dios verdadero, hacedor y criador del universo y redentor nuestro? ¿Que tengamos tanto desacato que entremos en su casa con la espada desnuda, y lleguemos hasta su aposento que es la capilla mayor á matar un hombre? ¿Cómo nos creerán los indios lo que les predicamos viendo nuestros hechos tan en contra, pues tenian estos bárbaros tanto respeto á la casa del sol que ellos adoraban por Dios, que para entrar en ella se descalzaban docientos pasos antes de llegar á ella? Por lo cual le condenó en otro tanto mas de lo que decia la sentencia del alcalde, y la pagó el vecino con gusto, viendo que no se regía por pasion sino por razon, y por eso mismo le lloran todos y sienten su pérdida. Pero mas en particular los indios vasallos suyos la testifican bien, y con lágrimas copiosas y tiernos gemidos manifiestan la falta que les hace su señor, en quien tenian padre, defensor y amparo; porque si enfermaban algunos en el Cozco de los del servicio personal, los hacia curar en su casa como á hijos. De los tributos se contentaba en una de sus provincias con la quinta parte, porque debiéndole dar tantas cabezas de ganado de la tierra y de cerda que cada cual se vendia en la plaza de la ciudad por quince pesos, se contentaba él con que le diesen tres pesos no mas por cada cabeza. Los Huamampallpas, que están cuarenta leguas del Cozco, tenian obligacion de ponerle cada año en su casa una gran partida de trigo, el cual traian acuestas, y por hacerles bien su señor, concertó con ellos que llevasen el trigo que él cogia en un cortijo suyo diez y seis leguas de la ciudad, que estaba en el mismo camino por donde los indios venian de su tierra; y por solamente el porte les descontaba otro tanto trigo de lo que ellos estaban obligados á darle. Estos mismos indios y los Cotaneras, le habian de dar cada año tantos vestidos de indios poniendo ellos la lana, y se la daba su amo en tanta cantidad que les sobraba della para sí. Y cada cuatro meses le debian traer cierto número de cestos llenos de la yerba Cuca, y él por aliviarles del trabajo para que no la trujesen acuestas, y porque no gastasen tanto en su sustento (sin tener obligacion) les daba á cada uno media hanega de maiz, y les prestaba sus carneros de carga en que ellos llevasen su comida y trujesen la Cuca: cosas que no sé yo las haya hecho con sus indios ninguno otro señor de vasallos. Y así los de este caballero se esmeraban tanto en servirle con un amor estraordinario, que la ropa que hacian y la Cuca que beneficiaban era la mejor del reino. Mucho he oido y leido del amor de señores de vasallos para con sus súbditos, mas nada tiene que ver con lo dicho. Mucho he sabido de su agradecimiento por servicios recebidos, mas ninguno mayor que el que ahora diré. Estimó en tanto Garcilaso el servicio que le hizo su vasallo don García Panqui, dando cincuenta hanegas de maiz á su familia cuando se vió en el aprieto que dijimos, que hizo libre y franco al dicho cacique, y á los lugares de su señorío de cualquier tributo que estuviesen obligados á pagarle; contentándose con que le diesen algunas frutas, como guayavas, limas y pimientos verdes para su comer en señal de vasallage. ¿Y á este señor no habian de amar? ¿No habian de servir? ¿No habian de echar menos y llorar despues de muerto? Llórenle, que razon tienen, pues tambien le lloran los esforzados varones que ven con su muerte quebrada una firme coluna de la fortaleza; llórenle los prudentes repúblicos, pues perdieron en él un rico depósito de la prudencia civil; llórenle los gobernadores y jueces, pues les ha faltado un vivo retrato de la justicia; llórenle finalmente todos los buenos, pues con su falta les falta un raro ejemplo de templanza en la comida, en la bebida, en el sueño y en el trato de su persona, siendo para los suyos muy liberal, y para los estraños muy cumplido; de continencia, con que tenia á raya sus deseos y pasiones; de clemencia, con que moderaba el ánimo irritado á la venganza, y le inclinaba á hacer bien á todos; de modestia, con que se hacia querer y estimar, dando á cada cual mas honra de la que se debia; de urbanidad y recato en el decir mal de nadie, pues ni aun consentia que esto en su presencia se hiciese, cortando luego la plática, escusando lo malo y alabando lo bueno; de moderacion aun en la muerte, mandando por su testamento que cuando le llevasen á enterrar, pusiesen el cuerpo en el suelo sobre un paño para decir los responsos, usándose entonces en el Cozco hacer tan grandes túmulos en tres partes diversas de las calles por donde pasaba el entierro de los hombres principales, donde subian la caja parando todos al responso un grande espacio, y con el buen ejemplo de Garcilaso le imitaron todos de allí adelante y le imitan hasta hoy. Pues ya ¿qué diré de las virtudes propias del verdadero cristiano? Ya vimos que por la fé de Cristo y por su aumento se puso á tantos peligros y riesgo de la vida; defendiéndola con su sangre, la cual sustentó por toda su vida no solo poniendo sacerdotes virtuosos, doctos y celosos para la enseñanza y doctrina de sus indios, y procurando de su parte cuanto podia que esta santa fé se dilatase hasta los fines de la tierra; sino tambien con el ejemplo, cumpliendo lo que ella nos manda y creyendo firmísimamente lo que nos enseña, y acompañándola con obras santas de religion y piedad. Oia de ordinario misa y mandaba decir muchas por las ánimas del purgatorio, y en sola una fiesta que les hacia cada año gastaba seiscientos ducados. ¿Quién podrá esplicar la grandeza de su firme esperanza y encendida caridad? El Señor que se las dió solo la sabe, de las cuales nos descubrió grandes señales todo el tiempo de su vida, y mas en particular dos años y medio antes de su muerte los cuales tomó Dios para labrarle para el cielo, por medio de una larga enfermedad que le duró todo este tiempo, sino derribado siempre en la cama á lo menos la mayor parte de la temporada, para que mejor se dispusiese y despacio se preparase, como lo hizo, confesándose á menudo con el padre guardain de San Francisco, fray Antonio de San Miguel, que á solo él confesaba en aquella ciudad, y solia decir que ojalá fuera él como el que estaba en aquella cama. En la cual ya que no podia echar mano á la espada, empuñar la lanza ni hacer heróicas hazañas en la guerra, echaba mano á la bolsa haciendo bien á todos, y empuñaba la cruz con Cristo crucificado, pidiéndole misericordia y perdon, hacia obras heróicas de caridad, de paciencia y humildad cristiana, en medio de una grande paz de su alma, causada de su buena conciencia, y mas de la confianza que tenia en los merecimientos de Cristo nuestro Señor. Aquí se aumentaron las limosnas, aquí las oraciones, misas y devociones, aquí el sufrimiento y paciencia en los dolores, aquí la esperanza del perdon y la confianza de verse en la gloria, aquí los deseos afectuosos y encendidos de que se cumpliese en él la voluntad de Dios, y de dar la vida por su amor como la dió despues de haber recibido todos los sacramentos á los cincuenta y nueve años de su edad, con sentimiento universal del Cozco y de todo el Perú y con mucha razon; porque muriendo Garcilaso cayó un fuerte baluarte de la religion cristiana, murió el esfuerzo de la guerra, el ornamento de la paz, la honra de los nobles, el modelo de los jueces, el padre de la patria, el reparo de los pobres, el amigo de los buenos, el espanto de los malos; y finalmente el amparo de los naturales. Mas mientras todos hacen el justo sentimiento de su muerte, él está gozando de la eterna vida, mientras que sus amigos se espantan y dicen ¿es posible que aquel varon y enfuerzo de España es vencido? ¿Que aquella luz y resplandor de la casa de Vargas está apagado? ¿Que la apacibilidad y cortesanía del Perú se acabó? ¿Y que la firme coluna de este imperio se ha caido? El riéndose de todo lo del suelo, teniendo su esfuerzo por flaqueza, su luz y resplandor por tinieblas, su sabiduría y discrecion por ignorancia, y su firmeza por instabilidad, triunfa glorioso en el cielo con la inestimable corona de gloria, de que goza y gozará para siempre. Amen.

CAPÍTULO XIII.

Que trata de los pretendientes que vinieron desterrados á España, y la mucha merced que su magestad les hizo. Don García de Mendoza va por gobernador á Chile, y el lance que le sucedió con los indios.

Volviendo á los pretensores de repartimientos de indios que atrás dejamos, que venian desterrados á España, decimos que llegaron á ella bien fatigados de la pobreza y hambre que traian: presentáronse en la corte ante la magestad del rey don Felipe segundo: causáronle mucha lástima, así con la presencia, como con la relacion que le hicieron de la causa porque venian desterrados y tan mal parados. Su magestad les consoló con hacerles mercedes en Indias á los que quisieron volver á ellas, dándoles allá la renta librada en su tesoro y caja real, porque no tuviesen que ver con el visorey de aquel imperio. Y á los que quisieron quedarse en España, les hizo mercedes conforme á sus servicios y calidad, dando á unos mas y á otros menos, como yo lo hallé cuando vine á España, que fue poco despues de lo que se ha referido. Libróseles la renta en la casa de la contratacion de Sevilla, al que le cupo menos fueron cuatrocientos y ochenta ducados de renta, y de allí fueron subiendo las mercedes á seiscientos y ochocientos, y á mil, y á mil y docientos ducados á los mejorados por todos los dias de su vida. Poco despues sabiendo su magestad las pláticas que en la ciudad de los Reyes habian pasado acerca de los desterrados, por escusar algun motin que podia suceder por la aspereza del gobernador, proveyó por visorey del Perú á don Diego de Acevedo, caballero muy principal de toda virtud y bondad, de quien descienden los condes de Fuentes. El cual solicitando su viaje falleció de enfermedad, lo cual sabido en el Perú lastimó muy mucho á todos los de aquel imperio, que á hombres graves y antiguos en la tierra les oí decir: porque no merecíamos tal visorey se lo llevó Dios temprano al cielo. Por no haber pasado este caballero al Perú, no está en la lista de los visoreyes que han ido aquel gran reino. Entre tanto que en la corte de España pasaba lo que se ha dicho, el visorey del Perú proveyó por gobernador y capitan del reino de Chile á su hijo don García de Mendoza, porque con la muerte de Gerónimo de Alderete estaba sin gobernador. El cual falleció en el camino poco antes de llegar á Chile, de congoja y tristeza de ver que por causa de su cuñada y suya, hubiesen perecido ochocientas personas que murieron en su galeon. Consideraba que si aquella muger no fuera su cuñada, no le diera licencia el maestre para tener lumbre en su aposento, de donde se causó todo aquel mal y daño. La provision de don García de Mendoza fue muy acepta á los del Perú; ofreciéronse muchos vecinos y soldados principales á hacer con él la jornada, porque entendian que ganaban méritos en el servicio de su magestad y del visorey por acompañar á su hijo. Proveyó que el licenciado Santillan, oidor de aquella chancillería, fuese por lugar teniente y gobernador de su hijo, y á él se lo pidió le hiciese gracia de aceptarlo. Hízose para esta jornada grandísimo aparato en todo aquel reino de armas y caballos, vestidos y otros ornamentos que costaron mucho dinero por la carestía de las cosas de España. Proveyó asímismo el visorey otras tres conquistas, envió por capitanes dellas á tres caballeros principales, el uno llamado Gomez Arias, y el otro Juan de Salinas, y el tercero Anton de Aznayo: cada uno dellos hizo sus diligencias para cumplir bien con el oficio que llevaba.

Don García de Mendoza fue á su gobernacion, y llevó mucha gente muy lucida, y habiendo tomado la posesion, trató de ir con brevedad á la conquista y sujecion de los indios araucos que estaban muy soberbios y altivos con las victorias que de los españoles habian ganado. La primera de Pedro de Valdivia y otras que hubieron despues, segun las escriben en verso los poetas de aquellos tiempos, que fuera mejor escrebirlas en prosa, porque fuera historia y no poesía, y se les diera mas crédito.

Entró el gobernador en las provincias rebeladas con mucha y muy lucida gente, y grande aparato de todo lo necesario para la guerra, particularmente de armas y municion y mucho bastimento, porque los enemigos tenian alzados los suyos. A pocas jornadas que hubo entrado, le armaron los indios una brava emboscada: echáronle por delante un escuadron de cinco mil indios de guerra con órden que no aguardasen á pelear ni llegasen á las manos, sino que con la mejor órden y mayor diligencia que pudiesen poner, se fuesen retirando de dia y de noche, porque los españoles no los alcanzasen y les obligasen á pelear. Los españoles teniendo nueva por sus corredores, que aquel ejército de indios iba delante dellos, y que no los esperaban, dieron órden en seguirlos, aunque con recato sin desmandarse á parte alguna, porque el gobernador luego que entró en aquel reino, tuvo aviso de los españoles de la tierra, de las mañas, trazas y ardides de guerra, que aquellos indios tenian y usaban con los españoles, unas veces acometiendo, y otras huyendo como mejor les estaba y convenia. Pero no le aprovechó al gobernador el aviso, porque se cebó en ir en pos de los enemigos con deseo de hacer una gran matanza en ellos, porque los demas sintiendo el ánimo belicoso que llevaba, se rindiesen y perdiesen la soberbia que habian cobrado. Con este ánimo siguió aquel escuadron un dia y una noche. Los enemigos que quedaron en la celada, viendo al gobernador algo alejado de su real, donde babia dejado todo lo que llevaba, salieron de la emboscada, y no hallando contradicion, robaron todo lo que hallaron sin dejar cosa alguna, y se fueron con ello libremente. La nueva de la pérdida llegó al gobernador, y le obligó á dejar los que seguia, y volver á buscar los que le habian saqueado: mas no le aprovecharon sus diligencias, que los enemigos se habian puesto en cobro por no perder el despojo. La nueva deste mal suceso llegó al Perú, casi juntamente con la nueva de la llegada del gobernador á su gobernacion; tanto que se admiró toda la tierra de que en tan breve tiempo hubiese sucedido una cosa tan hazañosa para los indios y de tanta pérdida para los españoles, porque no les quedó de armas ni ropa mas de la que tenian vestida. El visorey proveyó el socorro con gran diligencia, porque llegase mas aina. Gastóse mucha suma de oro y plata de la hacienda real, de que hubo murmuracion, como lo dice el Palentino, libro tercero, capítulo segundo, aunque lo dice acerca del primer gasto que se hizo para que el gobernador fuese á Chili, y no cuenta este segundo gasto, ni el hecho de los indios que lo causó, que tambien fue causa de la murmuracion. Porque dijeron que por socorrer el visorey á su hijo habia mandado hacer una y dos y mas veces aquellas demasías de gastos en la hacienda real. De los sucesos de aquel reino de Chile no dirémos mas que la muerte de Loyola, porque no son de nuestra historia: lo que se ha dicho fue, porque el gobernador salió del Perú por órden de su padre el visorey. Los que quisieren escrebir los sucesos de aquel reino tienen bien que decir, segun la guerra tan larga que en él ha habido entre indios y españoles de cincuenta y ocho años á esta parte que ha que se rebelaron los indios araucos, que fue al fin del año de mil y quinientos y cincuenta y tres, y ha corrido la mayor parte del año de mil y seiscientos y once cuando escribimos esto. Podrán contar la muerte lastimera del gobernador Francisco de Villagra, con la de docientos españoles que iban con él, que pasó en la loma que llaman de su nombre Villagra. Podrán decir asimesmo la muerte del maese de campo don Juan Rodulfo, y la de otros docientos hombres que con él iban, y los mataron en la cienega de Puren, que holgára yo tener la relacion entera destos hechos, y de otros tan grandes y mayores que en aquel reino belicoso han pasado para ponerlos en mi historia. Pero donde ha habido tanta bravosidad de armas, no faltará la suavidad y belleza de las letras de sus propios hijos para que en tiempos venideros florezcan en todo aquel famoso reino como yo lo espero en la divina Magestad.

CAPÍTULO XIV.

Hacen restitucion de sus indios á los herederos de los que mataron por haber seguido á Francisco Hernandez Giron. La ida de Pedro de Orsua á la conquista de las Amazonas, y su fin y muerte, y la de otros muchos con la suya.

El visorey don Andres Hurtado de Mendoza, viendo los pretendientes que él habia desterrado del Perú que volvian con grandes mercedes que su magestad les habia hecho, libradas en el tesoro de su arca real de las tres llaves, bien en contra de lo que él habia imaginado, que pensó que ninguno de ellos volviera allá, se admiró del suceso; y mucho mas cuando supo que tambien habia proveido su magestad nuevo visorey que le sucediera: pesóle de lo pasado, y trocó el rigor que en el gobierno hasta allí habia habido, con toda la suavidad y mansedumbre que buenamente se puede decir. Y así procedió hasta su fin y muerte; de tal manera que los que lo notaban, decian públicamente, que si como acababa empezára, que no hubiera habido tal gobernador en el mundo. Viendo el reino la mansedumbre de el visorey, sosegada la tierra y trocada la furia y rigor de los jueces en afabilidad y quietud, se atrevieron los agraviados de la justicia pasada á pedir satisfaccion de los males y daños que habian recebido. Y así los hijos y herederos de los vecinos, que por haber seguido la tiranía de Francisco Hernandez Giron justiciaron, pusieron sus demandas ante los oidores, presentaron las provisiones de perdon que á sus padres se habian dado, y siguieron su justicia, hasta que en vista y revista alcanzaron sentencia en favor dellos, en que les mandaban volver y restituir los repartimientos de indios que les habian quitado, y cualquiera otra confiscacion que les hubiesen hecho. Y así les volvieron los indios, aunque el visorey los habia repartido y dado á otros españoles, mejorando á unos con mejores repartimientos que los que tenian, y dando á otros nuevos repartimientos que no los tenian. De lo cual quedó el visorey en gran confusion, así porque le revocaban todo cuanto en este particular habia hecho, quitando á unos y dando á otros, como por hallarse en grande afan y congoja para haber de satisfacer con nuevas mercedes á los desposeidos de las que él les habia hecho. Todo esto que hemos dicho ví yo en el Cozco, y lo mismo pasó en las demas ciudades donde se ejecutaron los rigores de la justicia pasada; como en Huamanca, Arequepa, los Charcas y el Pueblo Nuevo. Vista la sentencia de la restitucion á los herederos de los muertos por justicia, y que se habia revocado todo lo que en este particular por órden y mandato del visorey se habia hecho, tomaron ocasion los españoles para decir, que el castigo y rigor pasado no habia sido por órden de su magestad ni de su real Consejo de las Indias, sino que el visorey lo habia hecho de su voluntad y albedrío por hacerse temer y asegurarse de algun motin como los pasados que él temiese.

Procediendo el visorey en su gobierno con la suavidad y blandura que hemos dicho, concedió la jornada y conquista de las Amazonas del rio Marañon que atrás digimos, que Francisco de Orellana, negando á Gonzalo Pizarro vino á España, y pidió á su magestad la dicha conquista, y acabó en el camino sin llegar donde pretendia. Dióla el visorey á un caballero llamado Pedro de Orsua, que yo conocí en el Perú, hombre de toda bondad y virtud, gentil hombre de su persona y agradable á la vista de todos. Fue dende el Cozco hasta Quitu recogiendo los soldados que pretendian salir á nuevas conquistas, porque en el Perú ya no habia en que medrar; porque todo él estaba repartido entre los mas antiguos y beneméritos que habia en aquel imperio. Recogió así mesmo Pedro de Orsua las armas y bastimento que pudo para su conquista; á todo lo cual los vecinos y moradores de aquellas ciudades acudieron con mucha liberalidad y largueza, y todo buen ánimo; porque la bondad de Pedro de Orsua lo merecia todo. Del Cozco salieron con él muchos soldados, y entre ellos un don Fernando de Guzman, que yo conocí, que era muy nuevo en la tierra, recien llegado de España, y otro soldado mas antiguo, que se decia Lope de Aguirre, de ruin talle, pequeño de cuerpo y de perversa condición y obras, como las refiere en sus Elegías de varones ilustres de Indias el licenciado Juan de Castellanos, clérigo, presbítero, beneficiado de la ciudad de Tunja en el nuevo reino de Granada. En las cuales Elegías gasta seis cantos de su verdadera y galana historia, aunque escrita en verso. En ellas cuenta la jornada de Pedro de Orsua, que llevaba mas de quinientos hombres muy bien armados y aderezados con muchos y buenos caballos. Escribe su muerte, que se la dieron sus propios compañeros y los mas allegados á él por gosar de una dama hermosa que Orsua llevaba en su compañía. Pasion que ha destruido á muy grandes capitanes en el mundo, como al bravo Aníbal y á otros tales. Los principales autores de la muerte de Orsua fueron don Fernando de Guzman y Lope de Aguirre y Salduendo, que era apasionado por la dama, sin otros muchos que aquel autor nombra. Y dice como aquellos traidores alzaron por rey á su don Fernando, y él era tan discreto, que consintió en ello y holgó que le llamasen rey, no habiendo reino que poseer, sino mucha mala ventura, como á él le sucedió, que tambien lo mataron los mismos que le dieron el nombre de rey. Aguirre se hizo caudillo dellos, y mató en veces mas de docientos hombres, saqueó la isla Margarita, donde hizo grandísimas crueldades. Pasó á otras islas comarcanas, donde fue vencido por los moradores dellas; y antes que se rindiese, mató una hija suya que consigo llevaba, no por otra causa mas de porque despues de él muerto no la llamasen hija de el traidor. Esta fue la suma de sus crueldades, que cierto fueron diabólicas; y este fin tuvo aquella jornada que se principió con tanto aparato como yo ví parte dél.

CAPÍTULO XV.

El conde de Nieva es elegido por visorey del Perú. Un mensagero que envió á su antecesor. El fallecimiento del marques de Cañete y del mismo conde de Nieva. La venida de don García de Mendoza á España. La eleccion de el licenciado Castro por gobernador del Perú.

Entre tanto que pasaban estos sucesos en el Perú, y la mortandad de los de Orsua en el rio grande de las Amazonas, la magestad real del rey don Felipe II no se olvidaba de proveer nuevo gobernador para aquel su imperio. Que luego que falleció el buen don Diego de Acevedo, proveyó á don Diego de Zuñiga y Velasco, conde de Nieva por visorey del Perú. El cual despachándose á toda diligencia, salió de España por enero de quinientos y sesenta años, y entró en el Perú por abril de el mismo año. Dende Payta, que es ya dentro en su jurisdiccion, envió un criado suyo con una carta breve y compendiosa para el visorey don Andres Hurtado de Mendoza, que supiese su ida á aquel imperio, y se desistiese del gobierno y de cualquiera otra cosa que é él perteneciese. El visorey don Andres Hurtado de Mendoza, sabiendo la ida del mensagero, mandó se le proveyese todo lo necesario por los caminos con mucha abundancia y mucho regalo. Y en la ciudad de los Reyes le tuvo apercebida una muy honrada posada, y una muy buena dádiva de joyas de oro y plata, y otras preseas que valian de seis á siete mil pesos arriba. Todo lo cual perdió el mensagero porque llevaba órden que no le llamase escelencia, sino señoría, y en la carta hablaba de la misma manera. Lo cual recibió á mal el visorey don Andres Hurtado de Mendoza, de que el sucesor quisiese triunfar dél tan al descubierto y tan sin razon y justicia. De la cual melancolía se le causó un accidente de poca salud, y se la fue quitando de dia en dia, y la edad que era larga no pudiendo resistir al mal, feneció antes que el nuevo visorey llegára á la ciudad de los Reyes. Al cual no le fue mejor, porque pasados algunos meses despues de haber tomado la posesion de su silla con la solenidad que de otros se ha dicho, se le siguió la muerte por un caso estraño que él mismo lo procuró y apresuró para que mas aina llegase su fin y muerte. El suceso de la cual por ser odioso es razon que no se diga; y así pasarémos adelante dejando esto tan confuso como queda.

Don García de Mendoza, que era gobernador en Chile, sabiendo el fallecimiento del virey su padre, se dió priesa á salir de aquel reino y venir al Perú, y dar órden en su venida á España. Todo lo cual hizo con mucha diligencia, de manera que los mormuradores decian, que la salida del reino de Chile con tanta priesa, mas habia sido por huir de los araucos que le habian asombrado, que no por acudir á la muerte de su padre ni á sus negocios; y que con la misma priesa habia salido del Perú por no verse en juridicion agena. El cual se vino á España, donde estuvo hasta que volvió á aquel imperio á ser gobernador de él, é impuso el tributo de las alcabalas que hoy pagan los españoles y los indios. Estos de sus cosechas, y aquellos de sus tratos y contratos. Este paso se anticipó de su tiempo y lugar por ser particular. Que mi intencion no se estiende á escribir mas de hasta la muerte del príncipe heredero de aquel imperio, hermano segundo de don Diego Sayri Tupac, de cuya salida de las montañas y de su bautismo, fin y muerte dijimos atrás. Y con este propósito vamos abreviando la historia por ver ya el fin della.

La magestad del rey don Felipe II, luego que supo la desgraciada muerte del visorey don Diego de Zuñiga, conde de Nieva, proveyó al licenciado Lope García de Castro, que era de el Consejo real y supremo de las Indias, de quien atrás hicimos mencion cuando hablamos de mis pretensiones, por los servicios de mi padre, y la contradicion que entonces me hizo. Proveyóle por presidente y gobernador general de todo aquel imperio para que fuese á reformar y apaciguar los accidentes que las muertes tan breves de aquellos dos visoreyes hubiesen causado. Porque el licenciado Lope García de Castro era hombre de gran prudencia, caudal y consejo para gobernar un imperio tan grande como aquel. Y así fue á toda diligencia, y gobernó aquellos reinos con mucha mansedumbre y blandura, y se volvió á España dejándolos en toda paz y quietud. Y volvió á sentarse en su silla, donde vivió con mucha honra y aumento, y falleció como buen cristiano.

Mis amigos viendo este gran personage en su silla en el Consejo supremo de las Indias, me aconsejaban que volviese á mis pretensiones acerca de los servicios de mi padre y de la restitucion patrimonial de mi madre. Decian que ahora que el licenciado Castro habia visto el Perú, que fue lo que mi padre ayudó á ganar, y fue de mis abuelos maternos, me sería muy buen padrino para que me hicieran mercedes ya que la otra vez me habia sido contrario para que me las negáran como atrás se refirió.

Pero yo que tenia enterradas las pretensiones y despedida la esperanza dellas, me pareció mas seguro y de mayor honra y ganancia no salir de mi rincon. Donde con el favor Divino he gastado el tiempo en lo que despues acá se ha escrito, aunque no sea de honra ni provecho: sea Dios loado por todo.

CAPÍTULO XVI.

La eleccion de don Francisco de Toledo por visorey de el Perú. Las causas que tuvo para seguir y perseguir al príncipe Inca Tupac Amaru. Y la prision del pobre principe.

Al licenciado Lope García de Castro, presidente y gobernador general del imperio llamado Perú, sucedió don Francisco de Toledo, hijo segundo de la casa del conde de Oropesa. Fue elegido por su mucha virtud y cristiandad, que era un caballero que recebia el Santísimo Sacramento cada ocho dias. Fue al Perú con nombre y título de visorey: fue recebido en la ciudad de los Reyes con la solenidad acostumbrada. Gobernó aquellos reinos con suavidad y blandura: no tuvo rebeliones que aplacar, ni motines que castigar. Pasados dos años poco mas ó menos de su gobierno, determinó sacar de las montañas de Villcapampa al príncipe Tupac Amaru, legítimo heredero de aquel imperio, hijo de Manco Inca, y hermano de don Diego Sayri Tupac, de quien hemos dado larga cuenta en este octavo libro. Perteneciale la herencia, porque su hermano mayor no dejó hijo varon, sino una hija, de la cual dirémos adelante. Deseó el visorey sacarle por bien y afabilidad (á imitacion del visorey don Andres Hurtado de Mendoza) por aumentar su reputacion y fama que hubiese hecho una cosa tan grande y heróica, como reducir al servicio de la católica magestad un príncipe tal, que andaba fugitivo metido en aquellas montañas. Para lo cual intentó seguir al visorey pasado por algunos caminos de los que aquel llevó y anduvo. Y envió mensageros al príncipe pidiéndole y amonestándole que saliese á vivir entre los españoles como uno de ellos, pues eran ya todos unos, que su magestad le haria mercedes como las hizo á su hermano para el sustento de su persona y casa. No le salieron al visorey las diligencias de provecho alguno ni de esperanza. Porque el príncipe no correspondió á ellas, porque al visorey le faltaron muchos de los ministros, así indios como españoles, que en aquel particular sirvieron y ayudaron á su antecesor. Y de parte del príncipe tambien hubo dificultades para no aceptar partido alguno, porque los parientes y vasallos que consigo tenia, escarmentados de la salida de su hermano, y de la poca merced que le hicieron, y de lo poco que vivió entre los españoles haciendo de todo ello sentimiento y queja, como que los españoles la hubiesen causado, aconsejaron á su Inca que en ninguna manera saliese de su destierro, que mejor le estaba vivir en él que morir entre sus enemigos. Esta determinacion de aquel príncipe supo el visorey de los indios que entraban y salian de aquellas montañas, así de los que él envió como de los indios domésticos que vivian con los españoles que lo dijeron á sus amos mas claro y descubierto, y todo fue á oidos del visorey. El cual pidió parecer y consejo á sus familiares, los cuales le aconsejaron, que pues aquel príncipe no habia querido salir por bien, lo sacase por fuerza, haciéndole guerra hasta prenderle y aun matarle, que á la magestad católica se le haria mucho servicio, y para todo aquel reino sería gran beneficio. Porque aquel Inca estaba cerca del camino real que va del Cozco á Huamanca y á Rimac: que sus indios y vasallos salian á saltear y robar á los mercaderes españoles que pasaban por aquel camino, y hacian otras grandes insolencias como enemigos mortales. Demas desto dijeron los consejeros que aseguraria aquel imperio de levantamientos, que aquel mozo como heredero, con el favor y ayuda de los indios Incas sus parientes que vivian entre los españoles, y de los caciques sus vasallos y de los mestizos, hijos de españoles y de indias, podia hacer siempre que lo pretendiese, que todos holgarian de la novedad, así los indios vasallos, como los parientes, por ver los unos y los otros restituido á su Inca, y los mestizos por gozar de los despojos que con el levantamiento podian haber; porque todos (segun se quejaban) andaban pobres y alcanzados de lo necesario para la vida humana.

Sin esto le dijeron que con la prision de aquel Inca, se cobraría todo el tesoro de los reyes pasados, que segun la pública voz y fama lo tenian escondido los indios; y una de las joyas era la cadena de oro que Huaynacapac mandó hacer para la solemnidad y fiesta que se habia de celebrar al poner nombre á su hijo primogénito Huascar Inca como atrás queda referido. Dijeron que aquella pieza y todo el demas tesoro era de la magestad católica, pues era suyo el imperio y todo lo que fue de los Incas pasados, que lo ganaron los españoles sus vasallos con sus armas y poder; sin esto le dijeron otras muchas cosas para incitar al visorey á que le prendiese.

Volviendo á las acusaciones que al príncipe hacian decimos. Que es verdad que muchos años antes en vida de su padre Manco Inca, hubo algo de robos en aquel camino que sus vasallos hicieron, pero no á los mercaderes españoles, que no tenian necesidad de sus mercadurías, sino á los indios ó castellanos que de una parte á otra llevaban á trocar y vender ganado natural de aquella tierra. Que la necesidad de no tener su Inca carne que comer les forzaba á saltearla; porque en aquellas bravas montañas no se cria ganado alguno manso, sino tigres, leones y culebras de á veinte y cinco y treinta pies de largo, sin otras malas sabandijas que aquella region de tierra, y otras de su suerte (de las cuales hemos hecho larga mencion en la historia) no dan otro fruto. Por lo cual su padre deste príncipe mandó hacer algunos robos en el ganado, diciendo que todo aquel imperio y cuanto en él habia era suyo, que queria gozar, como quiera que pudiese, de lo que tanta falta tenia para su comer; esto pasó mientras vivió aquel Inca. Que yo me acuerdo que en mis niñeces, oí hablar de tres ó cuatro saltos y robos que sus vasallos habian hecho; pero muerto el Inca cesó todo aquel alboroto y escándalo.

El visorey, movido con estos consejos y avisos, determinó hacer guerra á aquel príncipe como quiera que pudiese hasta prenderle; porque le parecia segun los consejeros decian, que era grande inconveniente que aquel Inca viviese en frontera y enemistad de los españoles, alborotando la tierra, salteando los caminos y robando los mercaderes. Todo lo cual era de mucho desasosiego, y poca ó ninguna seguridad para aquel reino, y que los indios segun decian las espías andaban inquietos viendo su príncipe tan cerca dellos, y que no pudiesen gozar dél ni servirle como quisieran. Convencido el visorey con estas persuasiones, nombró por capitan de la jornada á un caballero que se decia Martín García Loyola, que años atrás en ocasiones grandes había hecho muchos servicios á su magestad. Mandóle hacer gente echando fama que era para ir á socorrer al reino de Chile, donde los araucos traían muy apretados á los españoles que en aquel reino vivian. Juntáronse para la jornada mas de docientos y cincuenta hombres, y con toda brevedad fueron á Villcapampa bien apercebidos de armas ofensivas y defensivas. Pudieron entrar en aquellas bravas montañas, porque desde que salió el príncipe don Diego Sayri Tupac, se habian allanado y facilitado todos los caminos que entraban y salian de aquel puesto, sin que hubiese contradicion alguna.

El príncipe Tupac Amaru sabiendo la gente de guerra que entraba en su distrito, no asegurándose del hecho, se retiró mas de veinte leguas por un rio abajo. Los españoles viendo su huida hicieron apriesa muy grandes balsas y le siguieron. El príncipe considerando que no podia defenderse porque no tenia gente, y tambien porque se hallaba sin culpa, sin imaginacion de alboroto, ni otro delito que hubiese pensado hacer, se dejó prender. Quiso mas fiarse de los que iban á prenderle, que perecer huyendo por aquellas montañas y rios grandes que salen al rio que llaman de la Plata. Entregóse al capitan Martin García Loyola y á sus compañeros, con imaginacion que antes habrian lástima de él de verlo desamparado, y le darian algo para sustentarse como hicieron á su hermano don Diego Sayri Tupac; pero que no le querrian para matarle ni hacerle otro daño porque no habia hecho delito. Y así se dió á los españoles.

Los cuales recogieron todos los indios é indias que con él estaban, y á la infanta su muger, y dos hijos y una hija que tenian; con los cuales volvieron los españoles y su capitan, y entraron en el Cozco muy triunfantes con tales prisioneros, donde los esperaba el visorey, que sabiendo la prision del pobre príncipe, se fue á ella para recebirlos allí.

CAPÍTULO XVII.

El proceso contra el príncipe y contra los Incas parientes de la sangre real, y contra los mestizos hijos de indias y de conquistadores de aquel imperio.

Luego que vieron preso al príncipe, le criaron un fiscal que le acusase sus delitos; el cual le puso los capítulos que atrás apuntamos, que mandaba á sus vasallos y criados que saliesen de aquellas montañas á saltear y robar á los caminantes mercaderes, principalmente á los españoles, que los tenia á todos por enemigos; que tenia hecho trato y contrato con los Incas sus parientes que vivian entre los españoles, que á tal tiempo, y en tal dia concertándose con los caciques señores de vasallos que habian sido de sus padres y abuelos, se alzasen y matasen cuantos españoles pudiesen. Tambien entraron en la acusacion los mestizos hijos de los conquistadores de aquel imperio y de las indias naturales de él. Pusiéronles por capítulo, que se habian conjurado con el príncipe Tupac Amaru, con los demas Incas para alzarse con el reino; porque algunos de los mestizos eran parientes de los Incas por via de sus madres, y que estos en su conjuracion se habian quejado al príncipe Inca diciendo, que siendo hijos de conquistadores de aquel imperio, y de madres naturales de él, que algunas dellas eran de la sangre real, y otras muchas eran mugeres nobles, hijas, sobrinas y nietas de los curacas señores de vasallos. Y que ni por los méritos de sus padres, ni por la naturaleza y legítima de la hacienda de sus madres y abuelos, no les habia cabido nada siendo hijos de los mas beneméritos de aquel imperio, porque los gobernadores habian dado á sus parientes y amigos lo que sus padres ganaron, y habia sido de sus abuelos maternos, y que á ellos los dejaron desamparados, necesitados á pedir limosna para poder comer, ó forzados á saltear por los caminos para poder vivir y morir ahorcados. Que su alteza el príncipe se doliese dellos, pues que eran naturales de su imperio, y los recibiese en su servicio, y admitiese en su milicia, que ellos harian como buenos soldados hasta morir todos en la demanda. Todo esto pusieron en la acusacion de los mestizos, prendieron todos los que en el Cozco hallaron de veinte años arriba que pudiesen ya tomar armas. Condenaron algunos dellos á cuestion de tormento, para sacar en limpio lo que se temia en confuso.

En aquella furia de prision, acusacion y delitos, fue una india á visitar su hijo que estaba en la cárcel, supo que era de los condenados á tormento. Entró como pudo donde estaba el hijo y en alta voz le dijo: sabido hé que estás condenado á tormento, súfrelo y pásalo como hombre de bien sin condenar á nadie, que Dios te ayudará y pagará lo que tu padre y sus compañeros trabajaron en ganar esta tierra para que fuese de cristianos, y los naturales della fuesen de su iglesia. Muy bien se os emplea que todos los hijos de los coquistadores murais ahorcados en premio y paga de haber ganado vuestros padres este imperio. Otras muchas cosas dijo á este propósito, dando grandísimas voces y gritos como una loca sin juicio alguno, llamando á Dios y á las gentes que oyesen las culpas y delitos de aquellos hijos naturales de la tierra y de los ganadores della. Y que pues los querian matar con tanta razon y justicia como decian que tenian para matarlos, que matasen tambien á sus madres, que la misma pena merecian por haberlos parido, y criado, y ayudado á sus padres los españoles (negando á los suyos propios) á que ganasen aquel imperio. Todo lo cual permitia el Pachacamac, por los pecados de las madres, que fueron traidoras á su Inca y á sus caciques y señores por amor de los españoles. Y que pues ella se condenaba en nombre de todas las demas, pedia y requeria á los españoles y al capitan de ellos, que con toda brevedad ejecutasen y pusiesen por obra su voluntad y justicia, y la sacasen de pena, que todo se lo pagaria Dios muy largamente en este mundo y en el otro. Diciendo estas cosas y otras semejantes á grandes voces y gritos, salió de la cárcel y fue por las calles con la misma vocería, de manera que alboroto á cuantos la oyeron. Y valió mucho á los mestizos este clamor que la buena madre hizo; porque viendo la razon que tenia, se apartó el visorey de su propósito por no causar mas escándalo. Y así no condenó ninguno de los mestizos á muerte, pero dióles otra muerte mas larga y penosa, que fue desterrarlos á diversas partes del Nuevo Mundo, fuera de todo lo que sus padres ganaron. Y así enviaron muchos al reino de Chile, y entre ellos fue un hijo de Pedro de el Barco, de quien se ha hecho larga mencion en la historia, que fue mi condiscípulo en la escuela, y fue pupilo de mi padre, que fue su tutor. Otros enviaron al Nuevo reino de Granada, y á diversas islas de Barlovento, y á Panamá, y á Nicaragua, y algunos aportaron á España, y uno dellos fue Juan Arias Maldonado, hijo de Diego Maldonado el Rico. Estuvo desterrado en

España mas de diez años, y yo le ví y hospedé dos veces en mi posada en uno de los pueblos deste obispado de Córdoba donde yo vivia entonces; y me contó mucho de lo que hemos dicho, aunque no se dice todo. Al cabo del largo tiempo de su destierro, le dió licencia el supremo Consejo real de las Indias por tres años para que volviese al Perú á recoger su hacienda, y volviese á España á acabar en ella la vida. A su partida pasando con su muger por donde yo estaba (que se habia casado en Madrid) me pidió que le ayudase con algo de ajuar y ornamento de casa, que iba á su tierra muy pobre y falto de todo. Yo me despojé de toda la ropa blanca que tenia, y de unos tafetanes que habia hecho á la soldadesca, que eran como banderas de infantería de muchos colores. Y un año antes le habia enviado á la corte un caballo muy bueno que me pidió, que todo ello llegaría á valer quinientos ducados. Y acerca dellos me dijo: hermano, fialdos de mí que en llegando á nuestra tierra os enviaré dos mil pesos por el caballo y por este regalo que me habeis hecho. Yo creo que él lo hiciera así: pero mi buena fortuna lo estorbó, que llegando á Payta, que es término del Perú, de puro contento y regocijo de verse en su tierra espiró dentro de tres dias. Perdóneseme la digresion que por ser cosas de mis condiscípulos me atreví á tomar licencia para contarlas. Todos los que fueron así desterrados perecieron en el destierro, que ninguno dellos volvió á su tierra.

CAPÍTULO XVIII.

El destierro que se dió á los indios de la sangre real y á los mestizos. La muerte y fin que todos ellos tuvieron. La sentencia que dieron contra el príncipe, y su respuesta, y como recibió el santo bautismo.

A los indios de la sangre real, que fueron treinta y seis varones los mas notorios y propincos del linage de los reyes de aquella tierra, desterraron á la ciudad de los Reyes mandándoles que no saliesen della sin licencia de los superiores. Con ellos enviaron los dos niños, hijos del pobre príncipe, y la hija, todos tres tan de poca edad, que el mayor dellos no pasaba de los diez años. Llegados los Incas á Rimac, por otro nombre la ciudad de los Reyes, el arzobispo della don Gerónimo de Loaysa apiadándose dellos, llevó la niña á su casa para criarla. Los demas desterrados viéndose fuera de su ciudad, de sus casas y naturaleza se afligieron de tal manera, que en poco mas de dos años murieron treinta y cinco dellos, y entre ellos los dos niños. Demas de la afliccion les ayudó á fenecer tan presto la region de aquella ciudad que está en tierra caliente y costa de la mar que llaman los llanos, que es temple muy diferente de lo que llaman sierra. Y los naturales de la sierra, como dijimos en la primera parte desta historia, enferman muy presto en entrando en los llanos, como si entrasen en tierra apestada, y así acabaron brevemente aquellos pobres Incas. A los tres que quedaron, que uno dellos fue don Carlos mi condiscípulo, hijo de don Cristóbal Paullu, de quien muchas veces hemos hecho mencion, mandó la chancillería (de lástima que les tuvo) que se volviesen á sus casas; mas ellos iban tan gastados de su mala ventura, que dentro de año y medio se murieron todos tres. Pero no por esto quedó entonces consumida la sangre real de aquella tierra, porque quedó un hijo de don Carlos susodicho, de quien dimos cuenta en el último capítulo de la primera parte destos comentarios, que vino á España á recebir grandes mercedes como en el Perú se las prometieron. El cual falleció al fin del año de mil y seiscientos y diez en Alcalá de Henares de cierta pesadumbre que tuvo de verse recluso en un convento, por cierta pasion que tuvo con otro de su mismo hábito de Santiago. Falleció en muy breve tiempo de melancolía, de que habiendo estado ocho meses recluso por la misma causa en otro convento lo encarcelasen ahora de nuevo. Dejó un hijo niño de tres ó cuatro meses, legitimado para que heredára la merced que su magestad le habia hecho en la contratacion de Sevilla; el cual murió dentro del año, y así se perdió toda la renta con la muerte del niño para que en todo se cumpliesen los pronósticos que el gran Huaynacapac echó sobre los de su sangre real y sobre su imperio.

En el reino de Méjico que tan poderosos fueron aquellos reyes en su gentilidad (como lo escribe Francisco Lopez de Gomara en su historia general de las Indias) no ha habido escándalo alguno en la sucesion del reino, porque no era por herencia de padre á hijo, sino por eleccion de los vasallos; que muerto el poseedor, elegian los grandes del reino al que les parecia mas digno y capaz para ser rey. Y así despues que lo ganáron los españoles no ha habido pretensor ni alteracion que apaciguar en este particular: porque muerto el rey no habia quien aspirase á la sucesion del reino, sino á la gracia y eleccion de los electores. Pero en mi tierra ha habido escándalos causados mas por la sospecha que de los legítimos herederos se ha tenido, que por la culpa dellos, como lo fue el deste pobre príncipe que tenemos presente. Que le sentenciaron á muerte, cortada la cabeza con voz de pregonero que fuese publicando su tiranía y las traiciones que con los suyos, indios y mestizos, tenia concertadas de hacer en el levantamiento de aquel imperio contra la corona y servicio de la magestad católica del rey don Felipe II, rey de España, y emperador del Nuevo Mundo. Notificáronle la sentencia brevemente, que no le dijeron mas de que le mandaban cortar la cabeza; pero no le dijeron las causas por qué. Respondió el pobre Inca, que él no habia hecho delito alguno para merecer la muerte, que se contentase el visorey de enviarlo preso y á buen recaudo á España, y que holgaria muy mucho de besar la mano á su señor el rey don Felipe, y que con esto se aseguraba el visorey y todos los suyos de cualquiera temor y sospecha que hubiesen tenido ó pudiesen tener, de que se queria alzar y levantar con el reino. Cosa tan agena de todo buen entendimiento, como lo mostraba la imposibilidad del hecho. Que pues su padre no habia podido con docientos mil hombres de guerra sujetar á docientos españoles que tuvo cercados en aquella misma ciudad, que no era de imaginar que él pretendiese rebelarse contra ellos habiendo tanto número de moradores en cada pueblo de cristianos sin los que habia derramados por todo aquel imperio. Que si él hubiera hecho ó imaginado hacer algun delito contra los españoles, que no se dejára prender, que huyera á mas lejos donde no le alcanzáran; pero que viéndose inocente y sin culpa, esperó á los que iban á prenderle, y vino con ellos de buena gana, entendiendo que le llamaban y sacaban de las montañas donde estaba para hacerle alguna merced como se la hicieron á su hermano don Diego Sayri Tupac. Que él apelaba de la sentencia para el rey de Castilla, su señor, y para el Pachacamac, pues no se contentaba el visorey de gozar de su imperio y ser señor dél, pues le bastaba; sino que ahora le quisiese quitar la vida tan sin culpa como él se hallaba. Con lo cual dijo que recibiria la muerte contento y consolado, pues se la daban en lugar de la restitucion que de su imperio le debian. Con esto dijo otras cosas de mucha lástima, con que indios y españoles lloraron tiernamente de oir palabras tan lastimeras.

Los religiosos de aquella ciudad del Cozco acudieron al príncipe á enseñarle la doctrina cristiana, y apersuadirle que se bautizase á ejemplo de su hermano don Diego Sayri Tupac, y de su tio Atahuallpa. A lo cual dijo el príncipe, que holgaba muy mucho de bautizarse por gozar de la ley de los cristianos, de la cual su abuelo Huaynacapac les dejó dicho que era mejor ley que la que ellos tenian. Por tanto queria ser cristiano y llamarse don Felipe, siquiera por gozar del nombre de su Inca y su rey don Felipe, ya que no queria el visorey que gozase de su vista y presencia, pues no queria enviarlo á España. Con esto se bautizó con tanta tristeza y llanto de los circunstantes como hubo de fiesta y regocijo en el bautismo de su hermano don Diego Sayri Tupac como atrás se dijo.

Los españoles que estaban en aquella imperial ciudad, así religiosos como seculares, aunque oyeron la sentencia y vieron todo lo que se ha dicho, y mucho mas que no lo acertamos á decir por escusar proligidad, no imaginaron que se ejecutára la sentencia por parecerles un hecho ageno de la humanidad y clemencia que con un príncipe desheredado de un imperio tal y tan grande se débia tener y usar, y que á la magestad del rey don Felipe no le sería agradable, antes grave y enojoso el no dejarle ir á España. Mas el visorey estaba de diferente parecer, como luego se verá.

CAPÍTULO XIX.

La ejecucion de la sentencia contra el príncipe. Las consultas que se hacian para prohibirla. El visorey no quiso oirlas. El buen ánimo con que el Inca recibió la muerte.

Determinado el visorey de ejecutar su sentencia, mandó hacer un tablado muy solene en la plaza mayor de aquella ciudad, y que se ejecutase la muerte de aquel príncipe, porque así convenia á la seguridad y quietud de aquel imperio. Admiró la nueva desto á toda la ciudad, y así procuraron los caballeros y religiosos graves de juntarse todos y pedir al visorey no se hiciese cosa tan fuera de piedad, que la abominaria todo el mundo donde quiera que se supiese; y que su mismo rey se enfadaria dello. Que se contentase con enviarlo á España en perpétuo destierro, que era mas largo tormento y mas penoso que matarlo brevemente. Estas cosas y otras platicaban los de aquella ciudad, determinados de hablar al visorey con todo el encarecimiento posible hasta hacerle requirimiento y protestaciones para que no ejecutase la sentencia. Mas él que tenia espías puestas por la ciudad para que le avisasen cómo tomaban la sentencia los moradores della, y qué era lo que platicaban y trataban á cerca della, sabiendo la junta que estaba hecha para hablarle y requerirle. Mandó cerrar las puertas de su casa, y que su guardia se pusiese á la puerta y no dejase entrar á nadie so pena de la vida. Mandó asimismo que sacasen al Inca y le cortasen la cabeza con toda brevedad porque se quietase aquel alboroto, que temió no se le quitasen de las manos.

Al pobre príncipe sacaron en una mula con una soga al cuello, y las manos atadas, y un pregonero delante que iba pregonando su muerte y la causa de ella, que era tirano, traidor contra la corona de la magestad católica. El príncipe oyendo el pregon, no entendiendo el lenguage español, preguntó á los religiosos que con él iban. ¿Qué era lo que aquel hombre iba diciendo? Declaráronle que le mataban porque era auca contra el rey su señor. Entonces mandó que le llamasen aquel hombre, y cuando le tuvo cerca, le dijo: no digas eso que vas pregonando, pues sabes que es mentira, que yo no he hecho traicion, ni he pensado hacerla como todo el mundo lo sabe, Dí que me matan porque el visorey lo quiere, y no por mis delitos, que no he hecho ninguno contra él ni contra el rey de Castilla: yo llamo al Pachácamac, que sabe que es verdad lo que digo: con esto pasaron adelante los ministros de la justicia. A la entrada de la plaza salieron una gran banda de mugeres de todas edades, algunas dellas de su sangre real, y las demas mugeres y hijas de los caciques de la comarca de aquella ciudad; y con grandes voces y alaridos con muchas lágrimas (que tambien las causaron en los religiosos y seculares españoles) le dijeron: Inca, ¿por qué te llevan á cortar la cabeza, qué delitos, que traiciones has hecho para merecer tal muerte? Pide á quien te la dá que mande matarnos á todas, pues somos tuyas por sangre y naturaleza, que mas contentas y dichosas irémos en tu compañía, que quedar por siervas y esclavas de los que te matan. Entonces temieron que hubiera algun alboroto en la ciudad segun el ruido, grita y vocería que levantaron los que miraban la ejecucion de aquella sentencia, tan no pensada ni imaginada por ellos. Pasaban de trecientas mil ánimas los que estaban en aquellas dos plazas, calles, ventanas y tejados para poderla ver. Los ministros se dieron priesa hasta llegar al tablado donde el príncipe subió y los religiosos que le acompañaban, y el verdugo en pos dellos con su alfange en la mano. Los indios viendo su Inca tan cercano á la muerte, de lástima y dolor que sintieron levantaron mormollo, vocería, gritos y alaridos; de manera que no se podian oir. Los sacerdotes que hablaban con el príncipe le pidieron que mandase callar aquellos indios. El Inca alzó el brazo derecho con la mano abierta, y la puso en derecho del oido, y de allí la bajó poco á poco hasta ponerla sobre el muslo derecho. Con lo cual sintiendo los indios que les mandaba callar, cesaron de su grita y vocería, y quedaron con tanto silencio que parecia no haber ánima nacida en toda aquella ciudad. De lo cual se admiraron mucho los españoles, y el visorey entre ellos, el cual estaba á una ventana mirando la ejecucion de su sentencia. Notaron con espanto la obediencia que los indios tenian á sus príncipes, que aun en aquel paso la mostrasen como todos lo vieron. Luego cortaron la cabeza al Inca; el cual recibió aquella pena y tormento con el valor y grandeza de ánimo que los Incas y todos los indios nobles suelen recebir cualquiera inhumanidad y crueldad que les hagan; como se habrán visto algunas en nuestra historia de la Florida, y en esta y otras en las guerras que en Chile han tenido y tienen los indios araucos con los españoles, segun lo han escrito en verso los autores de aquellos hechos, sin otros muchos que se hicieron en Méjico y en el Perú por españoles muy calificados, que yo conocí algunos dellos; pero dejámoslos de decir por no hacer odiosa nuestra historia.

Demas del buen ánimo con que recibió la muerte aquel pobre príncipe (antes rico y dichoso, pues murió cristiano) dejó lastimados los religiosos que le ayudaron á llevar su tormento, que fueron los de San Francisco, nuestra Señora de las Mercedes, de Santo Domingo y San Agustin, sin otros muchos sacerdotes clérigos; los cuales todos de lástima de tal muerte en un príncipe, tal y tan grande, lloraron tiernamente y dijeron muchas misas por su ánima. Y se consolaron con la magnanimidad que en aquel paso mostró, y tuvieron que contar de su paciencia y actos que hacia de buen cristiano, adorando las imágenes de Cristo nuestro Señor, y de la Vírgen su Madre que los sacerdotes le llevaban delante. Así acabó este Inca, legítimo heredero de aquel imperio por línea recta de varon dende el primer Inca Manco Capac, hasta él: que como lo dice el padre Blas Valera, fueron mas de quinientos años, y cerca de seiscientos. Este fue el general sentimiento de aquella tierra, y la relacion nacida de la compasion y lástima de los naturales y españoles. Puede ser que el visorey haya tenido mas razones para justificar su hecho.

Ejecutada la sentencia en el buen príncipe, ejecutaron el destierro de sus hijos y parientes á la ciudad de los Reyes, y el de los mestizos á diversas partes del Nuevo Mundo y Viejo, como atrás se dijo. Que lo antepusimos de su lugar por contar á lo último de nuestra obra y trabajo lo mas lastimero de todo lo que en nuestra tierra ha pasado y hemos escrito; porque en todo sea tragedia, como lo muestran los finales de los libros desta segunda parte de nuestros comentarios. Sea Dios loado por todo.

CAPÍTULO XX.

La venida de don Francisco de Toledo á España. La reprension que la magestad católica le dió, y su fin y muerte. Y la del gobernador Martin García de Loyola.

Porque no vaya sola y desacompañada la muerte del Inca don Felipe Tupac Amaru, será razon demos cuenta brevemente de la que tuvo el visorey don Francisco de Toledo. El cual cumplido el término de su visoreynado que fue muy largo (que segun dicen pasó de los diez y seis años) se vino á España con mucha prosperidad y riqueza, que fue pública voz y fama que trujo mas de quinientos mil pesos en oro y plata. Con esta riqueza y la buena fama della entró en la corte, donde pensó ser uno de los grandes ministros de España por los muchos servicios que imaginaba haber hecho á la magestad católica, en haber estirpado y apagado la real sucesion de los Incas reyes del Perú, para que nadie pretendiese ni imaginase que le pertenecia la herencia y sucesion de aquel imperio. Y que la corona de España la poseyese y gozase sin recelo ni cuidado de que hubiese quien pretendiese pertenecerle por via alguna. Tambien imaginaba que se le habian de gratificar las muchas leyes y ordenanzas que dejaba hechas en aquellos reinos, así para el aumento de la hacienda real en el beneficio de las minas de plata y del azogue (donde mandó que por su vez y rueda acudiesen tantos indios de cada provincia á trabajar en las dichas minas) pagándoseles á cada uno su jornal, como por las que mandó en servicio y regalo de los españoles moradores de aquellos reinos, que los indios habian de hacer y guardar pagándoseles el valor de aquellas cosas que habian de criar y guardar para el tal servicio y regalo. Que por ser cosas largas y prolijas las dejamos de escribir.

Con estas imaginaciones de tan grandes méritos entró á besar la mano al rey don Felipe segundo. La católica magestad que tenia larga y general relacion y noticia de todo lo sucedido en aquel imperio, y en particular de la muerte que dieron al príncipe Tupac Amaru, y del destierro en que condenaron á sus parientes mas cercanos, donde perecieron todos. Recibió al visorey no con el aplauso que él esperaba, sino muy en contra, y en breves palabras le dijo. Que se fuese á su casa, que su magestad no le habia enviado al Perú para que matase reyes, sino que sirviese á reyes. Con esto se salió de la presencia real, y se fue á su posada bien desconsolado del disfavor que no imaginaba. Al cual se añadió otro no menor, y fue que no faltaron émulos que avisaron al consejo de la hacienda real, que sus criados y ministros habian cobrado su salario pesos por ducados; que como eran cuarenta mil ducados tomaban cada año cuarenta mil pesos, y que por el largo tiempo que el visorey habia asistido en el gobierno de aquel imperio, pasaban de ciento y veinte mil ducados los que se habian hecho de daño y agravio á la hacienda real. Por lo cual los del consejo della mandaron embargar todo el oro y plata que don Francisco de Toledo traía del Perú, hasta que se averiguase y sacase en claro lo que pertenecia á la real hacienda. Don Francisco de Toledo viendo el segundo disfavor que igualaba con el primero, cayó en tanta tristeza y melancolía que murió en pocos dias.

Resta decir el fin que tuvo el capitan Martin García Loyola, que le sucedió como se sigue. Al cual en remuneracion de haber preso al Inca y de otros muchos servicios que á la corona de España habia hecho, le casaron con la infanta sobrina deste mismo príncipe, hija de su hermano Sayri Tupac, para que gozase del repartimiento de indios que esta infanta heredó de su padre el Inca. Y para mayor honra y satisfacion suya y servicio de la magestad católica, lo eligieron por gobernador y capitan general del reino de Chile, donde fue con muy buena compañía de caballeros y soldados españoles. Y gobernó aquel reino algunos meses y años con mucha prudencia y discrecion suya y gusto de sus compañeros, aunque con mucho trabajo y pesadumbre de todos ellos por la guerra contínua que los indios enemigos sustentaban; y hoy (que es ya enrtado el año de mil y seiscientos y trece) sustentan, habiéndose rebelado y alzado el año de mil y quinientos y cincuenta y tres sin haber dejado las armas en todo este largo tiempo, como en otras partes lo hemos apuntado. Sirviendo el gobernador Loyola en este ejercicio militar, fue un dia de aquellos (como otras muchas veces lo habia hecho) á visitar los presidios que estaban en frontera de los rebelados. Los cuales presidios servian de reprimir á los enemigos que no saliesen á hacer daño en los indios domésticos que estaban en servicio de los españoles. Y habiendo proveido todos los presidios de armas, municion y bastimento, se volvia al gobierno de las ciudades pacíficas que en aquel reino habia. Y pareciéndole (como era así) que estaba ya fuera de los términos de los enemigos, despidió docientos soldados que en su guardia traía, y les mandó que se volviesen á sus plazas y fortalezas. Y él se quedó con otros treinta compañeros, entre ellos capitanes viejos y soldados aventajados de muchos años de servicio. Hicieron su alojamiento en un llano muy hermoso, donde armaron sus tiendas para descansar y regalarse aquella noche y las venideras, y vengarse de las malas noches que en la visita de la frontera y presidios habian sufrido y pasado; porque los indios de guerra andaban tan vigilantes y solícitos, que no les permitian hora de descanso para dormir ni comer.

Los indios araucos y los de otras provincias comarcanas á ellos, de los que están rebelados (que fueron vasallos de los Incas) venida la noche fueron algunos dellos como espías á ver lo que hacian los españoles si dormian con centinelas ó sin ellas, y hallándolos con todo el descuido y olvido de sí propios, que sus enemigos podian desear, hicieron señas llamándose unos á otros con graznidos de aves y ladridos de animales noturnos para no ser sentidos. Las cuales señas ellos de contínuo traen por señas y contra señas para lo que se les ofreciere en semejantes pasos. Oyendo las señas en un punto se juntó una gran banda de indios, y con todo el silencio posible entraron en el alojamiento de los españoles, y hallándolos dormidos, desnudos, en camisa, los degollaron todos. Y los indios con la victoria se llevaron los caballos y las armas, y todo el demas despojo que los españoles traian.

Este fin tuvo el gobernador Martin García Loyola, que dió harta lástima en el reino de Chile, y ocasion en todo el Perú á que indios y españoles hablasen de su fallecimiento, y dijesen que la fortuna habia encaminado y ordenado sus hechos y negocio de manera, que los vasallos del príncipe que él prendió lo matasen en venganza de la muerte que á su Inca dieron. Pues teniendo á las espaldas y tan cerca enemigos tan crueles, tan deseosos de la destruicion y muerte de los españoles se durmiesen de manera, que se dejasen matar todos sin hacer resistencia alguna, siendo como eran capitanes y soldados tan prácticos y veteranos en aquella tierra.

El gobernador Martin García Loyola dejó una hija habida en su muger la infanta, hija del príncipe don Diego Sayri Tupac. La cual hija trujeron á España y la casaron con un caballero muy principal, llamado don Juan Enriquez de Borja. La católica magestad demas del repartimiento de indios que la infanta heredó de su padre, le ha hecho merced (segun me lo han escrito de la corte) de título de marquesa de Oropesa, que es un pueblo que el visorey don Francisco de Toledo fundó en el Perú, y le llamó Oropesa porque quedase memoria en aquella tierra de la casa y estado de sus padres y abuelos. Sin esta merced y título me dicen que entre los ilustrísimos señores presidentes del consejo real de Castilla y de Indias, y el confesor de su magestad y otros dos oidores del mismo consejo de Indias, se trata y consulta de hacerle grandes mercedes en gratificacion de los muchos y señalados servicios que su padre el gobernador hizo á su magestad, y en restitucion de su herencia patrimonial. A lo cual me dicen que no sirven poco nuestros comentarios de la primera parte por la relacion sucesiva que ha dado de aquellos reyes Incas. Con esta nueva me doy por gratificado y remunerado del trabajo y solicitud de haberlos escrito sin esperanza (como en otras partes lo hemos dicho) de galardon alguno.

CAPÍTULO XXI.

Fin del libro octavo, último de la historia.

Habiendo dado principio á esta nuestra historia con el principio y orígen de los Incas reyes que fueron del Perú, y habiendo dado larga noticia de sus conquistas y generosidades, de sus vidas y gobierno en paz y en guerra, y de la idolatría que en su gentilidad tuvieron, como largamente con el favor divino lo hicimos en la primera parte destos comentarios, con que se cumplió la obligacion que á la patria y á los parientes maternos se les debia. Y en esta segunda, como se ha visto, se ha hecho larga relacion de las hazañas y valentías que los bravos y valerosos españoles hicieron en ganar aquel riquísimo imperio; con que asímismo he cumplido (aunque no por entero) con la obligacion paterna que á mi padre y á sus ilustres y generosos compañeros debo, me pareció dar fin y término á esta obra y trabajo, como lo hago con el término y fin de la sucesion de los mismos reyes Incas; que hasta el desdichado Huascar Inca fueron trece los que dende su principio poseyeron aquel imperio hasta la ida de los españoles. Y otros cinco que despues sucedieron, que fueron Manco Inca y sus dos hijos don Diego y don Felipe y sus dos nietos, los cuales no poseyeron nada de aquel reino mas de tener derecho á él. De manera que por todos fueron diez y ocho los sucesores por línea recta de varon del primer Inca Manco Capac, hasta el último de los niños, que no supe como se llamaron. Al Inca Atahuallpa no le cuentan los indios entre sus reyes porque dicen que fue auca.

De los hijos transversales destos reyes, aunque en el último capítulo de la primera parte destos comentarios dimos cuenta cuantos descendientes habia de cada rey de los pasados que ellos mismos me enviaron (como allí lo dije) la memoria y copia de todos ellos con poder cumplido á don Melchior Cárlos y á don Alonso de Mesa y á mí, para que cualquiera de nosotros la presentára ante la católica magestad y ante el supremo real consejo de las Indias, para que se les hiciera merced (siquiera porque eran descendientes de reyes) de libertarles de las vejaciones que padecian. Y yo envié á la corte los papeles y la memoria (que vinieron á mí dirigidos) á los dichos don Melchior Cárlos y don Alonso de Mesa. Mas el don Melchior, teniendo sus pretensiones por la misma via, razon y derecho que aquellos Incas, no quiso presentar los papeles por no confesar que habia tantos de aquella sangre real. Por parecerle que si lo hacia le quitarian mucha parte de las mercedes que pretendia y esperaba recibir. Y así no quiso hablar en favor de sus parientes, y él acabó como se ha dicho sin provecho suyo ni ageno. Parecióme dar cuenta deste hecho para mi descargo; porque los parientes allá donde están sepan lo que pasa, y no se me atribuya á descuido ó malicia no haber yo hecho lo que ellos me mandaron y pidieron. Que yo holgára haber empleado la vida en servicio de los que tambien lo merecen; pero no me ha sido mas posible por estar ocupado en escribir esta historia, que espero no haber servido menos en ella á los españoles que ganaron aquel imperio, que á los Incas que lo poseyeron.

La divina Magestad Padre, Hijo y Espíritu Santo, tres personas y un solo Dios verdadero, sea loada por todos los siglos de los siglos que tanta merced me ha hecho en querer que llegase á este punto. Sea para gloria y honra de su nombre divino, cuya infinita misericordia, mediante la sangre de nuestro Señor Jesucristo, y la intercesion de la siempre virgen María su Madre, y de toda su corte celestial, sea en mi favor y amparo ahora y en la hora de mi muerte amen Jesus, cien mil veces Jesus.

LAUS DEO.

FIN DEL TOMO QUINTO.

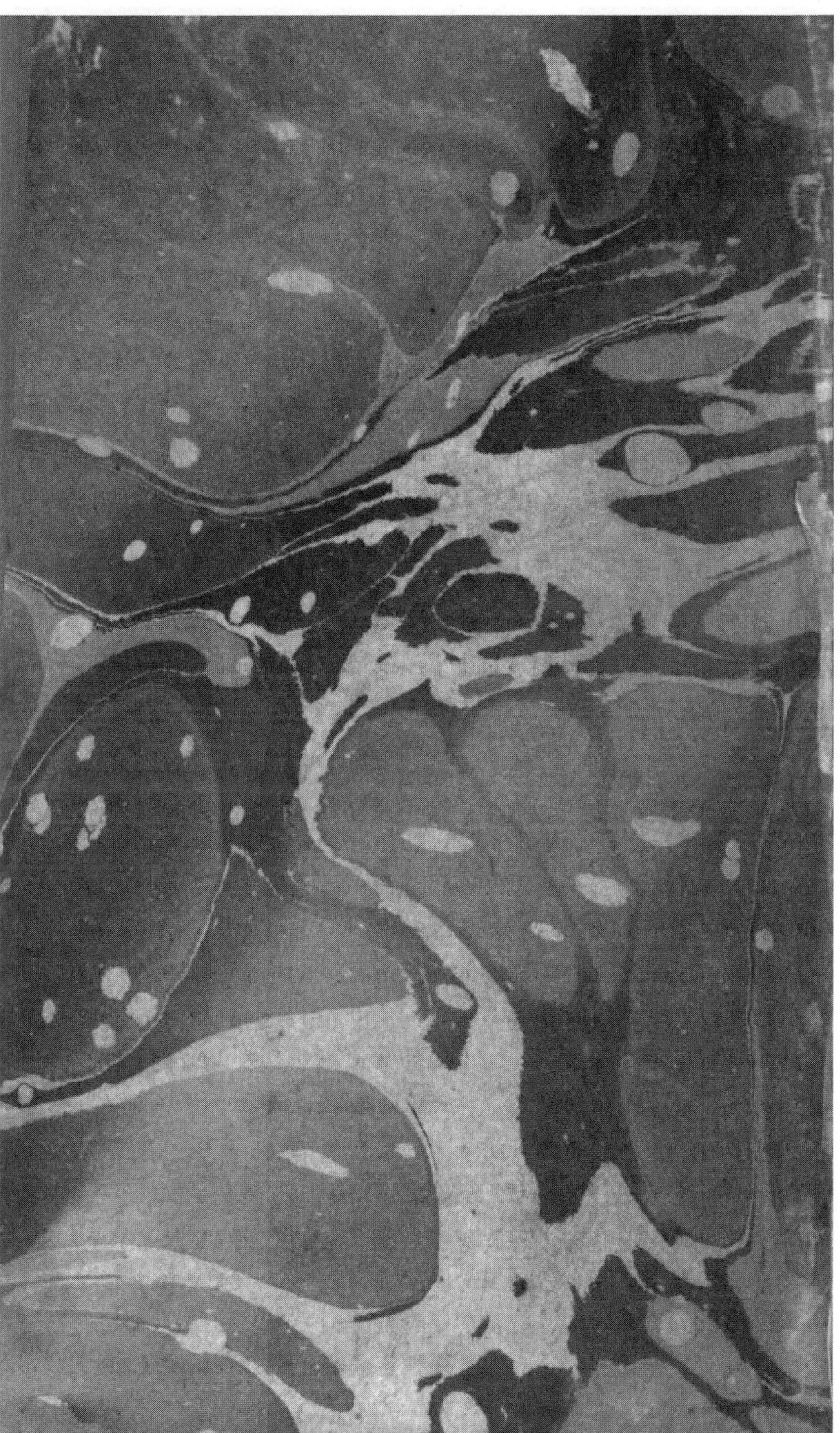

COLUMBIA UNIVERSITY LIBRARIES
0036754200

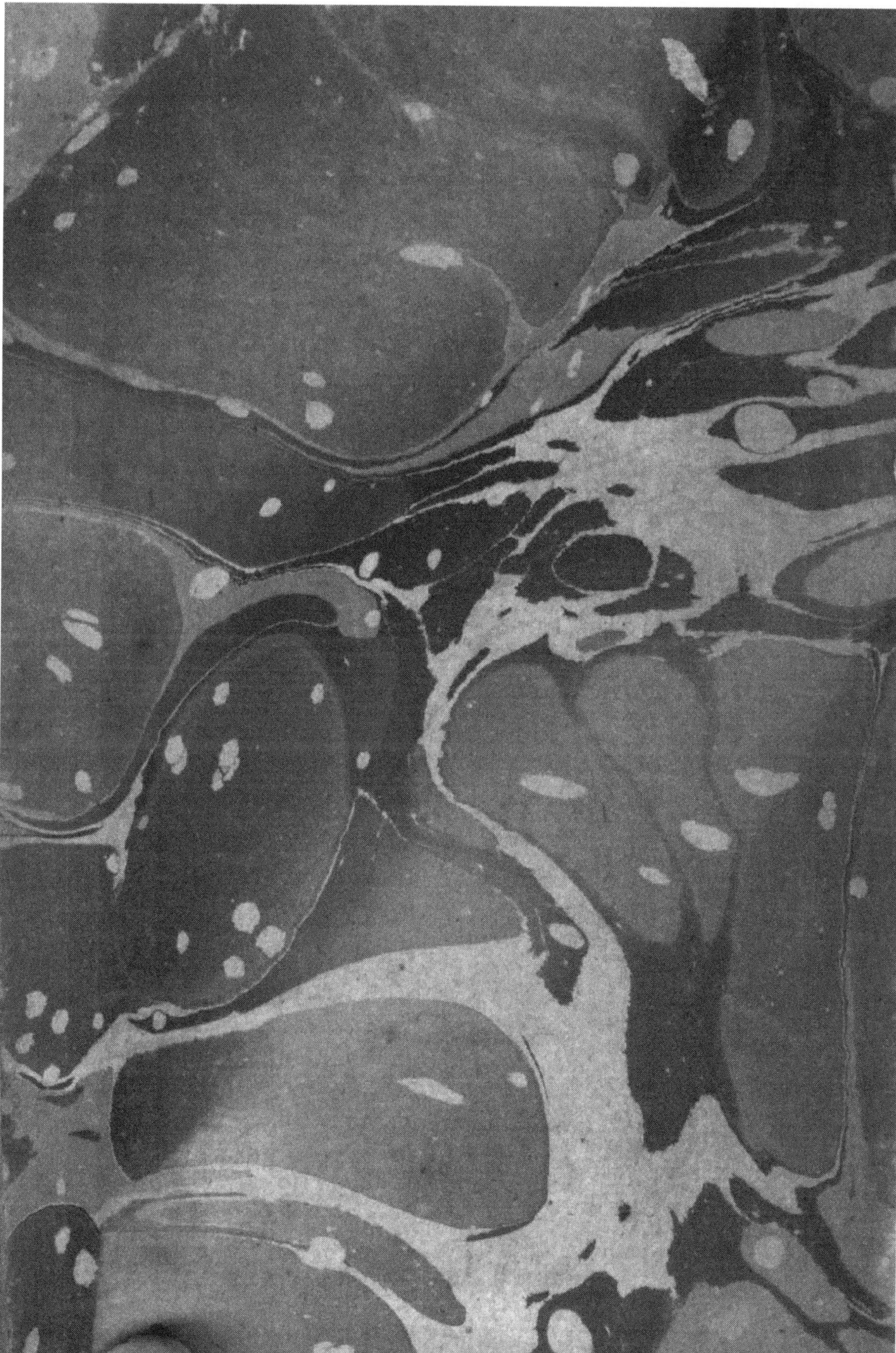

Lightning Source UK Ltd.
Milton Keynes UK
UKHW05f2153190918
329187UK00009B/805/P